中国文化文学经典文丛

中国通史故事

孙建军/编　　孙建军/主编

吉林文史出版社

图书在版编目（CIP）数据

中国通史故事 / 孙建军编. —— 长春：吉林文史出版社，2016.12（2022.1重印）

（中国文化文学经典文丛 / 孙建军主编）

ISBN 978-7-5472-3043-5

Ⅰ. ①中… Ⅱ. ①孙… Ⅲ. ①中国历史－通俗读物

Ⅳ. ①K209

中国版本图书馆CIP数据核字（2016）第134492号

ZHONGGUOTONGSHIGUSHI

书　　　名	中国通史故事
编　　　者	孙建军
主　　　编	孙建军
责任编辑	高冰若
封面设计	宋双成
出版发行	吉林文史出版社
地　　　址	长春市福祉大路5788号
邮　　　编	130118
电　　　话	0431－81629352
网　　　址	www.jlws.com.cn
印　　　刷	三河市燕春印务有限公司
开　　　本	920mm×1280mm　1/16
印　　　张	30
字　　　数	400千字
版　　　次	2016年12月第1版　2022年1月第2次印刷
书　　　号	ISBN 978-7-5472-3043-5

定　　　价：78.00元

卷一 传疑时代.夏.商.周

拨开洞穴中的灰烬，依稀可见火光在四壁投下的阴影。倾听伏羲神农的传说，似可见先民生存的艰辛。夏桀无道，成汤吊民伐罪，取而代之。"天命玄鸟，降而生商"。盘庚迁殷，四处游移的都城，从此有了定所。殷商杳杳，拂去甲骨上的尘埃，那笔画质朴的文字，不觉已伴随华夏千年。文王治岐，天下归心，三分天下有其二，仅在弹指百年间。周命维新，圣人辈出。文王拘而演《周易》，武王伐纣，《牧誓》长流传。

何谓"传疑时代"？一般又称为传说时代或史前时代，指有文字记载的历史之前的时期，与历史时代相对。由于那时还没有文字记载，很多历史内容只能靠先民一代又一代的口耳相传。尽管在流传中加入了很多神话内容，但仔细分析，其中仍有历史事实的影子，所以在考证上古历史内容时，传说仍有其重要意义。中国的传说时代下限大体在盘庚迁殷至武丁这一时期，而上限则未可知。故而"传疑时代"与所谓的史前时代如何上下衔接，或者如何揭示它们之间的关系，便是古史学家与人类学家共同的极重要也极困难的任务了。传说大都有其历史的核心，也都有其史实渊源。它是未经后人加工过的零散资料，相比经过加工过的系统化的"正史"

中的史料，更为可信。因而，研究传说，应力求"透过现象抓住本质"，敏锐地从传说中捕捉历史的真相。

黄帝以前的传说史料虽不丰富，却也大致有一个历史的宏观脉络。从《庄子·杂篇·盗跖》可以看出，黄帝之前有三个时期：第一时期的人叫作"有巢氏之民"，当时的人"昼拾橡、栗，暮栖木上"；第二时期的人叫作"知生之民"，当时的人"不知衣服，夏多积薪，冬则炀之"；第三时期叫作"神农之世"，当时的人"卧则居居，起则于于，民知其母，不知其父"。

据此我们不难看出，在第一个时期，虽以"有巢氏之民"称之，但"昼拾橡、栗，暮栖木上"显然还是猿的习惯，第二个时期有了对火的使用，第三个时期"民知其母，不知其父"，很明显已经进入了母系氏族阶段。尽管这仅是从单一史料中摘出的，但也可以看出古人对于上古有着非常清楚的理解，也表明人类最初的记忆，比我们想象的还要久远。所以，虽然没有自然科学的佐证，至少在传说这个领域，传疑时代与史前时代已经大致显现出连接的脉络。

这就是说，在人类的最初阶段还是猿人，智力仅仅是刚刚萌芽，就已经有了蒙昧的记忆。当然，这段历史时期非常的长，而且其中部族和氏族的融合与变化也很慢，以至不怎么惹人注意。我们的先民即使曾注意到这些事情，也一定会觉得这是很自然的。这些对他们那朴素的心灵刺激很浅，所以时过境迁，就完全忘掉了。因此，让他们印象深刻、传播久远还无法忘掉的只是寥寥几件突然爆发的大事件，尤其是能让他们的生活发生极大变化的事件。比如大规模的迁徙、环境方面巨大的变化，等等。后世的学者容易以他们当时的实际情况去推测传疑时代也是大一统的天下，但凡比较有名的氏族名号就会被认为是一个"有天下者"，而事实上则很可能是氏族林立，人亡政息，任何一个氏族都不太可能独有天下。

穿过炎黄之前历史的迷雾，此后的历史，尽管还有些争论，但大体上已经形成很清晰的脉络。

夏朝，是中国史书记载的第一个世袭王朝，一般认为夏朝是一个部落联盟形式的国家。中国历史上的"家天下"，就是从夏朝开始的。夏王朝是中国历史上的第一个重要王朝，这一时期的文物中有一定数量的青铜和玉制的礼器，所以其文明程度高于新石器晚期。

商朝是中国历史上的第二个朝代，从大约公元前 17 世纪到公元前 11 世纪，经历了三个大的阶段。第一阶段是"先商"，第二阶段是"早商"，第三阶段是"晚商"。前后相传 17 代 31 王，延续时间 600 余年。总的说来，商朝处于奴隶制社会的鼎盛时期，奴隶主贵族是统治阶级，形成了庞大的官僚统治机构和军队。奴隶主对奴隶既可以买卖，也可以任意杀死；奴隶主死后还要让奴隶殉葬，从商朝帝王显贵们的陵墓中我们可以看到，殉葬的奴隶少则几十，多则上千。

在中国古代的历史上，周朝的统治很有特点，主要有四大制度：封建制、宗法制、井田制与礼乐制，对以后的社会有很大影响。周朝享国约 800 年，为中国历史上统治时期最长的朝代，从公元前 1046 年到公元前 256 年，共传 30 代 37 王。可分为西周和东周两个时期，东周又分为春秋和战国两个时期。西周建都镐京，到公元前 771 年结束。第二年，周平王迁都洛邑，开始了东周的历史。周朝各诸侯国的统治范围包括今黄河、长江流域和东北、华北的大部。

盘古开天辟地

我们现在生活的世界，是一个多么美好的世界！明媚的阳光洒满大地，雄伟的山峦、广袤的平原、浩瀚的江河、无际的大海都会随着季节的变换，呈现给你一幅壮美而又绚丽的画面。夜幕降临后，天边那恬淡的月儿随着岁月的流转，或圆或缺。有时是一钩弯镰，有时是一轮玉盘。围绕在她身边的星星就像深蓝色幕布上镶嵌的宝石，排列成奇异幻景，又给了你无限的静谧和安适感。天空总能为你送来适时的风霜雨雪，大地总能为你奉献出取之不尽的宝藏。但是在很久以前的古代，距今不知有多少亿万年以前，我们所生活的这个世界，并不如今天这般美好！

那时候，天还没有形成为天，地也还没有形成为地。天地混合在一起，被一个无法比拟的圆球体的大硬壳包容着。古人说"天地如鸡子"，不过这个鸡蛋太大了。在这个有如鸡蛋的大圆球之中，孕育着一个伟大的胚胎，他的名字叫作盘古，盘古发育得很快，每天他都能长高一丈。这样不知经过了几千万年，这个有如鸡蛋的大圆球已经容纳不下他了。于是他用头顶尾击，打碎了包在他身外的硬壳，像小鸡拱出蛋壳一样，从那个无法比拟的大圆球中跳了出来。跳出大圆球的盘古，他的头长得就像龙的头一样，他的身体长得就像蛇的身体，他一生下来就具有千变万化的神通，每天他都会变化无数种形象。人的形象就是他诸多变化中的一种，而盘古最终也选择了人的形象作为他永恒的形象。

当盘古用头和尾击碎圆球硬壳的一刹那，世界也发生了空前绝后、惊心动魄的变化。在圆球中的物质，由于没有了硬壳的束缚，其中清且轻的物质冉冉上升，形成了蔚蓝色的天空；浊而重的物质渐渐沉降，形成了大地。但那时候的天空只是蓝蓝的一片，根本没有什么日月星辰；大地也只是光秃秃的一片，根本没有什么山川湖泊、花草树木、鸟兽鱼虫。天空和大地都是苍凉孤寂的，盘古也是孤寂的。这种孤寂和难耐，使盘古想要再创造一个美好的世界。那时候他虽然已经具有了千变万化的神通，但他还没有具备将本身之外的物质变化为随心所欲的形体的神通。他很想给天空点缀上日月星辰，给大地点缀上山川湖泊、花草树木、鸟兽鱼虫。但用什么办法才能做到呢？他想啊想啊，想了一万八千年，最后他想：既然我自己可以千变万化，何不牺牲了自己去点缀这个世界呢？

盘古静静地躺在由他自己开辟的天地之间，开始筹划着如何再创造一个更新更美的世界。他决定把自己的左眼化为金光四射的太阳，让它高高地悬挂在天空上，把光芒洒满大地；让自己的右眼化为皎洁的月亮，把柔和的清晖送给万物；

让自己的胡须和头发化为星斗，让它们陪伴在月亮的左右，让自己的四肢化为大地边缘四角的擎天大柱，使天地永远不能再相合为一处；让自己的头颅、躯干的突起部位和筋脉化为高山大峰和起伏不平的丘陵，使大地更富有起伏跌宕之感；让自己的血液化为江河海洋，用以滋养鱼鳖虾蟹；让自己的肌肉化为田土，用以培育花草树木；让自己的牙齿化为金石，用以为兽类构筑坚固的洞穴；让自己的精髓化为珠玉，用以为金石增色；让自己的汗水化为雨泽，用以滋润大地；让自己的呼吸化为流动的风，用以为花草树木舒活筋骨和传播种子，以使其生生不息；让自己的声音化为震天的雷声，用以警示世间的生物不得做出伤天害理的勾当；让自己身上的寄生虫化成鸟兽虫鱼，让它们充实山川湖海，使大地更有生机。

　　盘古做出了上述决定之后，他又想：天地不能总是那样的喧闹不安，应该让它有动亦有静。于是他又决定天地既有白天也有黑夜，让太阳在白天工作，让月亮和星辰在夜晚值班。于是盘古按照自己的意愿，牺牲了自己。盘古死了，但他却留下了一个丰富多彩的美好世界。

北京猿人

在北京西南周口店附近的龙骨山上，有一个大岩洞。从1927年到1937年，特别是1949年中华人民共和国成立以后，我国科学工作者相继在这个洞里挖出了很多离奇古怪的东西。

其中，共发现6个较完整的猿人头盖骨化石，分属于40多个人的各种遗骨化石和100多种动物骨骼化石，有几万件很粗糙的石头工具，还有一层又一层的灰烬。灰烬里，掺杂着烧过的木炭、兽骨、朴树子，烧裂了的石头块……

龙骨山上为什么会有这些东西呢？原来，在距今五六十万年以前，有一群猿猴模样的人居住在这里。他们就是我们远古的祖先——"北京猿人"。有了人，就开始有了人类的历史。大家知道，我国是历史悠久的国家，是人类的发祥地之一。早在170多万年前，远古的人类就劳动、生息、繁衍在祖国的大地上。在我国境内很多地方，如山西、陕西、河南、云南等地，都发现有原始人群活动的遗迹。周口店发现的猿人，因为是在北京附近，所以叫"北京猿人"，他们大约生活在距今60万年以前。1963年，在陕西省蓝田县发现了"蓝田猿人"。1965年，在云南省元谋县发现了"元谋猿人"。

据有些科学家分析，"蓝田猿人"和"元谋猿人"是比"北京猿人"更早的人类。他们都属于原始社会早期的人类。

关于人类的起源，过去有种种神话和传说。我国古代就有盘古氏"开天辟地"、女娲氏"抟土造人"的传说。其实，人类是由一种森林古猿经过几百万年演变进化而来的。在"北京猿人"的身上还残留着许多猿猴的痕迹呢。例如头盖骨低平，头骨较厚，眉骨粗壮隆起，嘴巴前伸，牙齿粗大，无明显下颌，很像猿猴。但他们已经是人而不是猿了。这不仅是因为他们像现代人一样手脚分工，直立行走，更重要的是他们已经能制造工具，从事生产了。

人和动物的根本区别在于劳动。劳动在从猿到人的转变过程中起着决定性的作用。恩格斯说："劳动创造了人本身。""劳动是从制造工具开始的。"在周口店岩洞里发掘出来的石头工具，就是"北京猿人"当时已经能够从事生产劳动的证明。

"北京猿人"的生产活动主要是采集和打猎，同时还要防御猛兽的袭击。在当时的条件下，为了生存，他们学会了用石头制造工具。他们从附近的山沟里和河滩上找来破碎的石头作原料，用一块石头当石锤，把另一些石头打制成带尖的、带刃的、带棱的工具，用以砍伐树木、刮削木棒、割削兽皮、切割兽肉、挖掘可食的植物根块。这些石头工具在今天看来是十分简单、粗糙的。可是，当时的"北京猿人"就是凭着它们进行生产活动，同自然界进行斗争。原始人类使用经过加工制造的石器，这是一个飞跃。这标志着人类已经进行有意识的生产劳动，开始改造自然。由于主要生产工具是石制的，在考古学上称这个历史时期为"石器时代"。

打制的石器，称"旧石器"，后来在打制的基础上采用磨制的石器，称"新石器"。"北京猿人"处于"旧石器"阶段。在山西西侯度发现过距今180万年前的打制石器。

原始人类在同自然的斗争中，不断改造和利用周围的条件。"北京猿人"已经懂得用火并控制了火。他们把雷电燃烧树木的天然火引到岩洞里，轮流看守，一代一代把火种保存下来。

学会用火，是"北京猿人"一个很了不起的创造。从此以后，人类在自然界的地位显著提高。黑夜，可以用火照明；天气寒冷，可以用火取暖；那些凶猛的野兽也不敢轻易来侵袭了。更重要的是，他们学会了用火烧烤兽肉和采来的果实。吃熟食，大大减少了咀嚼负担，缩短了消化过程，增加了营养，促进了体质的进步和大脑的发达，增强了改造自然的能力。火的应用，使人类最终脱离了动物界。

那时候，原始人的生产能力还非常低下。他们只有依靠集体的力量同大自然进行斗争，这是最早的社会组织。

在这种原始群体里，人们还处于杂婚状态。他们之间的两性关系，一般说来，是原始的杂乱关系。整个一群男性和整个一群女性互相婚配。古书上说"男女杂游，不媒不聘"，大概就是指的这种社会习俗。这样的群居、杂婚生活是与当时的生产力水平相适应的。

　　我们的远古祖先——"北京猿人"就是这样凭着原始群体的社会组织，发挥集体的力量，使用自己制造的石头工具，利用天然的火，顽强地改造着自然，也改造着自己的体质，在漫长的岁月里生存繁衍，创造了远古的文化，推动着人类社会向前发展。

炎帝的传说

　　女娲完成了她的造人任务以后，很想好好地休息一下。她要找一个最高的山峰，那座山峰要耸立在云端之上，当她站上那座山峰时，白云就会像溪水一样从脚下淌过；山上要有茂密的、形态各异的林木和四时不谢的奇花异草，当她徜徉在山间小径的时候，满目的青翠和花儿的艳丽、芳香就在她的身旁；要有终年淙淙不断的清澈流水，当她晨起梳妆时，流水就会映现出她的美丽脸庞；要有一个四壁平整光滑，有如水晶那样晶莹剔透的洞穴，当她坐卧在这个洞穴中时，就会使她感到纤尘不染的洁净。

　　为了寻找这样一处美好的地方，女娲从现今的河南省鹿邑县出发，驾起祥云一直往东，在不到一个时辰的时间里她就飘落在泰山极顶。那时候泰山是整个中原大地最高的山，站在泰山极顶可以俯瞰中原大地。到了泰山这样一个风景绝佳的胜地，女娲不禁心情为之一畅。她东观大海，只见红日悬空，波涛汹涌，气象万千。海上蓬莱、方丈、瀛洲三山更是凝聚了人间仙韵。她很想再驾起祥云飞往蓬莱三山看看，但是当她再回头俯视中原大地的时候，她的心情又变得沉重了。中原大地是华夏民族最早的居住地，女娲造人就是采自中原大地的泥土，在中原大地上创造的。在女娲登上泰山之时，那些由女娲所造的人绝大多数还没有离开中原。在女娲的目光之内，深山、大泽、莽林、旷野、毒虫猛兽到处肆虐，毒虫猛兽的强悍与人类的羸弱形成了鲜明的对比，散居各地的人们在与毒虫猛兽的搏斗中，往往轻易地落入毒虫猛兽之口。除此之外，饥饿、疾病和瘟疫也在时时折磨着人类。看到这种情形，女娲想："如何使人类尽快摆脱困境是当务之急。否则人类就将灭绝，自己辛辛苦苦的创造就要付之东流。但是若要自己每天都奔波在人间去为人类解除困境，不仅太过辛苦，也是自己不愿为之的。"正在她苦思难解之际，无意间她的目光越过中原向西北方望去，这一望使她的心情顿时豁然开朗。原来在她目光所及之处，正是现今宁夏回族自治区的灵武县，在那里有一群从中原大地迁移而来的人类，这群人正在一个居中指挥的人的带领下，抵抗一群野狼的攻击。只见数百个身强体壮者手持木棒石块，站成一圈，保卫着中间的体弱者，当野狼逼近时就投掷石块、挥舞木棒将野狼打退。那个居中指挥的人命令几个处在保护圈中间的人，用尖细的干木棒去钻一段干枯的倒木，不一会儿倒木被钻处就冒出了浓烟，再过一会儿就燃起了火星，周围的其他人马上捡拾枯枝干叶撒盖在燃起的火星之上，霎时火星变成了火苗，熊熊地燃烧起来。当大火升起时，群狼马上奔突逃逸，狼围遂解。这个居中指挥的人就是炎帝，炎帝又称神农氏。女娲在观察了炎帝带领人类御狼的这一幕后，认定炎帝是个可造之材，将来一定会带领人类在与毒虫猛兽、疾病瘟疫的斗争中生存下去。自那以后女娲就经常降临到炎帝的身边，向他传授神通。到了炎帝具备了足以带领人类与大自然抗争的本领时，女娲就让炎帝当上了人类的首领，而她则按照自己的意愿找了一处风景绝胜之处过起了隐居生活。

炎帝自担当人类首领以后，就着手想办法解决人类生存的两大难题：第一是食物问题，在此之前人类都是靠猎取野兽吃兽肉来充实肚子，在炎帝没发明钻木取火之前，人们都吃生肉，过着茹毛饮血的日子。炎帝发明了钻木取火，虽然人们不再茹毛饮血了，但野兽毕竟是有限的，把野兽吃灭绝了，人类还吃什么？第二是疾病和瘟疫问题。在长期的与大自然的斗争中，炎帝发现，漫山遍野的草本植物是一项可以再生的资源，一棵野草到了秋天可结万粒种子，如果把一粒种子埋在地下，就会又生长出一棵野草，如果野草的种子可以作为人类的食物，只要春种秋收就可以解决人类的食物问题。他还发现，有些野草人吃了可以治愈疾病，而有些野草人吃了就会中毒而死。于是他决定在这些野草中找到人类的食物和可以为人治病的药材。

根据女娲的指示，炎帝又从西北之地，返回中原人烟稠密之处，在古荆州定居下来。他走遍了神农架的所有山峰和川谷，亲尝百草以辨滋味，区别哪些可以作为人类的食物，哪些可以用于治疗人类的疾病。有一天他在古荆州的永阳县西北 230 里的历山乡的石穴中得到了一条赭色的鞭子，这条鞭子具有一碰百草即知百草具有平毒寒温之性的功效。从此他就用赭鞭以鞭百草。经过他的不懈努力，终于被他找到了麻、稷、黍、麦、豆五谷可以作为人类的食物；他又把哪些野草可治哪种疾病编成药典，名叫《本草》，为人类治疗疾病。

为了发展农业生产力，炎帝又发明了耒耜等农业生产工具，减轻了人们的劳动强度。为了丰富人们的精神生活，他又削桐木为琴，绳丝为弦，定宫、商、角、徵、羽五音，从此人间有了音乐。

炎帝教育人民说："如果世上的男人有一年不耕种土地，那么在这一年，普天下的人就都得挨饿；如果世上的女人有一年不纺纱织布，那么普天下的人在这一年就得挨冻。"为了给他治下的人民做出榜样，炎帝自己亲自下田耕作，他的妻子亲自纺纱织布。在他的带领下，人们都非常勤劳节俭，通过自己的劳动来改善生活，过得十分开心和舒畅。

黄帝战蚩尤

黄帝与炎帝一样，都是女娲造人之时，最先经过精心雕塑而化生的人。炎帝带领流民北进在灵武御狼之时，黄帝即在炎帝的身边作为炎帝的副手。女娲委炎帝以重任，炎帝回中原之前把那批流民交于黄帝统领，后来这批流民就在北方广大地区定居下来。炎帝回到中原之后耕作五谷、煎草为药，解决了人类吃饭和治病两大难题，他让黄帝在北方向人们传播，并委任黄帝全权治理北方广大地区。黄帝根据北方的实际情况，发明了畜牧业，将野生动物驯化家养，取肉为食取皮为衣。在北方广大地区，宜农之地，黄帝就让人们耕作五谷；宜牧之地，黄帝就让人们饲养家畜。他又根据游牧劳作常常居无定所的特点，发明了由牛、马等家畜牵拉的大车。有了大车，游牧的人们就可以将日用杂物载于车上，随处都可安居，极大地方便了农牧业生产。因此，人们又把他称为轩辕氏。轩和辕都是大车上的部件，是取以部分代称整体之意，也是对黄帝的褒奖。

炎帝在位统领人类一千余年后，正值天神那里缺少一位掌管人间烟火的大神，由于炎帝曾经发明过钻木取火，天神就把炎帝征召到昆仑山上，成了火神。后来祝融成了炎帝最为得力的助手，所有有关人间烟火之事，炎帝都委派祝融去办理，因此人间渐渐地只知有祝融而不知有炎帝了，祝融也就成为人间祭祀的火神。炎帝临行之前把统领人类的重任交给了黄帝。从此，黄帝继承炎帝成为统领全人类的大首领。炎帝这一举措让蚩尤很不高兴。此前蚩尤被派往西方，去统领西方的百姓，因此也就没能和炎帝一起去天神那里赴任。蚩尤没能得以同炎帝一起去天神那里赴任，炎帝也没有让他做统领全人类的大首领，不由得怒火中烧，他觉得炎帝对他太不公平了，全人类的大统领这样一个大肥缺，炎帝不让自己去做，却让给了外人，这口怨气实在难以下咽。他思来想去，就把满腔的怨恨都转移到了黄帝身上。他想："若是没有黄帝这个人，那么人类大统领的位置就非我莫属了，若想登上人类大统领的宝座，就非除掉黄帝不可。"

蚩尤天生异禀，他身材高大，头坚似铁，力大无穷，而且还具有兴云布雾的神通。他所统治的西方之地，多有火山喷发。从火山熔岩的现象中，他悟出了以矿石炼铜的技术，从而发明了冶炼术。当时黄帝统治的北方之地还没有这项技术。

为了战胜黄帝，蚩尤进行了全面备战，他首先造谣说："黄帝向来统治北方，根本不了解西方的人情世故，他要让西方人也像北方人那样居无定所，还想把西方人都捉到北方去，给北方人当奴隶。"然后他又蛊惑西南的山地民族说："黄帝说西南山地的苗、黎等族人是妖人，要统统消灭掉。"在他的造谣蛊惑之下，不明真相的西方和西南方的人们，纷纷聚拢在蚩尤身边，发誓要帮助蚩尤打败黄帝。蚩尤看到发动战争的兵源已经有了保障，就加紧督率民众冶炼青铜，制造刀枪剑戟。在一切都准备就绪之后，蚩尤就带领队伍浩浩荡荡地向中原腹地进发了。

人类历史上第一次人与人的战争爆发了，这一事件为此后各部落首领争做最高统治者、进而刀兵相见开了先河。后世虽然还有尧、舜实行禅让方式更替政权，但尧、舜之后，历朝历代都是以暴力方式改朝换代的，这也许是蚩尤种下的恶果。

蚩尤与黄帝的这场战争持续了三年之久，战争是在十分惨烈的情形下结束的。由于有蚩尤的谣言蛊惑，他所带领的西方和西南方的民众，不仅对黄帝怀有满腔的怨恨，而且对中原和北方的民众也产生了极大的敌意，因此蚩尤大军在向中原推进的过程中，烧杀掳掠，无所不为。一时间使中原大地尸横遍野、血流成河。蚩尤进攻中原，黄帝还蒙在鼓里，蚩尤是有备而来，黄帝是仓促应战，而且蚩尤的兵士都手执青铜武器，而黄帝的兵士只有木棒和石块作为武器。蚩尤节节胜利，黄帝节节败退。不到三年的时间，黄帝就被逼退到涿鹿之野，也就是现今河北省的涿鹿县。

三年来，在战争中，黄帝以仁爱为怀，对在战争中俘获的蚩尤军士不但不杀，而且还给予多方优待。俘虏们看到黄帝爱惜百姓，都十分感动。在被俘期间他们又了解到蚩尤对他们所说的话都是谎言，因而他们都心向黄帝。渐渐地蚩尤军中的绝大多数人都不愿再为蚩尤效命了，许多人纷纷倒戈投向了黄帝一边，战争双方的力量对比发生了逆转。于是黄帝决定与蚩尤决战于涿鹿之野。

　　战前黄帝召开了军事会议，参加会议的有黄帝的大臣伍胥、风后、力牧和黄帝的女儿魃、应龙。伍胥首先献计道："蚩尤的军队都穿白色的军服，我军都穿黑色的军服，白色在夜晚非常显眼，目标明确；黑色与夜色浑然一体，具有极大的隐蔽性。我们应该选在夜晚作战，以我们之暗攻敌之明，一定可以取胜。"风后道："蚩尤善于行云布雾，每到战阵之时，他常用此法使我军不辨东西南北，他则乘乱击溃我军。近日我已想出办法，可用磁石做成指南车，无论其车如何转行，车上指针，永远指向南方。"黄帝即刻命令风后督造指南车，以便在迷雾中引领部队前进。一切准备就绪后，黄帝选了一个漆黑无月的夜晚向蚩尤的军队发起了攻击。

　　这一夜蚩尤以为夜色沉沉，伸手不见五指，人行荒野难辨东西，黄帝的军队必不敢来。哪知二更刚过，忽听人喊马嘶之声，黄帝军队如潮涌至。仓促间他急忙披衣上马前往迎敌，谁知刚出营门，就见自己的军队兵败如山倒，己军皆穿白衣，在夜色下目标极为明显，黄帝军皆穿黑衣，与夜色浑然一体，己军在明，黄帝军在暗，相斗之中，己军往往猝不及防即被敌军杀死。

蚩尤抢出营门奔到军前之际，部下已损折十之七八。见此情形，蚩尤急忙作法行云布雾，想借云雾笼罩使敌军不辨东西南北，借此杀出重围，以便整军再战。谁知大雾一起，黄帝军中即推出了指南车，只见此车大小有如行帐，由三匹马驾驶，车上突出一高有丈余的立木，木上一只木手，无论此车如何旋转突击，木手始终指向南方，黄帝军借指南车之力，顷刻间就冲出浓雾笼罩的区域，重新将敌军包围。原来蚩尤虽然会兴云布雾，但由于法力有限，所布方圆不过里许。黄帝立于指南车旁，对蚩尤说道："到此地步你还要顽抗吗？不如弃械投降，我可饶你不死。"蚩尤听后大怒，跳于马下，又作起法来，顷刻之间口中喷出大火，点燃周围林木，想借火力烧退敌军。黄帝阵中应龙抢出阵前亦作起法来，化作一条肋生两翅的金龙，口中喷水化作倾盆大雨浇灭了大火。蚩尤见云雾、大火都被黄帝军所破，心想："你能行雨，我也能行雨，干脆咱们就来个水淹七军，谁也别想活着离开此地，只要我侥幸逃离此地，那么大统领的位置还是我的。"于是他又作起法来与应龙一起口中喷水。霎时地上水流成河，双方军士都在齐腰深的水中挣扎，谁也无力攻击对方。见此情形魃挺身而出，魃在幼时曾得天神传授，专能制止雨水降落，魃一作法，蚩尤口中就再也喷不出水来。趁蚩尤愣神之际，应龙凌空下击，将蚩尤击倒，捆缚于黄帝面前。黄帝命风后即刻将蚩尤斩首，将蚩尤所用兵器弃于涿鹿之野的土丘之上。后来蚩尤的兵器之柄经雨露滋润，又经日精月华的抚育，化为枫林。此树现今已遍及中原漠北，其叶一到秋季就鲜红如血，据说那是因为蚩尤与黄帝大战之时染上了战士们的鲜血所致。涿鹿之野的大战发生在秋天，所以枫叶遇秋则红。

望帝杜宇

唐代大诗人李白在《蜀道难》一诗中开篇就写道："蚕丛及鱼凫，开国何茫然。"这里所说的蚕丛和鱼凫，原是古代蜀国（今四川）两个国王的名字。据说远古时代的蜀国，第一个称王的是蚕丛，他曾经教给人民养蚕，"蜀"字在甲骨文中画的就是一条蚕。蚕丛以后再隔一代的王就是鱼凫。鱼凫晚年出去打猎，忽然得道成仙，飞上了天空。

传说鱼凫成仙后，又不知过了多少年，有一个男子，名叫杜宇，从天而降，降落到朱堤（今四川省宜宾县西南）山上。有一个女子，名叫利，因为她是从江源（今四川省松潘县西）的水井里钻出来的，所以也叫江利。杜宇身材魁梧，勇敢有为。江利温柔贤惠，心灵手巧。一个有意，一个钟情，二人便结为夫妇。杜宇自己当了国王，号称望帝。他把郫这个地方作为首都。

望帝当国君的时候，很关心人民的生活，时常教导人民不误农时，种好庄稼，养好蚕。可是那时候蜀国常闹水灾，望帝虽然记挂人民的疾苦，却一时又想不出好的办法来治理洪水。

有一年，望帝忽然接到报告说：从江里逆流冲上来一具男子的尸首，人们都到江边上观看。望帝也感到很奇怪，尸首怎么会逆流而上呢？他亲自带领几个人来到江边，叫人把尸首打捞上来。不一会儿的工夫，那尸首竟然复活了，他自报家门说自己是楚国人，名叫鳖灵，在家乡不小心掉到江中，一直漂到这里。两个人谈得很投机，杜宇觉得这个人精明强干，而且还识水性，是个用得着的人。当时蜀国常闹水灾，杜宇就让他做宰相，专门负责治水。不久，果然暴发了一场洪水，原因是玉垒山（今四川省灌县的玉山）挡住了水流的去路。这场来势凶猛的洪水和尧时的洪水不相上下，无数的村庄和田园被淹没了，不少人畜葬身鱼腹，简直是一场浩劫。望帝就派鳖灵去治理洪水。鳖灵不辱使命，带领大家硬是把玉垒山凿开一条通路，使洪水顺畅地流入岷江，解除了恼人的水害，让老百姓又过上了安居乐业的日子。

望帝因为鳖灵治水有功，便自愿把王位让给他。鳖灵即位后，号称开明帝，又叫丛帝。望帝自己则搬到西山去过隐居生活，连妻子也没带。鳖灵做了一国之主后，竟一天天骄奢淫逸起来，不仅大造宫室，选拔美女，而且连望帝的妻子也不放过，将其霸占。望帝知道这件事后，非常痛心，却又一点办法也没有，只好整天唉声叹气，以泪洗面。后来望帝临终时，托付西山的杜鹃鸟说："杜鹃鸟啊，你叫吧，你把杜宇怨愤的心情，叫给人民听吧！"此后，杜鹃鸟就在蜀国的各处飞来飞去，日夜悲啼，让人心酸，直叫得口中淌血。也有人说，杜宇死后，他的魂灵化作了杜鹃鸟。人们一听到杜鹃的叫声，便想起死去的君主，心中产生一种悲凉的感情。

尧舜禅让

传说黄帝以后，在黄河流域的部落联盟出现了尧、舜、禹三位著名的领袖。关于他们"禅让"的故事，古书上有不少的记载。

尧，号陶唐氏，是帝喾的儿子、黄帝的五世孙，居住在西部平阳(今山西省临汾县一带)。尧虽然是部落联盟的首领，却和大家一样住茅草屋，吃糙米饭，喝野菜汤，夏天披件粗麻衣，冬天只加块鹿皮御寒，衣服、鞋子不到破烂不堪绝不更换。老百姓拥护他，如爱"父母日月"一般。

尧在位70年后，年纪大了。他的儿子丹朱很粗野，好闹事。有人推荐丹朱继位，尧不同意。后来尧又召开部落联盟议事会议，讨论继承人的人选问题。大家都推举虞舜，说他是个德才兼备、很能干的人物。尧很高兴，把自己的两个女儿娥皇、女英嫁给舜，并考验了他三年才将帝位禅让给舜。

舜，号有虞氏，传说是颛顼的七世孙，距黄帝九世，生于诸冯（今山东省境内）。舜接位后，亲自耕田、打鱼、制陶，深受人们爱戴。他通过部落联盟会议，让八元管土地，八惜管教化，契管民事，伯益管山林川泽，伯夷管祭祀，皋陶作刑，完善了社会管理制度。他也仿照尧的样子召开继位人选会议，进行民主讨论。大家推举禹来做继承人。舜到晚年身体不好，依旧到南方各地去巡视，竟病死在去苍梧（今湖南境内）的途中。舜死后，禹做了部落联盟的首领。

尧舜"禅让"的历史传说，反映了原始公社的民主制度。尧和舜生活在四千多年以前，是原始社会向阶级社会过渡的时期。这时候，在氏族公社里，虽然生产资料如土地、牧场等仍归全氏族公有，但是，以前那种全氏族成员集体农耕、集体打猎的制度，渐渐被以家庭为单位的劳动生产所代替。生产由公共事务变成了个人的事。氏族内的私有财产日益增多，特别是氏族、部落的首领凭着手中的权势占有大量财富，成了贵族，阶级分化出现了。在战争中抓到的俘虏不再杀掉，而是被留在氏族里从事劳动，作为父系大家庭的家内奴隶，奴隶制度开始萌芽。

随着私有制的发展和阶级分化，部落之间的掠夺战争频繁。氏族部落的贵族经常通过对外战争掠夺大量财富和奴隶，从而扩展他们所控制的地盘。这种掠夺战争成为氏族贵族发财致富的主要手段。据史书记载，尧率领各氏族部落对三苗进行了长时期的战争。三苗活动在长江、汉水之间，可能是三个部落。有一个部落的首领叫讙兜，一度参加了以尧为首的部落联盟。舜也对三苗进行过战争，"分化三苗""更易其俗"，把讙兜放于崇山，对三苗做了改造。到禹的时候，兴师动众，大举进攻三苗。在一次交战中，禹射中了对方的一个首领，"苗师大乱"。三苗吃了败仗，退到江南去了。不少战俘做了奴隶。

由于战争的需要，一些近亲的氏族部落结成了部落联盟，各部落联盟设有军事首领。因为这时氏族公社里的生产资料还没有完全变为私有，旧日的氏族还具有一定的势力。所以，在氏族部落和部落联盟里还实行民主制度。部落联盟的首领在决定重大事件和准备进行战争的时候，首先要召集部落联盟会议，由各部落的首领参加，共同议事。这是部落联盟的最高权力机关。军事首领必须服从并执行这个会议的决定。部落联盟军事首领的任命和改选，也要经过部落联盟会议的民主评议和推举。这种制度叫作军事民主制，是原始社会向阶级社会过渡时的社会组织形式。

军事民主制虽然保留着氏族公社的民主色彩，但已经同原来意义上的全氏族成员的民主平等有了区别，只是供少数贵族享受的"民主"了。这种军事民主制度的出现，标志着氏族社会末日的来临。

大禹治水

传说禹是从父亲鲧尸体的肚子里生出来的，出生后立刻化作一条金鳞闪闪的虬龙，腾空而起。他向天帝请求，让他继承父亲的事业，到下方去平息为害多年的洪水，把人民从苦海中解救出来。天帝见他人高马大，意志坚强，智慧出众，具有非凡的本领，便很痛快地答应了禹的请求，并主动把天庭的宝物息壤赏赐给他。

虬龙禹到下方治水的事，被降下洪水的水神共工知道了，他气不打一处来，要跟禹比试一下高低。于是他又把那洪水激发起来，一直从西边淹到东边的空桑（今山东曲阜）。

禹在开工治水之前，先在会稽山（今浙江绍兴）召开了一次群神大会。开会时，大家都到齐了，只有防风氏落后。禹为了严明纪律，就把他处死了，以此向持怀疑、观望态度的人表明自己治水的决心。

禹在治水前先到各地做了一番实地勘察，摸清了洪水为害的情况。认识到父亲鲧之所以失败，是因为他只采取埋障的方法，修筑堤坝拦截洪水，水从高处往低处流，越积越高，堤坝就会被冲决口。禹吸取父亲的教训，采取以疏导为主，埋障为辅的方法。他叫那条长着双翼的应龙走在前面，拿它的尾巴画地，应龙的尾巴指向哪里，禹就在哪里开凿河川，疏导河水流向东方的大海。禹开凿的那些河川，就是我们今天的大江大河。同时，禹还让一只大乌龟把天帝赐给的息壤驮在背上，跟在后面，随时把那积水的深渊填平，把人类居住的地方加高。那特意加高起来的地方，就成了我们今天四方的高山峻岭。如果洪水被高山峻岭挡住了，禹就跟众神一起劈石开山，辟出一条新的水路。

　　禹牢记父亲的遗志，时刻不忘人民的苦难，公而忘私，一连13个年头，多次路过家门都没有进去看看。他不仅领导治水，还亲自动手干。他的手指甲磨秃了，小腿上的汗毛磨光了，半个身子不听使唤，走起路来一瘸一拐的，左脚超不过右脚，得一步步地挪，当时人们把这种步法叫作"禹步"。

　　经过了十几年的艰苦努力，禹率领人民终于治好了有名的大河三百条，支流小河三千条，更小的河流不计其数。洪水平息了，大地上又吐出一片新绿。这时，人们从高山的洞穴里走出来，又过上了安定的生活。为此人们世世代代感激禹的恩德，歌颂禹的功绩。如《诗经》中说："洪水茫茫，禹敷下土方；丰水东注，维禹之绩。"意思是说："当年大地上一片无边无沿的洪水，天帝派神禹到下方来把大地重新治理好，让洪水向东流入大海，这都是禹的功劳啊！"据说，洪水平定后，禹就想弄清楚中华大地究竟有多长多宽。于是就命令属神太章从东头量到西头，总共是两亿三万三千五百七十五步，又命令属神竖亥从北头量到南头，也是这么长，成为等边的四方形，禹把它划分为九州。

禹专心致志地治理洪水，把个人的事都耽误了，一直到30岁还没有结婚，仍然是光棍一条。当他治水走到涂山（今浙江绍兴西北）时，心想：古人二十而冠（成人加冠礼），三十必娶，我如果过了30岁还不结婚，不是年龄太大了吗？于是就向上天祷告说："我要娶亲了，一定有什么征兆来显示吧！"果不其然，有一只九条尾巴的白狐狸，摇摆着毛茸茸的大尾巴来到他的跟前。当地流传的民谣说，谁见到九尾白狐，谁就能当国王；谁娶了涂山的女儿，谁家就能兴旺发达。

涂山有个姑娘，名叫女娇，容貌美丽，仪态万方。禹一见到她就相中了，想娶她做妻子，而女娇也看上了这位治水英雄。可是禹治水太忙，还没来得及互表心意，就又到南方视察灾情去了。女娇很惦念禹，便打发一个使女到涂山南麓去等禹回来。可是一连好几天，也没见到禹的影子，女娇心急如焚，便顺口作了一首歌，唱了起来："等候人啊，多么的长久啊！"据说这是南国最早的一首诗歌。

禹终于从南方回来了。两人互表了爱意，不久就在台桑举行了婚礼。婚后只住了四天，蜜月还没完，禹便离开了新婚燕尔的妻子，又忙着到别处治水去了。女娇被送到禹的都城安邑去，但她是南方人，在山西这个地方住不惯，常常想念故乡涂山。禹为了安慰他的新婚妻子，便派人在安邑城南为她修了一座高台，让她在寂寞的时候，登台看看她远在他方的家乡。据说，现在城南门外还存留着那座望乡台的台基。

时间长了，女娇总觉得日子过得太孤独了，同时也想为禹治水出把力，便要求跟丈夫在一起，不离左右，禹一想也好，就答应了。

有一次，禹治水来到了辕山（今河南偃师东南）。这座山山势险峻，只有打通它，洪水才能宣泄下去。禹对妻子说："开凿这座大山真不容易，我得努力奋战。我在山崖边上挂起一面鼓，听见鼓声就来送饭吧，省得来回跑耽误时间。"女娇点头答应了。妻子走后，禹就摇身一变化作一头毛茸茸的大黄熊，拼命地用嘴拱，用爪子挠，当他使劲往外扒石头时，几块石头蹦起来，不偏不倚正好打在山旁挂着的鼓上。女娇听见鼓声，误以为是大禹叫她送饭去，就急急忙忙地挎上饭篮子来到辕山，这时大禹还不知道石头敲打在鼓上，也不知道妻子已送饭来了，还在那使劲拱呢。女娇一看，吓得目瞪口呆，她根本没想到丈夫原来是一头大黄熊。女娇惊惧万分，大叫一声，扔了饭篮子撒腿就跑。这时大禹才发觉妻子来了，就赶忙去追，慌忙之中忘了恢复原形，女娇心里更害怕，飞速地跑。一直跑到河南登封县北面的嵩山脚下，女娇实在跑不动了，竟变成一块坚硬的石头。大禹上气不接下气地追上来，一见妻子变成了石头，心里非常不是滋味，又怕她肚里怀的孩子也变成石头，就情不自禁地大声朝着石头喊："还我的孩子啊！"说来也奇怪，这石头还真的"咔嚓"一声，在北面裂了一道大缝，生下了大禹的儿子。因为是石头裂开而生的，大禹便给儿子起名叫"启","启"就是开裂的意思。这石头里生出的儿子果然不同凡响，大禹不再将帝位禅让给别人，而是直接传给儿子启。从此中国开始了父传子的家天下，正式步入了阶级社会。

商汤和伊尹

　　黄河下游有个部落叫商。传说商的祖先契在尧舜时期，跟禹一起治理过洪水，是个有功的人。后来，商部落因为畜牧业发展得快，到了夏朝末年，汤做了首领的时候，已经成为一个强大的部落了。

　　夏王朝统治了大约四百多年，到了公元前16世纪，夏朝最后的一个王夏桀在位。夏桀是个出名的暴君，他和奴隶主贵族残酷镇压人民的反抗，对奴隶的剥削更重。夏桀还大兴土木，建造宫殿，过着荒淫奢侈的生活。

　　大臣关龙逢劝说夏桀，认为这样下去会丧尽人心。夏桀勃然大怒，把关龙逢杀了。百姓恨透了夏桀，诅咒说："你这个太阳什么时候才会灭亡啊，我们宁愿跟你同归于尽！"

　　商汤看到夏桀腐化堕落，决心推翻夏朝。他表面上对桀服从，暗地里不断扩大自己的势力。那时候，部落的贵族都是迷信鬼神的，把祭祀天地祖宗看作最要紧的事。商部落附近有一个部落叫葛，那儿的首领葛伯不按时祭祀。汤派人去责问葛伯，葛伯回答说："我们这儿穷，没有牲口作祭品。"汤送了一批牛羊给葛伯作祭品。葛伯把牛羊杀掉吃了，又不祭祀。汤又派人去责问，葛伯说："我没有粮食，拿什么来祭祀呢？"汤又派人帮助葛伯耕田，还派一些老弱的人给耕作的人送酒送饭，不料在半路上，葛伯把那些酒饭都抢走了，还杀了一个送饭的小孩。

葛伯的行为激起了大家的公愤。汤抓住了这个把柄，就出兵把葛先消灭了。接着，又连续攻灭了附近的几个部落。商汤的势力渐渐发展起来，但是并没引起昏庸的夏桀注意。商汤妻子带来的陪嫁奴隶中，有一个名叫伊尹的人。传说伊尹最初到商汤家的时候，做了厨师，服侍商汤。后来，商汤渐渐发现伊尹跟一般奴隶不一样，商汤和他交谈以后，才知道他是有心扮作陪嫁奴隶来投奔自己的。伊尹对汤谈了许多治国的道理，汤马上把伊尹提拔为自己的助手。

商汤和伊尹商量讨伐夏桀的事。伊尹说："现在夏桀还有力量，我们先不去朝贡，试探一下，看他怎么样。"商汤按照伊尹的计策，停止了对夏桀的进贡。夏桀果然大怒，命令九夷发兵攻打商汤。伊尹一看夷族还服从夏桀的指挥，赶快向夏桀请罪，恢复了进贡。过了一年，九夷中一些部落忍受不了夏朝的压榨勒索，逐渐叛离夏朝，汤和伊尹才决定大举进攻。

自从夏启以来，同姓相传已经四百多年，要把夏王朝推翻，也不是一件简单的事。汤和伊尹商量了一番，决定召集商军将士，由汤亲自向大家誓师。

汤说："我不是想进行叛乱，实在是夏桀作恶多端，上天要我消灭他，我不敢不听从天命啊！"接着他又宣布了赏罚的纪律。

商汤借上帝的旨意来动员将士，再加上将士恨不得夏桀早早灭亡，因此，作战非常勇敢。夏、商两军在鸣条（今山西运城安邑北）打了一仗，夏桀的军队被打败了。

最后，夏桀逃到南巢（今安徽巢县西南），汤追到那里，把桀流放在南巢，一直到他死去。

这样，夏朝就被新建立的商朝代替了。历史上把商汤伐夏称为商汤革命，因为古代统治阶级把改朝换代说成是天命的变革，所以称为"革命"。这和现在所说的革命完全是两回事。

盘庚迁都

商汤建立商朝的时候，最早的国都在亳（今河南商丘）。在以后三百年当中，都城一共搬迁了五次。这是因为王族内部经常争夺王位，发生内乱；再加上黄河下游常常闹水灾。有一次发大水，把都城全淹了，就不得不搬家。

从商汤开始传了 20 个王，王位传到盘庚手里。盘庚是个能干的君主。他为了改变当时社会不安定的局面，决心再一次迁都。

可是，大多数贵族贪图安逸，都不愿意搬迁。一部分有势力的贵族还煽动平民起来反对，闹得很厉害。

盘庚面对强大的反对势力，并没有动摇迁都的决心。他把反对迁都的贵族找来，耐心地劝说他们："我要你们搬迁，是为了安定我们的国家。你们不但不谅解我的苦心，反而产生无谓的惊慌。你们想要改变我的决定，这是办不到的。"

由于盘庚坚持迁都的主张，挫败了反对势力，终于带着平民和奴隶渡过黄河，搬迁到殷（今河南安阳小屯村）。在那里整顿商朝的政制，使衰落的商朝出现了复兴的局面，此后二百多年，一直没有迁都。所以商朝又称作殷商，或者殷朝。

三千多年的漫长日子过去了，商朝的国都早已变为废墟。到了近代，人们在安阳小屯村一带发掘出大量古代的遗物，证明那里曾经是商朝国都的遗址，因此称为"殷墟"。

从殷墟发掘出来的遗物中，有龟甲（就是龟壳）和兽骨十多万片，在这些龟甲和兽骨上面都刻着很难认的文字。经过考古学家的研究，才把这些文字弄清楚。原来商朝的统治阶级是十分迷信鬼神的。他们在祭祀、打猎、出征的时候，都要用龟甲和兽骨来占卜一下，是吉利或是不吉利。占卜之后，就把当时发生的情况和占卜的结果用文字刻在龟甲、兽骨上。这种文字和现在的文字有很大的不同，后来就把它叫作"甲骨文"。现在我们使用的汉字就是从甲骨文演变过来的。

在殷墟发掘的遗物中，还有大量的青铜器皿、兵器，种类很多，制作很精巧。有一个叫作"司母戊"的大方鼎，重量有800多公斤，高130多厘米，大鼎上还刻着富丽堂皇的花纹。这样大的青铜器，说明在殷商时期，冶铜的技术和艺术水平都是很高的。但是也可以想象得出，像这样巨大的精美的大鼎，不知道渗透着多少奴隶的血汗哩！

考古工作者还在殷墟发掘了殷商奴隶主的墓穴。在安阳武官村一座商王大墓中，除了大量的珍珠宝玉等奢侈的陪葬品之外，还有许多奴隶被杀死殉葬。在大墓旁边的墓道里，一面堆着许多无头尸骨，一面排列着许多头颅。据甲骨片上的文字记载，他们祭祀祖先，也大批屠杀奴隶做供品，最多的竟达到 2600 多个。这是当时奴隶主残酷迫害奴隶的罪证。

从殷墟出土的甲骨文中，我们对殷商时期的社会情况有了比较确凿的考证。所以说，我国最早有文字记载的历史，是从商朝开始的。

武丁选贤

武丁是商朝的第 22 个王，他从小就被父亲送到平民中间生活，与平民的孩子一起干活、玩耍，学会了许多农活，养成了十分简朴的生活习惯。

有一个叫傅说的奴隶，他特别能吃苦耐劳，聪明而又学识渊博，经常给奴隶们讲知识和道理，博得了大家的喜爱。傅说比武丁大二十多岁，他见武丁没有一点贵族的架子，待人和气有礼貌，就非常喜欢他，把自己知道的事都讲给武丁，使武丁的视野更加开阔，所以在武丁的眼里，傅说一直是一个良师益友。

后来，武丁做了商王，他一心想成为一个贤明的君主，便放心大胆地让大臣们处理朝政，不专权，不武断，潜心钻研治国的良策。他深知用人的重要，于是多方物色贤人。

他终日寻觅招揽人才，这天，他忽然想到傅说。武丁从小就很敬佩傅说的才能，如果现在能将他召进宫来，一定会发挥他的聪明才智，报效国家。但又一想，他毕竟是个奴隶，要是让他做大臣，王公贵族和大臣们一定不会同意的，怎么办呢？

第二天，他一觉醒来，神采飞扬，手舞足蹈地叫来仆人，说："先王刚刚托梦于我，说有个叫傅说的人，可以做我的宰相，帮我治理朝政，大商的兴盛就指日可待了，你们快去给我召集大臣。"

大臣们听说是先王的旨意，不敢怠慢。在当时，人们特别相信占卜和征兆之术。认为这是上天的旨意，所以就绝对地相信。大臣们问："大王！傅说如何模样，请您描述一下，以便我们画成图像去寻找，否则天下这么大，如何找得到？"

武丁见臣下问，就装作回忆的样子，想了想说："此人好像身着布衣，四十多岁，中等身材，肩宽体阔，浓眉大眼，皮肤略黑。"

大臣们开始按武丁说的去四处寻找，他们根本就没想到傅说会是奴隶，开始只在贵族中查找。有的奸臣则将自己的亲信推荐给武丁，想从中捞取好处。武丁一一将来人端详一番，见他们一个个锦衣绣袍，肤色白嫩，根本就不像在室外干活的人。武丁生气地训斥了大臣一番："傅说本是身着布衣，你们不到百姓中去找，反而欺骗本王，这不是有违天命吗？再若如此就罪加三级。"

大臣们见君王动怒，都不敢再冒名顶替了，只好派特使到处打听，张贴傅说的画像。几乎走遍了全国各地，最后在傅岩这地方找到了正在做苦工的奴隶傅说。特使躬身施礼道："小臣尊大王之旨，前来寻找大贤人，请随我回京听命。"傅说早已得知武丁做了国君，一直还保留那段美好的回忆。但自己是奴隶，根本不敢奢望能见到国君，更不敢想会得到国君的重用，一时间有些不知所措，只好坐着特使的车子来到都城。

武丁亲自召见了傅说，一见到以往敬佩的老朋友，心花怒放，但还不敢表露出来，只好连连点头说："嗯，这正是我梦中先王推荐给我的大贤人，快快请去沐浴更衣。"等傅说换上官服后，武丁请他进入内殿，二人畅叙离别之情。傅说谈了许多治国的方略，令武丁十分钦佩。

分封诸侯

周武王灭商以后,建立了周朝,定都于镐京(今陕西西安),因为这地方在东都洛邑(今河南洛阳)的西边,历史上称为西周。

武王死后,年幼的成王即位,由武王的弟弟周公姬旦辅政。这引起了武王的另外几个弟弟管叔、蔡叔、霍叔等的不满。商纣王的儿子武庚便趁机串通管叔等人,联合了东方的徐、奄、蒲姑等国发动了叛乱。周公率兵东征,经过 3 年时间,平定了叛乱,杀掉武庚和管叔,流放了蔡叔和霍叔,扩大了周朝的统治区域。周王朝的势力南至长江以南,西至甘肃,东北至辽东,东到山东,成为一个强大的国家。

为了加强统治,周初统治者实行了"封诸侯,建同姓"的政策,把周王室的贵族分封到各地,建立西周的属国。相传从武王开始到周公、成王统治时期,先后封了卫、鲁、齐、燕、宋等 71 个诸侯国。其中,周王朝的同姓贵族 5 人,其余是有功的异姓贵族。如周公的儿子伯禽,分得"商奄之民"和"殷民六族"作为奴隶,建立鲁国;武王的弟弟康叔,分得"殷民七族"作为奴隶,建立卫国;周朝开国功臣姜太公分封到山东半岛，建立了最大的齐国，纣王的哥哥微子因为归顺了周朝，也得到商丘一带的封地，建立了宋国。这些封国，实质上是一种比较原始的部落殖民地。在当时，"封邦建国"对维护周朝统治起到了促进作用。

同时，周公还"制礼作乐"，用"礼治"来巩固政权。所谓"礼治"，就是君、臣、父、子各有名分；贵贱、上下、尊卑、亲疏都有严格的区别。

西周的统治者，把社会的政治、经济组织和宗族系统紧密地结合在一起，确定了一套比商代更系统的宗法制度。在周王分封的诸侯国内，诸侯是大宗，诸侯的余子分封到各采邑为卿大夫，叫小宗。卿大夫在采邑内又养着许多士。王位、诸侯国君位、卿大夫的职位，都由各自的嫡长子世袭继承。分别嫡、庶，是奴隶主贵族防止内部争权夺利的一种办法。奴隶主凭借特权，实行着多妻制，为了限制诸多儿子间的争权夺利，规定在众多的妻子中，只有一个正妻，叫嫡妻。嫡妻生的儿子叫嫡子；其余的妻叫庶妻，生的儿子叫庶子。周礼规定嫡妻所生的长子有最大的特权。因此，贵族的嫡长子总是不同等级的大宗，庶子总是小宗。每一等级的上下关系都是大宗和小宗的关系，而各个等级都要受周王的领导和指挥。这样，便保证了奴隶主贵族间亲者永远亲，贵者永远贵，可以世世代代居于统治地位。

按照这种制度，诸侯要定期朝觐天子，贡献财物，服从天子的指挥调遣。卿大夫对诸侯也有类似的义务，形成了"王臣公，公臣大夫，大夫臣士"一套亲疏贵贱森严、控制严密、一级隶属一级的等级制度。这种制度，确定了王室和诸侯、诸侯和卿大夫之间的政治等级关系，加强了王室对诸侯以下各级贵族的控制。

在此基础上，西周的统治者还制定了许多礼节，如吉礼（祭祀）、凶礼（丧葬）、宾礼（朝觐或诸侯国之间的往来）、军礼（兴师动众）、嘉礼（饮酒、宴会、结婚、成年）等等。在不同的等级之间有不同的礼节。这些"礼治"的表现形式，叫作"仪"。

这些等级虽然很森严，但是不同等级的贵族都属于奴隶主阶级。制定这些等级制度，主要目的是加强对奴隶阶级的专政。在各等级贵族的下边，还压着一个没被列为"等"的，却人数最多的阶级——庶人。

"庶人"是处于社会最底层的广大生产奴隶。他们本来是历史的创造者，可是在当时却处于最卑贱的地位。奴隶主贵族根本不拿他们当人待，经常把他们当作礼物成百上千地互相赠送。在西周的市场上，除了可以买卖生活必需品外，还设有专门买卖奴隶的地方。奴隶的价格很低贱，贵族们只要用一匹马加一束丝就可以换5个奴隶。不仅如此，奴隶主还用严刑酷法任意处罚和杀戮奴隶。

奴隶制国家的刑法是很严酷的。西周统治者为了镇压奴隶的反抗，制定了五刑，据说内容有三千条。五刑，有墨刑（在脸上刺字）、劓刑（割掉鼻子）、剕刑（把脚砍掉）、宫刑（男子割去生殖器，女子破坏生殖机能）、大辟（杀头）。

这些刑法是专门为奴隶设置的，奴隶主贵族却可以逍遥法外。因为当时的刑法规定，各种刑都可用钱赎买，贵族犯法只要出些钱就可以赎罪。礼和刑的区别，明确地反映出两个阶级的对立。正如《礼记·曲礼》上所说的，这叫"礼不下庶人，刑不上大夫"。

骊山烽火

周宣王死了以后，儿子姬宫涅即位，就是周幽王。周幽王什么国家大事都不管，只知道吃喝玩乐，派人到处寻找美女充实后宫。有个大臣名褒珦，劝谏幽王，周幽王不但不听，反而把褒珦下了监狱。

褒珦在监狱里被关了三年，褒家的人千方百计要把褒珦救出来。他们在乡下买了一个挺漂亮的姑娘，教她唱歌跳舞，把她打扮得漂漂亮亮的，献给幽王，替褒珦赎罪。这个姑娘算是褒家人，起名叫褒姒。

幽王得到了褒姒，高兴得不得了，就把褒珦释放了。他十分宠爱褒姒，可是褒姒自从进宫以后，一直郁郁寡欢，没有露出一次笑脸。幽王想尽办法让她笑，但她就是怎么也笑不出来。

周幽王出了一个赏格：有谁能让王妃娘娘笑一下，就赏他一千两金子。有个马屁精叫虢石父，替周幽王想了一个鬼主意。原来，周王朝为了防备犬戎的进攻，在骊山（在今陕西临潼东南）骊音一带造了二十多座烽火台，每隔几里地就是一座。如果犬戎打过来，把守第一道关的兵士就把烽火烧起来；第二道关上的兵士见到烟火，也把烽火烧起来。这样一个接一个烧着烽火，附近的诸侯见到了，就会发兵来救。虢石父对周幽王说："现在天下太平，烽火台长久没有使用了。我想请大王跟娘娘去骊山玩几天。到了晚上，咱们把烽火点起来，让附近的诸侯见了赶来，上个大当。娘娘见了这许多兵马扑了个空，肯定会笑起来。"

周幽王拍手大笑说："好极了，就这么办吧！"他们上了骊山，真的在骊山上把烽火点了起来。临近的诸侯得了这个警报，以为犬戎打过来了，赶快带领兵马来救。没想到赶到那儿，连一个犬戎兵的影儿也没有，只听到山上传来一阵阵奏乐和唱歌的声音，大伙儿都愣住了。

幽王派人告诉他们说，大家辛苦了，这儿没什么事，不过是本王和王妃放烟火玩儿，你们回去吧！诸侯知道上了当，憋了一肚子气回去了。

褒姒不知道他们搞的什么名堂，她看见狮山脚下来了好几路兵马，乱哄哄的样子，就问幽王是怎么回事。幽王一五一十告诉了她，褒姒真的笑了一下。幽王见褒姒有了笑容，就赏给虢石父一千两金子。

幽王宠着褒姒，后来干脆把王后和太子废了，立褒姒为王后，立褒姒生的儿子伯服为太子。早先的王后父亲是申国的诸侯，得到这个消息，就勾结犬戎进攻镐京。幽王听到犬戎进攻的消息，惊慌失措，连忙下命令把骊山的烽火点起来。烽火倒是烧起来了，可是诸侯因为上次上了当，谁也不来理会他们。

烽火台上白天冒着浓烟，夜里火光冲天，可就是没有一个救兵到来。犬戎兵一到，镐京的兵马不多，勉强抵挡了一阵，被犬戎兵打得落花流水。犬戎的人马像潮水一样涌进城来，把周幽王、虢石父和褒姒所生的伯服杀了。那个难得一笑的褒姒，也被抢走了。

到这时候，诸侯们知道犬戎真的打进了镐京，这才联合起来，带着大队人马来救。犬戎的首领看到诸侯的大军到了，就命令手下的人把周朝多少年聚敛起来的宝贝财物一抢而空，放了一把火才退走。

中原诸侯打退了犬戎，立原来的太子姬宜臼为天子，就是周平王。诸侯也回到各自的封地去了。没想到诸侯一走，犬戎又打了过来，周朝西边大部分土地都被犬戎占领了。平王怕镐京保不住，打定主意，把国都搬到洛邑去。

公元前770年，周平王迁都洛邑。因为镐京在西边，洛邑在东边，所以历史上将周朝定都镐京的时期，称为西周；迁都洛邑以后，称为东周。

卷二　春秋·战国

　　春秋时期，简称春秋（公元前 770—前 476），属于东周的一个时期。春秋时代周王的势力减弱，诸侯群雄纷争，齐桓公、晋文公、楚庄王、宋襄公、秦穆公相继称霸，史称"春秋五霸"（一说是齐桓公、晋文公、楚庄王、吴王阖闾、越王勾践）。

　　春秋时期的得名，是因孔子修订《春秋》而来。这部书记载了从鲁隐公元年（公元前 722）到鲁哀公十四年（公元前 481）的历史。现代的学者为了方便起见，一般从周平王元年（公元前 770）东周立国起，到周敬王四十三年（公元前 477）为止，称为"春秋时期"。

　　东周一开始，周王朝就走了下坡路，王室衰微，大权旁落，诸侯国之间互相征伐，战争频仍。小的诸侯国纷纷被吞并，强大的诸侯国在局部地区实现了统一。而实力最强的诸侯国就可以称霸，先后出现过齐桓公、晋文公、楚庄王、宋襄公、秦穆公五个霸主，史称"春秋五霸"。在春秋中期，曾出现了一个比较和平的时期，原因是各国都被战争搞得十分疲惫，需要休整，于是通过公元前 546 年由十四国参加的"弭兵之会"

达成协议，战火暂时得以平息。可是，这期间在长江流域，吴、楚、越三国之间却多次爆发霸权之争。

春秋时代的中后期，随着牛耕的普及和铁制农具的应用，经济有了迅速发展，政治形势也产生了相应的变化，出现了私田的开发和井田制的瓦解这一深刻的社会变革。诸侯国内部卿大夫的势力逐渐发展起来，著名的如鲁国的三桓，齐国的田氏，晋国的六卿。他们利用自己的经济实力，控制和瓜分公室，并互相争斗，以扩充领地。晋国的六卿争斗到最后，剩下韩、魏、赵三家。周威烈王二十三年（公元前403），周王正式承认三家为诸侯。周安王十一年（公元前391），田民废除了齐康公，自立为国君，也得到周王的承认。三晋和田氏的胜利，宣布了强者生存、弱者淘汰的残酷政治法则。于是，七雄并立，互相争霸的时代逐步到来，春秋时期走向了战国时期。

春秋之后，也就是周朝的后半期，进入了七国争雄的时代。《史记——六国年表》记载，战国始于公元前475年或者从韩赵魏三家分晋开始算起（公元前403），至公元前221年（秦始皇二十六年），秦始皇统一六国。战国时期，齐、楚、燕、韩、赵、魏、秦这七个诸侯强国，即战国七雄，连年征战，在军事、政治、外交各方面的斗争十分激烈。由于秦国的商鞅变法发挥了富国强兵的重要作用，秦国终于后来居上，逐一灭掉了其他六国，完成了"秦王扫六合"的统一大业，形成"海内为郡县，法令由一统"的统一国家。

七雄当中，为了富国强兵而竞相实行变法，魏国的李悝、楚国的吴起、秦国的商鞅等实行的变法都在一定程度上推进了社会的进步。以苏秦、张仪为代表的纵横家在外交斗争中十分活跃。战国时期，商业和交通的发展互相促进，出现了一些著名城市。都江堰、郑国渠、鸿沟等著名的水利工程不仅促进了当时的农业发展，而且造福后世。在文化和思想学术的发展上，战国时期的百家争鸣，创造了辉煌的先秦文化，对后世有极大的影响。

这一时期，以魏国的李悝改革为起点，各国争相进行以富国强兵为目标的变法运动。变法的核心是将劳动者固定到土地上，以增加国家的赋税收入。社会文明程度的加深，使统治者对物质享受的贪欲急遽膨胀。增加剥削量的最直接的办法，就是掠夺更多的土地，而掠夺土地的最便捷的途径便是战争。所以，这一时期战争频繁。据统计，从周元王元年（前475）至秦王政二十六年（前221）的二百五十五年中，有大小战争230次。战争打起来，双方动辄出动几万至几十万人。西汉末年的刘向，将有关这段历史的各种资料编成一本书，取名《战国策》，因此，这一历史阶段被称为"战国时期"。

春秋五霸

从公元前 770 年到公元前 476 年，历史上称为春秋时代。这个名称，是因为和当时鲁国历史书《春秋》记事的时间大体相当而来的。在这二百九十多年间，社会风雷激荡，可以说是烽烟四起，战火连天。仅据鲁史《春秋》记载的军事行动就有 480 余次。司马迁说：春秋之中，"弑君三十六，亡国五十二，诸侯奔走不得保其社稷者，不可胜数"。

相传春秋初期有诸侯国 140 多个，经过连年兼并，到后来只剩较大的几个。这些大国之间还互相攻伐，争夺霸权。历史上把先后称霸的五个诸侯叫作"春秋五霸"。

在历史上，对"春秋五霸"有两种不同的说法：一说"五霸"是指齐桓公、宋襄公、晋文公、秦穆公和楚庄王，另一说"五霸"是指齐桓公、晋文公、楚庄王、吴王阖闾和越王勾践。

齐桓公任用管仲为相，促进国家的统一，"九合诸侯，一匡天下"，最先成为霸主。齐桓公于公元前 685 年即位。他在政治、经济上作了一系列改革，使齐国强大起来。由于齐桓公率兵击退戎族、狄族的进攻，又率齐、鲁、宋等八国之师破蔡伐楚，阻止了楚军北进，他的威信由此大增。公元前

651年，他大会诸侯于葵丘，订立盟约，成为中原第一个霸主。

接着称霸的是晋文公。公元前633年，楚成王率领楚、郑、陈等国军队围攻宋国都城商丘（今河南商丘县南），宋国派人到晋国求救。晋文公采纳了部下的建议，争取了齐国和秦国参战，壮大了自己的力量。而后，又改善了晋同曹、卫的关系，孤立了楚国。这时，楚国令尹（官名，相当于宰相）子玉大怒，发兵进攻晋军。

晋文公为了避开楚军的锋芒，以便选择战机，命令部队向后撤退九十里。古代军队行军三十里叫作一舍，九十里就是三舍。晋军"退避三舍"，后撤到卫国的城濮（今山东省濮县）。城濮离晋国比较近，补给供应很方便，又便于会合齐、秦、宋等盟国军队，集中兵力。公元前632年4月，晋、楚两军开始决战。晋军诱敌深入，楚军陷入重围，全部被歼。城濮之战创造了在军事上先退让一步，后发制人的著名战例。此后，晋文公请来周襄王，在践土（今河南广武）和诸侯会盟。周天子策封晋文公为"侯伯"（诸侯之长并赏赐他黑红两色弓箭，表示允许他有权自由征伐）。晋文公成为中原霸主。在齐国称霸时，楚国因受齐国抑制停止北进，转而向东吞并了一些小国，国力强盛。齐国衰落后，楚便向北扩张与晋国争霸。公元前598年，楚庄王率军在邲（今河南郑州）与晋军大战，打败晋军。

中原各国背晋向楚。楚庄王又成为中原霸主。晋国称霸的时候，西部的秦国也强大起来。秦穆公企图向东争霸中原，但由于向东的通路为晋所阻，便向西吞并十几个小国，在函谷关以西一带称霸。

以后，吴、越两国相继强大，争霸于东南。公元前494年，吴王夫差进攻越国，围困越王勾践于会稽（今浙江绍兴），迫使越国屈服。接着又打败齐军。公元前482年，在黄池（今河南封丘附近）与诸侯会盟，争得了霸权。越王勾践自被吴国打败后，卧薪尝胆，立志报仇，经过十几年努力，转弱为强，灭了吴国。勾践乘势北进，与齐、晋等诸侯会盟于徐（今山东滕县），成为霸主。

诸侯大国争霸，说明了周朝王权的削弱。自公元前770年平王东迁洛邑（今河南洛阳）以后，周王室更加衰微。从前是天子统帅诸侯，"礼乐征伐自天子出"。现在这些权力都落到诸侯手里，"礼乐征伐自诸侯出""礼乐征伐自大夫出"，甚至于"陪臣执国命"。新兴地主阶级纷纷起来夺权。周朝奴隶制处于"礼崩乐坏"的境地。

连年的战争给人民造成了深重的灾难。兵役、徭役和贡赋无休无止，压得人民喘不过气来。许多小国受的灾难最大。就是宋国这样的中等诸侯国也不堪蹂躏。老百姓饥饿得无法忍受，竟互相交换孩子吃掉；做饭没有柴烧，就用拆碎的尸体煮饭。然而，从历史总的发展趋势来看，春秋时期这些给人民带来惨祸、暴行、灾难和痛苦的兼并战争，在客观上对结束分裂割据的局面、对多民族国家的统一起了促进作用。历史的进步总是以巨大的牺牲为代价的。

晏子劝国君

晏子（？——前500）名叫晏婴，字仲，谥平，是春秋时期齐国的相国。作为国王的主要助手，晏子节检朴素，关心人民疾苦，敢于当面批评国王的错误。他学识丰富，思维敏捷，心地善良，爱国爱民，人们都很尊敬他。他在维护祖国尊严、关心人民疾苦、促进社会文明等方面值得后人赞颂。

晏子出使楚国，因个子矮，楚王看不起他，让他从小门进楚城。晏子说狗国才开狗洞，看门人只好开大门迎接他。楚王在宴请时绑来齐人出身的罪犯来羞辱晏子，晏子说出了橘生淮南为橘，移到淮北变成酸枳的名言，狠狠地回击了楚王，讽刺齐国人因楚国社会风气不好而变坏，巧妙地维护了齐国的尊严，使得楚王对他刮目相看。

在齐国，晏子也时时处处为人民利益着想，劝齐国国王齐景公关心人民的疾苦。

有一年冬天，大雪下了三天三夜，天气冷极了。齐景公披着白狐狸皮斗篷，坐在宫殿里观赏雪景，还派人去叫晏子也来赏雪。不一会儿，晏子来了，齐景公让他坐在一旁，说："没什么事吧，您难得有闲空，今天就和我一起赏雪吧！"

晏子没答话。过了一会儿，齐景公没话找话地说："真奇

春秋·战国

怪，一连下了三天大雪，可是一丁点儿也觉不出冷来。"

"天气真的不冷吗？"晏子追问了一句。

齐景公也觉得自己的话说得不对了，不好意思地笑了笑。晏子说："我听说贤明的君主在自己吃饱的时候，惦记着别人在挨饿；自己穿暖的时候，不忘别人的寒冷；自己安逸享乐，要想着劳苦的百姓。现在，您把这些全忘了。"

齐景公听着，脸不觉红了，忙说："您说得对，我明白了。"

说完，齐景公下令，从仓库里取一些衣服和粮食，发放给穷人。

齐景公特别喜欢养鸟。有一次，他得到一只非常美丽的小鸟，派一个叫烛邹的人特意给他养这只鸟。可是，过了几天，那只鸟飞走了。齐景公气得直跺脚，大声喊道："烛邹，我要杀了你！"站在一旁的晏子说："是不是先让我宣布烛邹的罪状，然后再杀也不迟？"齐景公说："可以。"

这时候，武士们把烛邹绑来了，晏子绷着脸，严厉地对他说："烛邹，你犯了死罪，罪过有三条：第一条，大王叫你养鸟，你不留心让鸟飞走了；第二条，你使国君为一只心爱的鸟要动手杀人了；第三条，这件事如若让别人知道了，都会认为我们国君只看重鸟而轻视百姓的生命，从而看不起齐国。所以国君要杀死你！"

说到这儿，晏子回过头来对景公说："请您动手吧！"

齐王明白晏子是在责备自己，他干咳了两声，说："算了，算了，把他放了吧！"

接着，齐王走到晏子面前，拱手说道："若不是您及时开导，我险些犯了大错呀！"

过了些日子，春暖花开，齐景公亲自到山上捉鸟。他看见一只漂亮的鸟，刚要射箭，忽然传来一阵砍柴声，把鸟惊飞了。齐景公的坏脾气又上来了，立刻喊道："把那个砍柴的抓起来，带回去我收拾他！"这时，一个随从跑过来告诉齐王："那边有一个鸟窝，里面有响声。"

齐王走过去一看，鸟窝里有一只刚出生不会飞的小鸟，毛茸茸的，张着小嘴不停地望着生人叫。仆人抓住小鸟献给他。齐王觉得小鸟怪可怜的，就又让人它送回窝里了。

等齐王回宫，让晏子碰见了，晏子问："大王今天捉了几只鸟？""咳，费了老大劲儿，捉到一只小鸟，我看它不会飞怪可怜的，就又放回窝里去了。"

晏子听完，转身向北拜了几拜，然后高声说："我们大王今天做了圣人做的事啊！"

齐景公不以为然地说："您说到哪儿去了。我抓了小鸟，看它小放了它，这跟圣人有什么关系呢？"

晏子说："这件事虽小，可我看得出，您对鸟兽都有仁爱之心，我想，今后您一定会更加关心百姓，所以，我说您是做了一件圣人做的事啊！"

齐景公听了这话，想起押回来的那位砍柴人，忙说："快放了那个砍柴人吧，我要做一个好国君。"

过了很长一段时间，齐景公心爱的小狗死了。他十分伤心，打算做一副上等的棺木厚葬爱犬，还决定让大臣们给狗举行隆重的葬礼。晏子阻拦他。齐王不耐烦地说："这么件小事，您就不必管了。这是我想出来的办法，给大家取笑、耍着玩的。"

晏子郑重其事地说："大王，您错了。现在有多少百姓冻死、饿死，死后无人埋葬，您不去管，反倒有心思和周围的人取乐。这不明摆着是轻视百姓，只顾自己吗？百姓听了这件事，必定不拥护您做国君，各国诸侯听说了，必定看不起齐国。内有不满的百姓，外被诸侯小看，再加上大臣们跟你学开心取乐，齐国危亡不远了，这难道是小事吗？"

齐景公吓得出了一身冷汗，说："对呀！多亏您提醒了我。狗还是送厨房，炖了吃肉吧！"

晏子就是这样聪明机智，劝君爱民。百姓、大臣、诸侯、君王都敬重他的人品、才华。有一本叫《晏子春秋》的书，专门记录了晏子的一些动人故事，其中有许多至今还在百姓当中流传着。

卧薪尝胆

　　勾践（？—前465），是春秋时期越国的国君。他在同吴国交战的时候，失败被俘，受尽了屈辱，仍然斗志昂扬。回国后，他卧薪尝胆，全力治理越国，终于打败了强大的吴国，维护了越国的尊严。

　　在与吴国的一次战斗中，越国军队大败，吴国提出条件，让越王勾践做吴王夫差的奴仆。为了不亡国，勾践带着妻子和大臣范蠡来到了吴国。夫差存心侮辱越王，叫他做自己放马的奴仆，又让他住在夫差父亲坟墓旁边的石屋里。开始勾践受不了这种屈辱，几次想去死，可是一想到国家的深仇大恨，就尽量装出忠诚和顺从吴王的样子。

　　勾践表面上对夫差十分敬重。夫差要乘车，他给牵马；连夫差上厕所，也是勾践去侍候。渐渐地，夫差对勾践有了好感。可他还是不放心，常派人去探听勾践的动静。这些人每次回来都说："勾践一天到晚总是和范蠡一块打草、砍柴、喂马、赶车，他妻子生火、做饭、补衣服……"

　　"他们说过什么抱怨的话吗？"

　　"没听说过什么怪话。我们骂他、羞侮他，他都老老实实地听着，一提起大王，他们都感谢您的不杀之恩，总说您是个仁义之主。"

夫差满意地点点头。他觉得勾践真够可怜的，心中十分不忍。

勾践一天天熬着，整整过了三年。夫差看勾践的志气早就消磨没了，就不再把他放在眼里。吴王不顾一些大臣反对，在勾践到吴国的第四个年头，答应放他回越国，只是让越国每年必须向吴国进贡粮食和财宝。

勾践饱尝侮辱，终于回到自己的国家。他回国后，没有贪图享受，还是过着清贫的生活。他睡觉的时候不用被褥，躺在一堆柴草里（古语把柴草叫"薪"），又在屋子里挂了一只苦胆，抬头就能看见。每顿饭前，勾践都要尝尝苦胆的味道。他吃饭从来没有肉，穿的衣服也相当随便。勾践自找苦吃，为的是不忘过去的耻辱，激励自己发奋图强，报仇雪恨。勾践把治理国家的事交给大臣文种，把练兵习武的事交给范蠡。

越国一天天强盛起来，勾践暗地里做好了攻打吴国的准备。有一天，暗探向越王报告：吴王夫差杀了大将伍子胥，已经到中原讨伐去了，国内空虚，正是进攻吴国的好时机。勾践与范蠡率领四万精兵和六千卫兵，还有水兵两千人，急速行军，开到了吴国境内。留在吴国的都是老弱残兵，根本无法抵挡来势凶猛的越国将士。越军很快攻进了姑苏城，杀了吴国太子。吴王夫差当时还在北方，得知消息赶紧派人与勾践讲和。范蠡建议勾践暂时讲和，不与夫差主力军队相碰，以免受损失。讲和后，越国再不向吴国进贡了，越王积蓄力量，等待战胜吴国的最好时机。

自从讲和后，吴国还是连年征战，国力大大削弱，青壮年全上前线，农田连年歉收，老百姓怨声载道。这时，越王勾践把大臣将士召集在一起宣布伐吴。他说："我们越国上上下下，苦熬岁月，盼的就是洗雪亡国的耻辱。现在吴王已经失去民心，报仇雪耻的日子到了！"

浩浩荡荡的越军出发了。隔着一条河扎下了营寨。几仗过后，越军连连取胜，最后攻破姑苏城，吴王夫差被围在附近的姑苏山上。夫差想到自己当初没杀勾践，勾践总会感恩的，就派大臣公孙雄去见越王。公孙雄脱光上衣跪着一步步走进越营，把夫差的话传给勾践听："过去我得罪了您，现在您来讨伐我，我一定听您的命令。请您也像当初我放了您那样免我不死，饶了吴国吧！"

勾践听着也有点可怜夫差，就低下了头。范蠡走上前来悄声对他说："这些年来，大王卧薪尝胆，立志报仇，不就是为了今天灭吴吗？您千万不要错过良机呀！"

公孙雄听了，放声大哭，流着眼泪跑回去了。勾践听那哭声实在凄惨，又忙派了一个使者去见夫差，对他说："越王灭吴的决心已定，但是可以免您不死。越王给您一块地方住着，给您吃的用的。"

夫差觉得这样活着而眼睁睁看到自己国家的灭亡，还不如死了好，就对勾践的使臣说："我老了，不能对越王称臣尽力！"

　　说完，他用布蒙住脸，拔剑自杀了。

　　勾践历尽艰难，奋发图强，终于报仇雪恨，给后人很大的启示；而吴王夫差骄傲自大，狂妄腐化，转胜为败，也是一次深刻的历史教训。

鲁班正斜塔

鲁班，春秋末期鲁国人，原名公输般，是我国古代著名的手工匠人。

一天，他来到吴国姑苏城，见古城楼塔，次第排列，茶馆酒肆，热闹非凡。鲁班游兴倍增，揣摩着苏州建筑的特点，迷乐其间。忽然一阵嘈杂的吵闹声传来，鲁班循声望去，只见前面一块绿草如茵的空地上，高高耸立着一座新建的宝塔。塔前围着一群人，吵吵嚷嚷，不知在争论什么。鲁班走过去，拨开围观者，看见一个身穿绸缎、头戴高冠、腰系香袋的老人正在发怒，青筋暴绽。老人对面蹲着一个中年人，双手抱头，一副垂头丧气的样子。鲁班奇怪，一询问才知道事情的原委。

那位老人是当地有名的富翁，为人积德行善，准备修建一座宝塔，流传千古。这项工程是那位工匠经过近三年的辛苦劳作建造的。可是不知怎么搞的，宝塔建成后，不论横着看，还是竖着看，总是倾斜的。经过测量，宝塔的确倾斜近十度。人人对此摇头相视，指点议论。富翁认为造塔反招非议，很是生气，也有损他的功德圆满，亲自来找工匠算账：要么推倒重建，要么把宝塔扶正，否则，要送官府严办。

这可难住了工匠，如果要推倒重建，自己就是卖儿卖女、倾家荡产也重建不起。要把塔扶正，这也办不到，因为塔尽管是木质的，可依然重约百万斤，只能望塔兴叹！

鲁班绕着宝塔仔细观察，又看了看一筹莫展的工匠，安慰道："你不要着急，只要你给我找点木料来，我一个人用不了一个月就可以把它扶正！"

工匠一听，半信半疑，可实在也没有别的办法。于是他扛来木料，抱着一线希望等待着。而鲁班呢，他也不让人插手帮忙，将木料砍成许多斜面小木楔，一块一块地从塔顶倾斜的一面往里敲，使倾斜的一方慢慢抬高。这样敲敲打打，起早贪黑干了一个月，宝塔果然直立起来了。工匠感激地问鲁班："恩公，你这样补救为什么能使宝塔直立？"鲁班答道："由于斜塔是木质的，属穿斗结构，各部件之间的拉扯比较结实，能形成一个有机整体，所以可以用打木楔的办法加以扶正。而木楔又是斜面的，既比较容易往里打，具有'四两拨千斤'的作用，打进去后又可抬高塔的倾斜面的高度，使塔不再倾斜。"

越人造车

　　从前，越国还没有车，人们不知车是什么东西，什么样子。

　　有一天，有一个越国人外出旅行，走到晋国和楚国交界的地方，突然眼睛一亮，他见到了一辆车。这辆车已经破损得十分厉害：辐条已经朽烂，车轮也缺了一个，车辕损坏得也非常严重。经过日晒雨淋，已显得破败不堪。这是一辆被人们丢弃的破车。本来，这辆破车已在这停了多日，没有引起任何人的注意。这个越国人听说这就是"车"，心里很高兴，他想："虽是破车，但家乡人也未曾见过，让他们见识见识啥是车也好。"想到这，他就雇人雇船，把这辆破车运回越国。一是让家乡人感到惊奇，二是夸耀一下自己的见多识广。

　　经过一路颠簸，这辆车更破了，勉强运到越国，已快散了架子。越国人见有人运回这么一件"怪物"，十分惊奇，纷纷前来观赏，打听这是什么。那个越国人高声向众人介绍："这就是车，你们以前从来没见过的车！"围观者赞叹不已，但没有任何一个人提出一点疑问，都以为这就是车，车就是这个样子。既然面前有了实物样子，当然不能再让越国继续没有车的历史。一些人感慨万端，决定造车，他们雄心勃勃，埋头苦干。经过数月的辛苦劳作，终于造出了许多同这辆破车相差无几的车来。他们面对自己造出的车满心欢喜。

就在越国人陶醉在自己能造车的狂喜中时，有一天，从晋国和楚国来了两个人，他们到越国后，见到了越国人为之骄傲的车后，啼笑皆非。面对这些破破烂烂、不能使用的破车，他们好心地告诫越国人，说这种车是不能跑路的，这样造车是不对的。并想详细告诉越国人该怎样造车。可越国人误解了他们的意思，以为这两个人在欺骗他们。他们显出一副不耐烦的样子，又表现出瞧不起这两个人的神态。无奈，晋国人和楚国人只得走了。

事也凑巧，不久，敌国进犯越国。越国人听到战斗警报，纷纷披挂上阵，并自以为这回靠自己造的车必胜无疑了。他们登上车，立即驱动车子前进。但这些车本来就是模仿破车造成的，根本不能用。一启动，各部件就开始"嘎嘎"作响，纷纷掉落下来。有的车勉强跑到阵地前，就再也不动了。最后这些破车都稀里哗啦散了架：掉轮的掉轮，折辕的折辕。把车上的士兵摔得东倒西歪，七零八落，纷纷逃命，队伍一片混乱。有几个执迷不悟的人，还想利用这些破车。捡起掉下的轮子往车上安，七手八脚安好几辆，有的刚启动几步，就"咣当"一声全散了，有的还没启动，就这边修，那边坏掉，弄得狼狈不堪。敌方见状，感到良机已到，于是大举进攻。越国将士早已被破车搞得焦头烂额，见敌人冲过来，慌忙招架，被打得一败涂地，溃不成军。

战争结束了，越国人也开始觉得这仗败得似乎与这些车有关系。但他们仍不知道可以使用的车是什么模样的。

　　越人战败，败在他们的无知却强装有知。把知之一点当成知之全部，可悲可叹。真知来自实践，来自全面。偏处一隅，一叶障目，已是愚昧，却当聪慧，必然身受其害。

战国七雄

从公元前 475 年到公元前 221 年，是我国历史上一个动荡时期。广大奴隶和平民起义风起云涌，各诸侯国之间的战争接连不断，社会呈现天下大乱的形势。因此，人们把这个时期称为"战国"时期。这期间，北起长城，南达长江流域，先后出现了秦、齐、楚、燕、韩、赵、魏七个大国。他们侵伐小国，互相兼并，战争愈演愈烈。历史学家称这七个大国为"战国七雄"。

战国时期共二百五十四年，大致经历了三个阶段：首先是魏国独霸中原。公元前 445 年，魏文侯任用李悝实行变法，较早地实行了社会改革，使魏国成为最先强盛的国家。公元前 354 年，魏惠王派大将庞涓率兵进攻赵国。魏军横冲直撞，如入无人之境，很快逼近赵都邯郸。在形势危急的情况下，赵成侯忙派使者前往齐国求救。齐威王派田忌为主将，孙膑为军师，出兵救赵。孙膑说：要想解开纷乱的丝线，不能用手强拉硬扯；要劝解两个打架人，不能直接参加进去打。派兵解围，应出其不意，攻其不备，采取避实击虚的策略，造成敌人的后顾之忧。田忌接受孙膑的意见，领兵杀向魏国都城大梁。

庞涓听说大梁吃紧，领兵回救，星夜赶路。孙膑、田忌将齐军埋伏在桂陵（今山东菏泽东北），静等魏军前来决战。魏军长途行军，疲于奔命，人困马乏。双方一经交战，魏军全线崩溃，齐军获得全胜。这就是有名的"围魏救赵"的桂陵之战。事隔不久，魏国联合韩国打败齐国挽回了败局。魏国在中原又成为第一强国。公元前342年，魏国进攻韩国。韩国向齐国求援。齐国仍派田忌、孙膑率军解救韩国。孙膑采取退兵减灶、诱敌深入的战术。齐军佯败后退，第一天留下十万人做饭的锅灶，第二天减少到五万人的锅灶，第三天减少到三万人的锅灶。庞涓以为齐军逃亡严重，穷追不舍。这时，孙膑在马陵设下埋伏。等庞涓带兵追到马陵，孙膑一声令下，齐军金鼓齐鸣，万箭齐发，大败魏军。庞涓自杀，魏太子申被俘。这就是"马陵之战"。此后，魏惠王和齐威王会盟徐州，双方妥协，均分东方的霸权地位。

后来，魏国逐渐衰弱，齐国和秦国成为东西对峙的两个霸主，进入了齐、秦争强时期。

秦国在商鞅变法后，一跃成为七国中实力最强的国家。这时，东方的齐国与秦国旗鼓相当，双方在不断兼并周围弱国、扩大势力范围的同时，又进行着所谓"合纵""连横"的外交斗争。"合纵"就是指弱国联合起来，阻止强国进行兼并。"连横"就是强国迫使弱国帮助它进行兼并。实际上，"合纵"和"连横"都是争取暂时同盟者的外交手段，其目的是进一步兼并土地，扩张领土。

齐、秦斗争的焦点在于争取楚国。楚国的国力开始很弱。战国初期，楚悼王任用吴起为令尹，实行变法，国势富强，一举打败了魏国，并出兵伐秦。公元前381年，楚悼王死，吴起的新法被废除。楚国一天天走下坡路。楚怀王在位时，秦国派张仪入楚鼓吹"连横"，劝楚绝齐从秦，并口头许愿，以归还楚国商於（在今河南淅川县西南）六百里地方为代价。楚怀王信以为真，就和齐国断交。当楚国派人向秦国讨取土地，秦相张仪狡猾地说："我和楚王商定是六里，没听说六百里。"楚怀王十分恼火，发兵攻秦。结果吃了败仗，楚兵被杀八百人，楚将屈匄被俘，汉中地方被秦国占去。楚怀王又调动所有兵力与秦军战于蓝田。魏国乘楚国空虚，袭击楚国。齐国未不支援楚国，楚国吃了大亏，从此一蹶不振。

这时，秦、齐斗争趋于白热化。公元前298年，齐、韩、魏、赵、中山等五国联军攻入函谷关。秦国被迫退还夺去韩、魏的一些地方，五国才退了兵。齐国成为关东各国的盟主。公元前288年，秦昭王自称西帝，尊齐湣王为东帝，用远交近攻的策略拉拢齐国，破坏了关东的"合纵"联盟。

公元前286年，齐国灭掉宋国，一时威势很盛，引起各国的不安。秦国联合了燕国、楚国、韩国、赵国、魏国共同伐齐，于公元前284年，在济西（今山东聊城南）大败齐军。燕国自昭王即位后，招纳贤能，任用乐毅为将，决心报齐国入侵之仇。这时，趁势攻下齐的国都临淄，连下七十余城，并入燕国版图。后来，齐将田单利用燕国内部矛盾，驱逐燕军，收复了失地。然而，齐国已经丧失了与秦国抗衡的能力。

秦国在"合纵"斗争中削弱了齐国，开始向东方发展。公元前278年，秦将白起率军攻破楚国都城鄢郢（今湖北江陵西北），楚迁国都于陈（今河南淮阳）。秦国夺得巫郡和黔中郡。楚又迁都至寿春。楚国力量更加削弱了。

公元前260年，秦将白起率军进攻韩国的上党郡，郡守投降赵国。赵国派著名大将廉颇率大军镇守长平（今山西高平），筑垒坚守，以逸待劳，与秦军相持三年，不分胜负。秦国丞相范雎派人到赵国实施"反间计"，散布廉颇坏话。赵王信以为真，派只会"纸上谈兵"的赵括替换廉颇。赵括骄傲轻敌，一到前线，下令倾巢出击。秦将白起采取了诱敌深入、迂回包抄的战术，迫使赵军在极为不利的情况下作战。在一次突围中，赵国四十万大军被俘，白起把他们全部活埋。

秦军乘胜前进，包围了赵都邯郸。赵向魏求救，魏派晋鄙率兵救赵，因惧怕秦军，半路上留军观望。公元前257年，魏国公子信陵君无忌盗出魏王的虎符，假传军令，挑选八万精兵援救赵国。同时，楚国援军赶到，联合打败秦军，解除邯郸之围。这就是"信陵君窃符救赵"的历史事件。

秦国虽然暂受挫败，但实力雄厚。六国没有一个能单独抗秦。秦国统一六国的条件完全成熟了。

商鞅变法

秦国在战国初期，经济、政治和军事都比较落后，国土常常受到别国的侵占，甚至连各国的会盟都不准秦国代表参加。

公元前 361 年，秦孝公即位，年轻的国君决心改变秦国的落后面貌，于是下了一道变法图强的求贤诏令。商鞅就是在这个时候来到秦国的。

商鞅（约公元前 390—前 338）贵族出身，因是卫国国君的后裔，曾以"卫"为姓，称作卫鞅。按照当时的习惯，国君的公子后裔，往往以"公孙"为氏，所以，他又称为公孙鞅。商鞅这个名字，是因他在秦国被封为商君而得的。

商鞅到秦国后，宣传"强国之术"，决心协助秦孝公进行社会改革，因此得到秦孝公的信任，任命他为左庶长，执掌军政大权。公元前 359 年和公元前 350 年，在商鞅主持下，秦国两次公布了新法。其主要内容有：一、废除奴隶主贵族的世卿世禄制度，取消宗室的特权，按军功的大小重新规定官爵的等级和待遇。下级士兵在战争中勇敢杀敌的，也可以得到官爵，临阵脱逃和投降敌人的士兵要受到严厉的处罚。

凡是进行私斗的，按照情节轻重判处刑罚。二、废除奴隶制的井田制度，在法律上承认土地私有和买卖。奖励男耕女织，凡是劳动好、生产粮食和织布多的人免除徭役和赋税。三、实行重农抑商政策。对弃农经商或因懒惰而贫穷的人，连同其家属罚作官奴婢。四、加强中央集权，普遍推行郡县制。全国设三十一个县，官吏由中央直接任免；同时进行户口编制，实行连坐法，规定五家为一伍，十家为一什，什伍中互相纠察告发"奸人"，有坏人不告发的，什伍连坐。五、由中央制定和颁发统一的度量衡。比如以"商鞅方升"作为当时的标准量器，有利于税收和经济往来。

商鞅新法直接打击了奴隶制旧势力，巩固了新兴地主阶级政权，它必然会遭到守旧势力的仇视和反抗。因此，变法从开始到最后，一直是在激烈的斗争中进行的。

开始，以甘龙、杜挚为代表的旧贵族公开反对变法。他们主张"法古无过，循礼无邪"，说什么"依照原来的旧习俗来教导人民，可以不劳而成；根据旧有的制度来治理，官吏既熟悉，人民也安定"。商鞅反驳说："制度和法令应该按照当时的客观环境来制定，治世从来没有一个划一的办法，只要求其便利于国家，不一定要效法古代。商朝的汤王和周朝的武王，是没有效法古代而称王的；夏桀和殷纣是没有更改旧制而灭亡的。以此可知，反古的未必错，循礼的未必对。"最后，秦孝公结束了这场辩论，表示完全同意商鞅的意见。

商鞅拟好新法，就要公布了。可怎样才能使人民相信呢？

经过一番考虑，他让手下人把一根三丈长的木杆竖立在国都的南门，悬赏有能把它搬到北门的人，赏给十金。人们觉得奇怪，不敢搬动。接着又悬赏说：有能搬去者，赏给五十金。有一个人把木杆搬到北门，商鞅立刻赏给五十金，以示信用。接着，公布了新法。

这时候，在朝廷内部新旧两种势力斗争更激烈了。当时有人议论新法不便执行的多至千数。太子的老师公子虔和公孙贾在幕后唆使太子触犯新法。他们企图用这个办法破坏变法。商鞅说："太子犯法，是老师没有教育好，应该处罚老师。"于是下令把他俩一个割掉鼻子，一个脸上刺了字。那些说法令不便执行的人，这时一反常态，说新法很好，完全可以执行了。商鞅认为这些说长道短的人都是"乱化之民"，下令把他们迁到边城去。从此再没有人敢议论新法了。

为了保证新法顺利施行，商鞅还杀了反对变法的贵族祝欢，并把捕获的七百多个违法乱纪的贵族押到渭水边上处死了。

秦国经过变法，面貌焕然一新，迅速从落后的国家，一跃而为"兵革大强，诸侯畏惧"的强国，出现了"家给人足，民勇于公战，怯于私斗，乡邑大治"的局面。

公元前 338 年，秦孝公死，太子惠文王继位。旧贵族马上对商鞅进行反攻倒算，用"车裂"的酷刑处死了商鞅。但新法已经实行了十多年，取得了良好的效果。

神医扁鹊

我国古代劳动人民在同疾病的长期斗争中，积累了丰富的医药学知识，对世界医药学的发展做出了巨大的贡献。早在荒蛮的原始氏族社会，就出现了"神农尝百草，始有医药"和"巫彭作医"的传说。

到了商代，在甲骨文中已经出现多种疾病的名称；从出土文物中还发现二十多枚药用植物的种仁和医用"砭镰"（切割脓疱用的原始手术刀），当时治病已使用针灸、按摩、熨帖（热敷）、手术和汤药等方法。

西周时期，国家设置了专门的医疗机构，专为贵族防病治病。那时候，医疗大体上可分为食医、疾医、疡医和兽医四科。食医掌管主食、副食、饮料、调料的调配，使人们注意饮食、起居、清洁、卫生，有了预防医学的初步观念。疾医专治四季常见的易发病，如头疼、疟疾、咳嗽、气喘等内科疾病。疡医专治刀剑伤、痈疽溃烂等外科病。

到春秋时期，医学更为发展，已经有"切脉""望色""听声""写形"等诊断方法；所用药物品种包括动物、植物、矿物等，现已发现达百种以上。这时的医学已从巫师巫术中分离出来，成为一门独立的科学体系。社会上涌现出许多卓有成效的医生，扁鹊就是其中比较著名的一位民间医生。扁鹊，本姓秦，名越人，生活于春秋末或战国初，齐国渤海郡（今河北省任丘县）人。他青年时期曾做"舍长"（官府开设的旅店负责人）。当时旅舍中住着一位医术高明的神医长桑君，两人相处十余年。长桑君看他尊重老人，很懂礼貌，就把多年行医积累的经验和秘方全部传给了他。秦越人经过刻苦学习，勤奋钻研，终于学会医治各种疑难杂症。他诊断精确，就像传说中黄帝时的神医扁鹊那样，所以人们就称他为扁鹊了。

有一次，扁鹊到虢国，听人说虢国太子暴病身亡，正在筹办丧事。

扁鹊向侍卫人员详细询问了太子发病的经过、死了多长时间和死后尸体的特征，认为可能是"假死"，只有两三个时辰，抢救还来得及。侍卫不相信扁鹊能把已死的人救活，不给他通报。扁鹊说，不信你去观察一下太子，一定会听到他耳鸣，鼻孔里还会有微弱的气息，大腿根部还应该有点热气。侍卫把这话传达给虢君。虢君立即请他给太子诊治。扁鹊细心地诊断后说，太子的病叫"尸蹶"（休克），脉搏很乱，而且微弱到几乎觉察不到跳动的样子，好像是死亡，其实并没有死。于是，扁鹊叫弟子磨快了针和砭石，在太子的头、胸、手、足等几个穴位扎了针。过了一会儿，太子果然苏醒了。接着，他又在太子两肋下做了热敷，太子就能坐起来了，然后再服汤药，经过二十多天的治疗，太子终于恢复了健康。从此人们都说扁鹊能"起死回生"。扁鹊说："我不能叫死人复活，是他本来就没有死，我不过叫他苏醒过来，重新恢复健康罢了。"

扁鹊为人医病，足迹踏遍黄河南北。他在行医过程中，能注意各地的风俗习惯。不论内科、外科、妇科、儿科，人们有什么病，他就给医治什么病。他到邯郸时，听说当地对妇女的疾病很重视，就为"带下医"，着重治疗妇女病；到洛阳，知道那里尊重老人，就为老年人治疗耳聋、眼花和风湿症、四肢麻痹等疾患；到咸阳，得知秦人重视小儿，就专看小儿科。扁鹊的名字到处被传诵着。秦国的太医令（政府医疗部门负责人）李醯自知医术不及扁鹊，非常嫉妒，就派人把扁鹊刺杀了。

扁鹊坚持以科学方法为人治病，反对巫术迷信骗人，用人体解剖学的原理来阐明脉理和病理，使医学摆脱鬼神迷信的影响。他强调病有"六不治"，"信巫不信医"就是不可治的一种。他主张疾病应以预防为主和早期诊断，预先察觉出还没有显露的症状，就容易施治。他说，疾病侵入肌肤，用按摩、熨帖等方法，治疗效果就能达到；疾病侵入血脉，用针和灸就可以奏效；疾病侵入内脏，用汤药或药酒也还能治好；如果疾病深入骨髓，即使是天上的星官"司命"也无能为力了。我国传统的诊断方法：望（看气色）、闻（听声音）、问（询病情）、切（摸脉搏），就是从扁鹊开始全面应用的。这种诊病方法，至今仍为中医所重视和使用。

相传扁鹊把自己的行医经验加以总结，取名《黄帝八十一难经》，简称《难经》，全书八十一篇。这是中医学的一部重要著作，在祖国中医学的发展中占有一定的地位。

孟母三迁

孟子，名孟轲，战国时期鲁国邹（今山东邹县）人。我国战国时期的大思想家和教育家，他所以能够取得很大的成就，除了他本人刻苦努力、勤奋学习之外，亦与他母亲煞费苦心"三迁择邻"有着重要的关系。

孟子很小的时候，家住在靠近坟场的地方。孟轲和小伙伴在坟场玩耍，不是成群结队装作出殡队伍送葬的样子，就是模仿在坟头摆开祭祀故去之人的场面。看到这些，仉氏先是哭笑不得，但很快就又陷入了沉思，她是以一颗慈母善良的心，在仔细认真地揣度分析着儿子：这样下去，儿子究竟能够学到什么？儿子将来究竟能够成为一个什么样的人呢？

仉氏彻夜未眠，两眼熬得红肿，经过一番深思熟虑之后，她决定搬家，并且立即搬家。因为她看明白也想明白了，这个地方不是儿子可以居住的地方。

仉氏把家搬到了集市附近的地方。当然，这里毕竟与坟场不同，这里是另外一番景象。

清晨，推车的、挑担的、买的卖的、赶集的、住店的，纷纷从四面八方汇集过来。当太阳刚刚冒红的时候，这里已经是人山人海，热闹非凡了。孟轲初来乍到，看到这样的场面，除了觉得新奇之外，还拣自己喜欢的注意观察和模仿。他很快就学会了生意人的吆喝，学会了买卖双方如何讨价还价，甚至把买卖双方成交前后的神态都模仿得相当逼真。慢慢地，他还对打把势卖艺的、专门坑人故弄玄虚的把戏、用假药糊弄人的一套，也学得像模像样了。

仉氏把儿子在这里的最新变化全都看在眼里，她这时要比在坟场附近居住的时候还要着急。仉氏认为，如果长期这样下去，真不知将来儿子会变成什么样的人！于是，仉氏忧心忡忡地说："这里不是适合我儿子居住的地方。"仉氏既然已经预见到后果的严重，只有赶快搬家。

这次，仉氏把家搬到了一个学宫的旁边。

当然，学宫的气氛自然又是另外一番景象。这里既没有出殡的情形与祭祀的场面，也没有生意人云集、不乏奸诈嘴脸集中，更没有真假混淆、良莠难辨的纷繁复杂的情形。这里有的是书声朗朗，揖让进退之礼。不论是先生，还是学生，彼此都是一团和气，我尊敬你，因为面对的是先生；你爱护我，因为我是您的学生。尊师爱生，这里有很好的体现。

开始，孟轲觉得这里挺新鲜，这里的人与去坟场的人，和在集市上混事的人，全都不一样。这里的人，是世界上另外一种人。渐渐地，孟轲觉得读书挺好，也就收敛起野性，端起书本，加入了学子琅琅的书声行列。

后来，孟轲不但喜欢读书，还学着做一些迎送客人的规矩动作，时间长了，孟轲变得温文有礼，行坐有节，还懂得了不少处世为人的道理。

仉氏看到儿子的进步，心里别提有多高兴了，她逢人便说："这里才是适合我儿子居住的地方。"

孟母为了儿子学会做人，三次迁居，真可谓绞尽脑汁，煞费苦心。"孟母三迁"的故事，充分证明"近朱者赤，近墨者黑"是颠扑不破的真理。

百家争鸣

春秋战国时期，在知识分子中形成各种不同的学派，叫"诸子百家"。他们著书立说，广收门徒，高谈阔论，互相辩难，社会上形成了一个"百家争鸣"的新局面。这是奴隶制向封建制变革在思想文化领域的反映。

所谓"诸子百家"，主要有儒家、墨家、道家和法家，其次有阴阳家、杂家、名家、纵横家、兵家、小说家等等。后人把小说家以外的九家，又称为"九流"。俗称的"十家九流"就是从这里来的。

儒家的创始人是孔丘。儒家学派在孔丘以后发生分裂，到战国中期孟轲成为代表人物。孟轲是鲁国邹（今山东邹县）人。他是孔丘的嫡孙子思（名孔伋）的弟子。他在40岁以前，主要活动是教书。42岁那年，带着车子数十乘、侍从弟子数百人游说齐、魏等国。晚年回家著书立说，今存《孟子》七篇就是他的政治思想的体现。

孟轲宣扬"仁义"，提倡"仁政"，主张"法先王"。他说"仁政必自经界始"，就是说实行"仁政"首先要恢复周代奴隶社会的井田制。他认为古代比当代好，要人们"遵先王之制，守先王之法，行先王之道"。孟轲的主张是复古倒退的，当时许多国王都认为不合时宜。

墨家学派创始人墨翟是鲁国人，生于春秋战国之交。墨子的主张和儒家是针锋相对的。他反对世卿世禄制度，主张尚贤，任用官吏要重视才能，打破旧的等级观念，使"官无常贵，而民无终贱"。他要求有一个社会秩序安定的政治局面，反对互相侵犯，要使"饥者得食，寒者得衣，劳者得息"。墨子提出"兼爱"的理论，使"强不执弱，众不劫寡，富不侮贫，贵不傲贱"，对卑贱的人也应给予平等的地位。这种抹杀阶级界限的抽象的人类之爱，在阶级社会里，只能是幻想。

代表墨翟思想的有《墨子》一书，是他的弟子根据授课笔记编撰而成的。墨子"兼爱""非攻""尚贤""尚同"的学说，虽然主流是进步的，反映新兴地主阶级的政治要求，但存在软弱改良的一面。如他把政治革新的希望寄托在"圣君"身上；提出"明鬼"学说，相信鬼神，鼓吹鬼神的作用，反映出他思想的局限性。

道家学派的创始人老聃，名叫李耳，生于楚国苦县（今河南鹿邑县），大约是春秋时代人，出身于没落贵族家庭。反映他思想的著述为《老子》，又名《道德经》，大约是战国人编纂的。湖南长沙马王堆三号汉墓出土的帛书《老子》有甲、乙两种，是研究道家思想的珍贵资料。在《老子》一书中，提出"祸兮福之所倚，福兮祸之所伏""柔弱胜刚强"这些朴素的辩证法观点，是非常可贵的。由于老聃站在没落奴隶主的立场上，反对新兴地主阶级的"有为"措施，主张"无为而治"，倡导"小国寡民"的理想境界，"鸡犬之声相闻，民至老死不相往来"。这是一种倒退的主张，反映了奴隶主阶级对前途丧失信心的思想倾向。

庄周是战国中期道家学派的中心人物，生于宋国蒙（今河南商丘县东北），出身于没落贵族家庭，曾做过宋国漆园吏的小官，后来厌恶官职，"终身不仕"。《庄子》一书，是由他和门人编成的。庄周对老子唯心主义的"道"，解释得更加神秘。他认为宇宙万物的本源叫作"道"。"道"是无限的东西，它生出天地万物，连鬼神也是"道"生出来的。只有"真人"才能得"道"。他认为事物万变无常，没有什么是非标准。庄周把老子的朴素辩证法演化成相对论，这是道家思想的大倒退。他认为社会安定太平，除非把一切都毁灭，人活着也没什么意思，只不过是一场大梦，不如死了痛快，死了才是"大觉"。这种厌世思想表明奴隶主失掉政权后的绝望。

法家学派代表新兴地主阶级的利益。早期代表人物有李悝、吴起、商鞅、慎到、申不害等人，后期法家学派代表人物韩非是专制主义中央集权理论的集大成者。

韩非是荀子（荀况）的大弟子，与李斯同学，出身于韩国的贵族家庭。《韩非子》一书是他总结前期法家思想的成果。秦始皇读了《孤愤》《五蠹》这些文章，曾感叹地说："寡人得见此人与之游，死不恨矣！"李斯从旁介绍说："此韩非之所著书也。"不久，韩非来到秦国。李斯妒其贤能，以莫须有的罪名陷害了韩非。然而，韩非的学说却成为秦代的官学，对秦始皇统一中国、巩固政权起了积极作用。

韩非注意吸取法家不同学派的长处，提出了"法""术""势"相结合的法治理论。他认为"法"是根本，就是说，新兴地主阶级的政策、法令是社会的准则，要大张旗鼓地宣传，使之深入人心。"术"是政治斗争的策略手段，包括按照人的才能来派定官职，对群臣暗中考察。"势"是指君王的地位和权力。韩非认为只有这三者结合起来，才能建立起中央集权的封建国家。

战国时期"百家争鸣"反映了当时社会政治斗争的激烈和复杂。各国之间的竞争促进了学术、文化和思想的繁荣。这个时期的文化思想，奠定了整个封建时代文化的基础。先秦诸子百家对中国古代文化有着深刻的影响。

触龙说赵太后

公元前 266 年，赵惠文王薨，其幼子孝成王即位，由赵太后临朝摄政。这时，秦国乘机发兵攻赵。形势危急，赵派使者向齐国求救。齐国却提出了一个条件："必以长安君为质，兵乃出。"要求人质，是先秦各国之间盟约的惯例，两国结盟，往往以国君的弟兄或儿子互为人质，居于对方，以保证盟约的执行。因此，齐国的要求是合于惯例的。但长安君是赵太后的幼子，太后视为掌上明珠，最受宠爱，岂肯出为人质！因此，尽管大臣们屡次强谏，都未能改变她的主意。为了阻止臣下的进谏，她明确宣称："再有敢劝谏以长安君为人质的，我一定当众羞辱他，把唾沫吐在他的脸上！"一时间，满朝皆缄其口，无人再敢进谏。

赵太后本是一个有政治远见的人。有一次，齐国使者来访，赵太后问起"年成""百姓"与"君王"，谈论国君应该如何处理国家大事，表现出她以民为本、重视民心向背的远见卓识。而今天，一个慈母对幼子的溺爱，却使她变得目光短浅，态度固执，母子亲情超越了政治厉害。

年迈的左师触龙闻知此事，表示愿入宫拜见太后。太后料知他也是为长安君之事而来，所以，满面怒容地在宫中等待着。

触龙进宫，竭力做出欲快走而脚步缓慢的样子，来到太后面前，向太后谢罪道："老臣脚上有病，行动不便，所以很久没来拜望太后了。但又挂念您的身体健康，所以特来看望您。"见面之初，触龙并未开门见山谈起长安君的事，而是先向太后请安，寒暄数句，以缓和气氛。可见触龙进谏是很懂策略的。尽管如此，太后仍未了解触龙进宫的真正目的，还是怒容满面。触龙也看出了太后的不快，感到进谏的时机尚未成熟，便仍从老年人最关心的健康问题谈起，询问太后的饮食情况，并介绍了自己的养生之道。太后见他非但没有谈长安君的事，反倒很关心自己，脸上的怒容渐渐消退。接下来，触龙从感情方面入手，以安排子女问题向太后求情："我的小儿子舒祺，没什么出息。我虽然老了，但非常疼爱他。所以，我冒死向您请求，让他做一名宫中的卫士吧。"太后欣然允诺，并与他谈起了有关孩子的事情。一问一答，问者有心，答者无意。触龙意在进谏，但话中自然而然地流露出亲子之情，很能引起太后的同感。这样，自己就可以顺理成章地向太后进谏了。果然，太后按照他的思路谈了下去，太后问道："男子汉大丈夫，也疼爱他们的小儿子吗？"他们争论起了到底是男人还是女人更疼爱孩子这一问题。

至此，触龙感到时机已到，便把谈话引上正题："我私下里认为，您爱您的女儿燕后，更胜于长安君。"左盘右旋，曲曲折折，话题终于指向了长安君，但赵太后已不再敏感了，针对触龙提出的问题，她得意地说："你错了，我疼爱燕后的程度比不上疼爱长安君啊！"谈话至此，动之以情告一段落，触龙要不失时机地对太后晓之以理了。他首先指出，父母疼爱子女，就该考虑他的长远利益，又举远嫁燕后为例，说明太后对她所做的一切，都是为她的长远利益打算的。这一观点被太后认可之后，触龙又以各国诸侯的子孙后代被封侯的，多已不在其位了，来证明无功受禄是难以持久的。谈话的情势陡然发生了逆转，触龙由小心翼翼、左右盘旋变为从容发问、步步进逼，而赵太后则由高高在上变为唯唯诺诺、无词应对。但赵太后是一个通情达理之人，当初只是为亲情所弊，一旦情通理开，她便心悦诚服地答应了触龙的要求，派长安君赴齐为人质。

触龙对赵太后的说辞，富于启发性和诱导性，整个说服过程，都是在他的刻意设计之下完成的。太后忌谈长安君之事，他就以健康问题作为开场白；当太后怒色稍减时，他又不失时机地转变了话题。首先抓住爱子之心这一普遍心理，从自己谈起，引起太后的同情；然后又以燕后为例提出疑问，其实是明知故问，以引起太后讨论这一问题的兴趣。在一切铺垫完成之后，马上适时地对太后晓之以理，各个环节配合得丝丝入扣，既没有咄咄逼人之势，又令太后无法拒绝。充分显示了一个老臣成熟的政治才能和有理有节的秉公精神。

荆轲秉义刺秦王

富丽堂皇的咸阳宫里，八面威风的秦王嬴政，不屑一顾地瞧着燕国使臣荆轲送来的秦国叛将樊於期的人头，转脸得意扬扬地看着荆轲呈来的燕国最富饶的督亢的地图，随着地图的慢慢展开，嬴政贪婪的双眼眯成了一条缝，仿佛看见督亢的特产大批地流进了他的王宫。

突然，一道寒光从地图的末端闪现，刚刚还是奴颜婢膝的荆轲，犹如闪电般抓起藏在地图中的锋利匕首，果断地刺向嬴政的前胸。狡诈的秦王异常机敏，在寒光一闪的瞬间，就已意识到将要发生的事情，他像狐狸一样躲过了荆轲致命的攻击。

"有刺客，快抓住他，杀死他！"

一时间，咸阳宫内人声鼎沸，昔日歌舞升平的大殿一阵刀光血影。

喊声终于停止了，秦王惋惜地看着血泊中的荆轲，无限感慨地说："明知不可为而为之，真是大义士呀。传我的命令，厚葬荆轲！"

这就是我国历史上家喻户晓的荆轲刺秦王的故事。

战国末期，秦国已成为凌驾于其他六国之上的强国，嬴政野心勃勃，想吞并六国，一统天下，不断命令军队进犯别国。一度在秦国为人质以求与秦结盟的燕太子丹，也被赶回了燕国，燕国已危在旦夕。

为了保全燕国，也为了报复秦王对自己的苛毒，太子丹决心不惜一切代价，寻找智勇双全的义士刺杀秦王。可是，重金易得，义士难求。太子丹为此寝食不安。

工夫不负有心人。不久，太子丹就从大臣田光那里得知荆轲是一个为人豪爽、武艺高强的侠士。为了能得荆轲相助，太子丹亲自到荆轲的住处，跪地叩头恳请："荆侠士，为了燕国百姓和我们的国家，请您助我一臂之力，我将终生感激您！""太子请起，勇士在世，不留英名就白活一回，目前国家危难，正是我报国之时，太子请吩咐。"面对虔诚地跪在地上的太子丹，荆轲连忙施礼，他被礼贤下士的太子丹深深感动了。

自从荆轲答应刺秦王后，太子丹无比激动，为了补偿荆轲所做的牺牲，他每日里将荆轲奉为上宾，锦衣玉食，良宵美酒，歌舞美女……

然而，荆轲并没有沉迷于此，他在苦思冥想：如何见到秦王，取信于他，用什么武器杀死秦王，怎样刺杀……"樊於期！"荆轲想到了在燕国避难的秦臣樊於期，想用他的生命换取秦王的信任，可太子丹却不忍心，荆轲的心情坏到了极点。

为了感谢太子丹的收留之情，也为荆轲刺秦的成功，樊於期留书自杀了。"风萧萧兮易水寒，壮士一去兮不复还！"

凄凉的晚风轻拂着身穿丧服的太子丹等人悲伤的面颊，泰然自若的荆轲，面向滔滔易水，放声高歌，风在低泣，水在呜咽，为勇士的无畏与凛然。送行的人长跪河岸为荆轲祈祷。一曲唱完，荆轲接过太子丹捧上来的壮行酒，仰天长啸，一饮而尽，带上樊於期的头颅，拿起包有匕首的地图，毅然跳上马车，策马扬鞭，义无反顾地奔向了秦国。他那随风飘动的长发，那激昂悲壮的歌声，伴着他视死如归的坚毅面庞，永远刻在了尊敬他的人们心中。

"人生自古谁无死，留取丹心照汗青。"为了大义，荆轲不惜牺牲自己的生命。他虽没能成功，但他的精神，他的气概永为人们称颂。

卷三　秦·汉

　　秦始皇嬴政生于公元前 259 年，死于公元前 210 年，享年 50 岁。公元前 7 年，秦庄襄王（名子楚）死，嬴政继位为秦王，年仅 13 岁。秦王政二十六年（公元前 221），秦灭六国而统一全国，秦王政改称始皇帝，定都咸阳（今陕西省咸阳市）。

　　秦的统一，结束了自春秋战国以来诸侯割据称雄的局面，有利于人民的生活安定和社会生产的发展，符合当时各族人民的共同愿望。秦朝的疆域"东到大海，西到陇西，北到长城一带，南到南海"，大大超过了前代。

　　秦始皇统一六国以后，采取了中央集权制度，规定封建国家的最高统治者称皇帝，国家的政治、经济、军事一切大权都集中在皇帝手里。在中央：置丞相、御史大夫、太尉等官职，在地方推行郡县制度，郡下设县。

　　秦始皇还统一了度量衡，使长度、容量、重量，都有了统一的标准，大大便利了国内的商业交流。他又将秦国的圆形方孔钱作为统一的货币，推广到全国，这对促进各民族各地区的经济交流，十分有益。他还采取了"书同文、车同轨"

的措施，统一了民族文化。这些都对中华文明的传承起到了关键作用。

秦的建立结束了中国奴隶制的历史，开创了中国历史上的封建制时代。虽然它只存在短短三十几载，却影响了中国历史几千年，具有划时代的意义。

但秦朝建立后的统治也极端残暴，无休止的兵役、徭役以及暴虐的刑罚，给人民带来了巨大的灾难和痛苦。到秦二世当政时期，政治更加黑暗。于是，陈胜、吴广率先发起的农民大起义，终于将秦朝推向灭亡之路。

西汉（公元前206年—公元8年）是中国古代继秦朝之后的大一统封建王朝。在西汉统治的二百多年的历史中，通过一系列的政治经济改革，使国家强盛、人民安乐，呈现出一派太平盛世的景象。汉武帝时期，武帝采纳了董仲舒提出的"罢黜百家，独尊儒术"的建议，使儒学成为汉朝以后历代帝王遵从的治国方略。西汉是中国文化发展的一个高峰，社会经济、文化全面发展，对外交往日益频繁，成为当时世界上最强盛的国家之一。西汉定都长安（今陕西省西安市西北），陵寝遍布关中，文物遗存十分丰富，显示出"汉并天下"、多姿多彩的时代风貌。

西汉时期手工业生产十分发达，这也促进了商业的繁荣。以长安为中心形成了许多商业城市，并通过丝绸之路加强了与西域各国的经济文化交流。

西汉自元帝起，至成帝、哀帝、平帝在位期间，皇帝对政权的控制能力已大不如前。及至孺子婴即位，大权已尽落于外戚王莽之手。公元8年，王莽篡夺皇位，改国号为新，至此西汉对中国的统治宣告结束。

王莽的新王朝是一个短命政权，取而代之的是刘姓皇族的刘秀建立的东汉王朝。新朝末年，天下大乱。刘秀与兄长乘势起兵，在昆阳之战中大破王莽42万大军，新朝政权立时瓦解。公元25年，刘秀登基称帝，其建立的新王朝仍然沿用了其祖先刘邦的国号"汉"，故史称刘秀建立的政权为东汉。刘秀就是光武帝，他称帝之后，又经过了长达12年之久的统一战争，终于削平各地割据势力，统一了中国。光武帝偃武修文，实施度田，释放奴隶，励精图治，国势达到了顶峰，后世称之为"光武中兴"。

东汉是西汉的延续。较之西汉，东汉的政权要专制得多，光武帝改革了治国方略，权力集中于尚书台，皇帝的个人独裁在朝政中起到重要作用，但是，如果皇帝昏庸或幼弱无能时，尚书台也因此成为掌权大臣们操控朝政的工具。而东汉自和帝起，皇帝都是幼年即位，出现母后临朝，权归女主的局面，外戚以"决尚书台"的名义，操纵国政，从而破坏了中央集权制度下的皇帝与中央政府之间的权力制约。东汉末年，外戚势力与宦官横行朝堂，朝政日益腐败。终于在东汉中平元年爆发了"黄巾军起义"，揭开了东汉末年军阀割据、连年混战的序幕。

东汉在外交上继西汉后有很大的发展，一代名将班超长期驻守西域，努力经营，终使西域五十余国皆向东汉称臣并派出人质，年年来朝。班超曾派甘英出使大秦（古罗马帝国），到达了安息西界的西海（今波斯湾）沿岸。这次出使虽未到达大秦，但增进了当时的中国人对中亚各国的了解。

千古一帝——秦始皇

秦始皇是我国历史上很有影响的人物。公元前 221 年，他统一了中国，结束了春秋战国五百多年的战争局面，建立起我国历史上第一个封建专制主义的中央集权国家。

秦始皇名叫嬴政，因生于赵国，又取名赵政。公元前 247 年，他 13 岁时继承了秦国的王位。当时朝政由宰相吕不韦和宦官谬毐把持，二人专横跋扈。嬴政 22 岁那年，按秦国惯例国王要行冠礼，开始主持政务。吕不韦指使谬毐发动叛乱，秦王嬴政及时平定了这次宫廷政变。谬毐被处死，吕不韦被罢官。不久，吕不韦畏罪自杀。

秦王嬴政夺回大权以后，重用李斯、尉缭，执行"远交近攻"的策略，经过 10 年的激战，把六国各个击破。韩、赵、燕、魏、楚、齐先后并入秦国版图。到公元前 221 年，秦国已经取得"并吞六国，海内为一"的战果。接着，秦国又把势力扩张到西南地区、东南沿海地区和两广地区，开始建立统一的多民族国家。

秦朝所管辖的领土，东、南到海，西到甘肃、四川，西南至云南、广西，北到阴山，东北到辽宁。

秦王嬴政为了巩固封建统治地位，显示他的权力至高无上，将古代传说中"皇"和"帝"两个尊贵的称号，合称"皇帝"，用以代"王"的称号。他梦想子孙万代能永远继承统治权，所以自称"始皇帝"。皇帝是封建国家的最高统治者，独揽全国政治、经济、军事大权。他通过颁发的文告（称作"诏"或"制"）对全国发号施令。从此，皇帝成为封建统治的象征。

在皇帝以下，设立了"三公九卿"的中央官僚机构。"三公"是指"百官之长"丞相，掌管全国军事的太尉，执掌监察百官重任的御史大夫。

"九卿"是指掌管宗庙礼仪的奉常，掌管守卫宫殿门户的郎中令，掌管刑狱的廷尉，掌管财政收支的治粟内史，掌管属国外交事务的典客，掌管皇室事务的宗正，掌管宫门宿卫屯兵的卫尉，掌管宫廷车马的太仆和掌管山海池泽收入和皇室手工业制造的少府。"三公九卿"又各设属员若干人，组成了一套完整的中央官僚机构。所有这些官僚，高官厚禄，养尊处优，高踞于人民头上作威作福。百姓处于社会最底层。

从 1975 年湖北云梦出土的秦律竹简可以得知，秦朝法律完备，有刑法、诉讼法、民法、军法、行政法、经济法等，反映了秦始皇时期，秦朝向依法治国迈进。其内容不仅详尽，而且严苛。

全国各地普遍推行了郡县制。开始有 36 郡，后来增加到 40 余郡。每个郡设有郡守，掌管行政事务；设尉，主管军事；又设监御史，掌管监察事务。一郡之内分为若干县，大县设县令，小县设县长，掌管全县的政务。县尉掌管全县军事。县丞是县令或县长的助理并兼管司法事务。县以上的官员任免和调动权由皇帝掌握。县以下有乡、里这些基层行政机构。每乡设有三老掌"教化"，用封建礼教统治人民；有禾失、啬夫掌管司法、征收赋税和征发徭役；游徼负责地方治安，是基层的警察部门。在交通要道上，十里设一亭，亭有亭长，掌治安警卫，兼管招待旅客，治理民事。乡以下设有里，里中有里正、监门等小吏。在县城和乡里中都有伍、什的编制，五家为一伍，十家为一什。伍有伍长，什有什长。如果一家犯罪而邻居不告发，要什伍同罪连坐。这样一来，从中央到地方形成金字塔式的封建统治网，对人民层层控制。秦朝这种专制主义的中央集权制度，对中国整个封建社会影响重大。战国以前各地区文字写法各不相同。秦统一六国后，秦始皇命令李斯等人进行文字改革工作。李斯是个有名的篆书家。相传秦始皇游览各地所立刻石，都出自他的手笔。李斯等人用小篆编写文字课本在全国推广，以此作为标准文字。同时，还把隶书作为通用文字，便于民间使用。这样，做到了"书同文"，对文化的传播和发展是一个贡献。

统一货币和度量衡，是秦始皇维护封建统治的经济措施。战国时期各国货币的形状、大小、重量都不相同，计算单位也不一致。秦始皇统一规定货币分二等，以黄金为上币，用镒（二十两）为单位；圆形方孔的铜钱作为下币，以半两为单位，这就给当时的商品交换提供了方便。

秦始皇又下令统一全国的度量衡，度分为寸、尺、丈，量分为升、斗、桶（斛）。衡分为十钱一两，十六两一斤，百二十斤为一石。他规定六尺为步，二百四十步为亩。在商鞅制造的标准量器上刻着诏令颁行各地，统一使用。他的目的在于统一赋税征收标准，防止官吏舞弊。虽然实际上办不到，但在客观上对商业、手工业的发展和全国经济联系的紧密起到了积极作用。

秦始皇统一车轨修驰道，促进了交通事业的发展。他规定车广六尺，全国统一规格。他下令毁掉关塞堡垒等阻碍物以利于修建驰道。以首都咸阳为中心，一条向东直通过去的燕齐地区，一条向南直达吴楚旧地。这种驰道路基坚固，宽五十步，道旁每隔三丈种青松一株。后来，秦始皇又命令蒙恬修筑"直道"，由九原郡（治所今包头市西）直达咸阳，全长一千八百余里。他又命令常领在今云南贵州地区修筑"五尺道"，便利了中原和西南地区的交通。在湖南、江西一带，修筑了攀越五岭的"新道"，便利通往两广地区的交通。在水路交通方面，他下令疏通了鸿沟，把济、洛、淮、泗几条水系联在一起；又下令凿灵渠，沟通湘水与漓水，使珠江水系和长江水系相连。

秦始皇兴办的这些事业都是前所未有的。当然，重大工程的修造也给劳动人民增加了沉重的负担，这些工程是他们汗水与生命的结晶。

万里长城

　　秦始皇统一六国后，为了巩固封建政权，于公元前215年派大将蒙恬率领三十万大军打败匈奴，然后下令把原来燕、赵、秦国的长城连接起来，并加以补筑和修整。补筑的部分超过原来三段长城的总和。这条长城西起甘肃临洮，东到辽宁东部，长达五千余公里，历史上称为万里长城。

　　万里长城是古代劳动人民智慧的结晶。秦朝统治者征调几十万人，经过多年的艰苦劳动，牺牲无数生命才修建成功。长城的建筑，绝大多数地方是以山脉为基础，随着山势的高低起伏，有的地段建在距地面一千三四百米的高山上。长城本身的高度从 5 米到 10 米不等。在山势陡峭的地方，墙身就低一些，较平坦的地方墙身就高一些。墙的外部用砖和石砌成，内部用黄土夯实。长城的顶部靠外的一面还修造一条女墙（城墙上的小墙）。女墙上留有许多小孔，可以眺望城外。每隔 130 米，修造一座碉堡，作为监视哨楼。在险要地方设置烽火台，一旦发现敌情，便立刻发出警报：白天点燃掺有狼粪的柴草，使浓烟直上云霄；夜里则燃烧加有硫磺和硝石的干柴，使火光通明，以传递紧急军情。

长城沿线地势险峻，施工极其困难。但是，我国劳动人民克服了千难万险，巧妙地利用了自然地形。在山冈地方，就利用山脊作基础，既控制了险要，又便于施工。在河岸和深谷，则利用原来的陡坎和山崖，从外面看来，非常险峻。

把大量的土、石、砖运上山岭，是非常困难的事情。因此，每次修建都动用大量的劳动力。例如，公元 555 年，北齐王朝修筑从居庸关到大同一段约四百五十公里的长城，就征调了一百八十万民夫。在八达岭上发现的一块明朝石碑，上面记载公元 1582 年修长城的情况：几千名士兵和民夫，总共才修了七十多丈长的一段。可以想见，当时的工程是多么艰巨。在那万山重叠的山谷中和茫茫无际的荒原上，数以百万计的劳动者顶风冒雨，忍受着烈日和严寒，日夜不停地劳动着，建造出举世闻名的宏伟工程。如果把修筑长城的砖石用来改筑成高 2.5 米，宽 1 米的城墙，可环绕地球一周还有余。如果改铺成宽 4.5 米、厚 0.33 米的公路，就可以环绕地球三四周。

秦代长城现在还保存着几段遗迹。如在山西大同西北十里地方，有段长城土色皆紫，人们称为"紫塞"，据说就是秦朝修筑的。在甘肃岷县城西二十里，开城县、环县一带都有秦朝长城遗迹。长城在风雪严寒的侵蚀下，受到了损坏。以后的西晋及南北朝时期的北魏、北齐、北周和隋朝，都修筑过长城，目的和秦朝一样，也是为了防御北方游牧民族的侵扰。

明朝统治者对长城的修筑工程非常重视。这与当时北方蒙古各部经常纵兵骚扰中原地区有关系。明朝大规模修长城有三次。到1500年前后，明长城全部修完。它西起甘肃省的嘉峪关，东到河北省东北部的山海关，经过宁夏、陕西、内蒙古、山西等地。它随着山脉的曲折盘旋，绵延六千三百多公里，形成我国北方崇山峻岭上一道气势雄伟的城墙。驰名中外的万里长城既表现了中华民族的高度智慧，也是中国悠久历史的见证。

提起万里长城，人们往往和"孟姜女哭长城"的故事联系起来。传说有个叫范喜良的人，结婚不久就被秦始皇征发去修筑长城。他的妻子孟姜女不辞辛苦，跨越千山万水给他送寒衣。当她听到丈夫已在苦役中死去的消息后，对着长城放声痛哭了三天三夜，终于感动了天地鬼神，使长城倒塌，出现了四十里长的一道缺口。作为民间故事，反映秦始皇修长城给人民造成的苦难，这是可以理解的。据考证，这个故事是从《左传》里关于齐国大将杞梁战死于莒后，他的妻子哭夫的故事而来的。这件事在秦始皇之前三百多年，当然不是秦朝的事了。

焚书坑儒

秦始皇即位后，在都城咸阳大兴土木，修建宫殿，过着奢侈腐朽的生活。公元前 220 年秦始皇在咸阳渭南修建极庙，自极庙宫修筑了直通骊山的道路，并修甘泉前殿。公元前 212 年，秦始皇在渭南上林苑修筑阿房宫，"东西五百步，南北五十丈，上可以坐万人，下可以建五丈旗。周驰为阁道，自殿下直抵南山"。这是一座豪华宏伟的宫殿，征用数十万刑徒，砍伐四川、湖北、湖南等地山上的林木。唐代诗人杜牧作《阿房宫赋》说"蜀山兀，阿房出"，并非夸张。此外，关中有宫殿三百多座，关外有宫殿四百多座，都耗费了大量的人力、物力和财力。

秦始皇为自己修建陵墓，曾经征发 70 多万人，在骊山（今陕西临潼境内）大兴土木。陵墓高五十余丈，周围五里有余，占地面积达二十五万平方米。在陵墓附近还修建许多陪葬工程。自 1974 年以来，考古工作者已发掘四个秦始皇陵兵马俑坑，出土大量的武士俑、木质战车、陶马、青铜兵器和车马器等文物。这些珍贵的出土文物，被称为世界第八大奇迹。

公元前 213 年，秦始皇在咸阳宫里举行宴会，有博士 70

人前来祝酒。仆射周青臣赞扬秦始皇的业绩，"平定海内，放逐蛮夷，日月所照，莫不宾服"。秦始皇听后非常高兴。博士淳于越却认为，殷周的国王分封子弟功臣，自为枝辅，有难可以相救，而今有了天下，子弟却为匹夫。他说："事不师古而能长久者，非所闻也。"他对郡县制度表示不满。

秦始皇令大臣们讨论分封制与郡县制的问题。丞相李斯主张"五帝不相复，三代不相袭"，时代变了，法令制度也要改变。他建议禁止借古讽今的私学，焚烧《诗》《书》，对以古非今的人灭族，官吏知情不举报的同罪，除了《秦记》、医药、卜筮、种树之书以外，其他书籍全部焚毁。秦始皇采纳了李斯的建议，烧掉了大量的古代典籍。汉代文人贾谊在《过秦论》中写道："废先王之道，焚百家之言，以愚黔首。"他认为用这种办法消除人民的不满思想是愚蠢的。

第二年，秦始皇开始寻求长生不老的药方。方士卢生、侯生投其所好，乘机献媚，出谋划策，用隐居的方法寻找不死药。秦始皇下令在咸阳附近两百里内的宫殿和道观之间，修建二百七十条甬道相连。在帷帐里安置了钟鼓乐器和美女，各有固定的位置。秦始皇的行踪，不得外传，有泄露消息的人立即处死。但卢生、侯生又在外边说秦始皇的坏话，说他"刚愎自用""专任狱吏""乐以刑杀为威"，表示不能为他求仙药等等。

秦朝法律规定，方法不能生效者处死。为此，卢生、侯生决定逃走。

中国通史故事

秦始皇听到以后大怒。他说："我前不久将天下书籍中不中用的全焚毁了。召集文学、方士很多，想要享太平，求长生不老药。现在听说韩众悄悄地逃走了，徐市等人耗费了金钱无数，但始终没有得到不死药，我对待卢生等人异常优厚，他们却诽谤我，妖言惑众。"于是，秦始皇下令，派御史审问诸生，令其互相揭发。最后，捕捉犯禁的儒生四百六十余人，全部在咸阳活埋，以此让天下人引以为戒。同时，将一部分人发配到北方边疆。

对于秦始皇坑儒的做法，长子扶苏进言劝阻："天下初定，远方的百姓尚未安抚，诸生全部是学习孔子的人，现在皇帝用重法处罚他们，我担心使天下人不安。希望陛下看清这件事的后果。"秦始皇很生气，认为扶苏和自己不是一条心，派他去北方的上郡做大将蒙恬的监军，将他赶出了京城。

秦始皇焚书坑儒是根据当时的政治形势，打击以古非今、诽谤皇帝的反对势力，维护新生的封建主义专制政权的措施。但是，用残暴手段对待文人与文化往往事与愿违，本末并失，不能长久。

四面楚歌

在现在的象棋盘上往往写着"楚河汉界"四个字,这是怎么回事呢?这源自历史上的楚汉战争。

秦朝末年,伴随着陈胜、吴广领导的农民大起义,也出现了许多反秦武装集团。其中,项羽和刘邦就是其中两支主要的力量。

项羽原是楚国的旧贵族。公元前209年9月,他跟叔父项梁响应陈胜、吴广起义,杀死会稽太守,在吴(今江苏苏州)发动起义,队伍发展到八千余人。刘邦早年做过泗水亭长,在萧何、曹参等人支持下,杀死沛公,自立为沛公,集聚了起义者两三千人。

陈胜、吴广的主力军失败后,部下召平渡江与项梁取得联系,用陈胜的名义拜项梁为上柱国。项梁率领八千人渡江,和陈婴、英布等起义军会合,到下邳(今江苏睢宁西北)时队伍发展到六七万人。不久,吕臣的义军和刘邦的队伍也前来会合。项梁等人为了号召群众,共立楚怀王的孙子熊心为楚王,仍号楚怀王。公元前208年,在东阿(今山东阳谷东北)交战,打败秦军,接着转攻定陶(今山东定陶)又取得胜利。

项羽和刘邦率领的另一支起义军也连破秦军于雍丘（今河南杞县），斩秦将朱由。项梁被胜利冲昏头脑，放松了戒备。秦将章邯夜袭定陶，项梁战死。

章邯得胜之后，又击破魏、齐等割据势力，然后渡黄河北上攻赵，大破赵军于邯郸。接着，他以重兵包围巨鹿（今河北平乡县）。楚怀王派宋义为上将军，项羽为次将，率七万人救赵。宋义到安阳（今山东曹县东）后，饮酒作乐，46天不进兵。项羽怒杀宋义，率义军渡河攻击章邯军。项羽命令义军"破釜沉舟"，每人只带三天口粮，表示决一死战的决心。项羽率军渡河后，先打败章邯的军队，又进攻王离的军队，双方在巨鹿大战九次。起义军奋勇杀敌，每个战士无不以一当十，喊杀声惊天动地，秦军魂飞胆丧，王离被俘，起义军取得重大胜利。巨鹿之战基本摧毁了秦军的主力，扭转了整个战局。章邯走投无路，率二十多万秦军投降了项羽。

正当项羽北上救赵的时候，刘邦带领另一支起义军西向击秦。

由于黄河以南秦朝兵力较少，刘邦又采取了避实击虚的战略，迂回曲折地向咸阳进军。公元前207年8月，大破武关，进兵蓝田，节节胜利。这时，秦朝统治集团内部矛盾尖锐化。赵高杀死秦二世，立子婴为秦王，后子婴又杀赵高。刘邦率军直扑咸阳，驻兵霸上（今西安市南）。秦王子婴无可奈何，捧着玉玺，向起义军投降。公元前206年，秦王朝的统治结束了。

刘邦攻占咸阳后，想住在这里。樊哙劝他想得天下，就不要留恋宫中的美女财宝。刘邦接受他的意见，还军霸上。刘邦召集附近各县头面人物开会，声明说：起义军入关前已经约好了，谁先进关中就封王，我就是关中王了。现在与父老们约法三章："杀人者死，伤人及盗抵罪。"这就是人们常说的"约法三章"典故的由来。

项羽听说刘邦先入关中，非常愤怒，率军攻破函谷关，杀奔咸阳。公元前207年12月，项羽率军四十万驻扎在新丰（今陕西临潼县东北）鸿门（今临潼县东项王营）。当时，刘邦的军队只有十万人，实力不敌项羽。他听从张良的意见，亲自去鸿门拜会项羽。刘邦向项羽假意请罪，卑辞言好。项羽设宴招待刘邦。项羽的谋士范增想乘机杀掉刘邦，就找项羽从弟、勇士项庄舞剑，伺机行刺。项羽叔父项伯和张良是故交，这时见势不妙，也拔剑伴舞，掩护刘邦。过了一会儿，刘邦借口上厕所，从小路逃回霸上。

"鸿门宴"后，项羽带兵进入咸阳，杀了秦王子婴，烧毁秦的宫殿，自立为西楚霸王。他又封刘邦为汉王，居巴蜀汉中，三分关中，把秦降将章邯等和自己的亲信都封了王，一共封了18个王。项羽自以为天下无敌，从此可以长做霸主了，就带着从咸阳宫中掠来的财宝、妇女，回到彭城享受荣华富贵去了。

项羽分封诸侯"任人唯亲"，全凭自己的好恶行事，分配极不公平。有些屡建战功的将领竟得不到封地或只得很小的封地，引起部下不满。齐将田荣最先起兵反对项羽，自立为齐王。彭越在梁地有一万多士兵，未得封地，对项羽心生怨恨。陈余对张耳被封为常山王不服，联合田荣赶走张耳，做代王。

刘邦采纳萧何的策略，在汉中招揽人才，治理巴蜀作为根据地。公元前206年，项羽前去攻打田荣。刘邦趁机出兵，一个月内占领关中。接着向东挺进，直捣项羽的老窝彭城，楚汉战争爆发了。

公元前206年至公元前202年，刘邦和项羽苦战了五年，据说大战70次，小战40次。项羽曾一度提出和刘邦"中分天下"，以鸿沟（今河南贾鲁河）为界，河东属于楚，河西属于汉。象棋盘上写的"楚河汉界"就是指这个事件。

公元前203年底，刘邦会合诸将，合围项羽于垓下（今安徽灵璧县东南），打得项羽粮食吃光，援兵断绝。在寒冬的一个夜晚，项羽被围在一个山上，看到战场上旌旗遍野，鼓角齐鸣，听到从四面八方传来楚国的歌谣，大吃一惊，说："难道汉军已把楚国全占领了吗？为什么汉军中有这么多楚人呢？"

项羽在四面楚歌中知道军心已散，大势已去，只好匆匆辞别爱妾虞姬，连夜夺路突围。天亮以后，刘邦闻讯，立即派五千骑兵追赶。项羽渡过淮河，只剩一百多人。汉军追及，杀得项羽只剩二十八骑。项羽跑到乌江边上，见前面是茫茫乌江，后面又有追兵，走投无路，拔剑自刎。

公元前206年，刘邦建立汉朝。他就是汉高祖。

文景之治

在汉文帝刘恒和汉景帝刘启执政的四十一年里，推行轻徭薄赋、奖励生产、与民休息的政策，社会经济逐渐恢复并有所发展，出现繁荣景象，历史上称为"文景之治"。

汉文帝重视发展农业生产，劝农桑、免田租、减徭役，降低粮食价格，每石粟仅卖十余钱至数十枚钱。他提倡节俭，经常穿着一种粗厚的黑色衣服，不穿绫罗绸缎。他最宠爱的慎夫人，所穿的衣服不准拖长到地面，卧室的帐子不得绣花，以示简朴。他从被封为代王到当上皇帝，二十三年间从不大兴土木，没有增添宫室、苑囿、车马、服御。有人建议修一座露台，召集工匠计算成本，需要一百两金子。汉文帝说："这一百两金子相当于中等人家十户的家产，何必修露台呢！"

汉文帝减轻人民的负担，规定成年男子服徭役减为三年征发一次。每年缴纳的算赋由一百二十钱减为四十钱。汉景帝把男子给公家服徭役的年龄由十七岁改为二十岁。他继续执行轻徭薄赋政策。他下令允许农民由缺少耕地的地区迁移到耕地充裕的地区，田租减半，由十五税一到三十税一，并且从此以后成为汉朝法定的赋税制度。由于农民负担减轻了，许多流民纷纷回到家乡安居乐业，户口增加了，粮食积蓄每年都有所增加。同时，商业也有所发展，出现了一些大商人。在经济繁荣的文帝、景帝时期，对政府官吏贪污、渎职行为处罚严厉，明令禁止官吏采购黄金珠玉，防止官员腐败。西汉社会经济迅速发展，得利最多的是地主官僚。

汉朝同姓王的势力逐步壮大，出现了割据的隐患。他们占有很大一部分土地，在封国内有任免官吏、征收赋税、开矿铸钱等权力。有的诸侯王府库里金钱成千上万，珠宝玉器比京师还多。有的和西汉皇室公开对抗，"不听天子诏"，自己制定法令，竟将中央任命的官吏处死。

汉文帝时，有个太中大夫叫贾谊，曾上书《治安策》，主张加强中央集权。文帝采用他的办法，在公元前164年把领地最大的齐分成六国，把淮南分成三国，削弱了诸侯王的势力。

汉景帝即位后，诸侯王公然反抗朝廷，特别是吴王刘濞根本不把皇帝放在眼里。他倚仗江浙地区富饶的自然资源，采铜铸钱，煮盐敛财，把他管辖的三郡五十三县搞成了独立王国。那时，御史大夫晁错向景帝上书，提出了《削藩策》。景帝采纳他的意见，决定实行削藩。

吴王刘濞乘机串通楚王、赵王、胶东王、济南王、淄川王、胶西王举行叛乱。公元前154年2月，吴王刘濞打着"请诛晁错，以清君侧"的旗号，驱使二十多万士兵从广陵（今扬州）北上，向长安进攻。这就是吴楚七国之乱。

汉景帝没识破这是个阴谋，把晁错杀了。可是吴楚七国并没有停止进攻。于是，景帝醒悟过来，任命太尉周亚夫率三十六位将军，正面迎击吴、楚叛军，派大将窦婴率领郦寄、栾布二将北击齐、赵等叛军。周亚夫控制了战略要地荥阳，挡住刘濞的去路，用轻骑兵截断敌军粮道。

在下邑（今安徽砀山东）战斗中，击败叛军。楚王刘戊在乱军中自杀，吴王刘濞逃到东越被斩首。其他叛王见大势已去，纷纷自杀。七国之乱三个月就被平定了。景帝规定诸王从此"分土不治民"，行政权和官吏任免权全部收归中央。西汉封建政权逐步巩固下来。

张骞通西域

西汉时期，人们把甘肃敦煌以西、天山南北、巴尔喀什湖以东以南及中亚一带，称为西域。当时这里居住着一些少数民族，他们有的从事农业生产，有的过着游牧生活。

公元前 2 世纪初，匈奴贵族势力发展到这个地区，设官监视，征收苛税，掠夺和奴役当地人民。

汉武帝为了抗击匈奴，想联合西域的大月氏和乌孙，进行两面夹击。公元前 138 年，汉武帝派侍从官张骞率领随行人员一百多人，向西进发。他们刚走出甘肃临洮，就被一队匈奴骑兵扣留，押送到匈奴单于王廷（约今内蒙古呼和浩特一带）囚禁了十多年。匈奴单于对张骞威逼利诱，让他投降，但他始终没有屈服。后来乘匈奴人一时疏忽，张骞逃了出来。他向西走了数十天，到达大宛（即今费尔干纳）。大宛知道汉朝富强，正想和汉朝友好往来，见张骞到来，十分高兴，热情地接待了他，并且根据张骞的要求，派向导和翻译送他到了康居（在大宛北），再由康居转到大月氏。这时的大月氏占据了大夏（今阿富汗北部）的故地。他们在那肥沃的土地上，安居乐业，不想再找匈奴报仇了，并认为汉朝离大月氏太远，结成联盟实在困难。张骞见事不成，又从大月氏到大夏。在那里停留一年多，也没有什么结果，只好回国。途中，又被匈奴人捉去，扣留一年多。到公元前126年，匈奴单于病死，匈奴发生内乱，张骞乘机逃了出来，返回长安。

张骞这次出使西域，前后经过十三年，跋涉万余里，到过许多国家和地区，了解了沿途的风土人情、地形物产和政治军事情况。汉武帝十分重视张骞的报告，任命他为太中大夫，做皇帝的参谋。他的向导堂邑父被提拔为奉使君，成为有功之臣。

公元前115年，汉武帝派张骞第二次出使西域。张骞率领三百多人的大使团，每人准备两匹马、携带上万头的牛羊，还有大量的金帛货物，到达乌孙。在乌孙，张骞派遣副使若干人，分别到西域其他国家和地区去访问。汉朝与大宛、康居、大月氏、大夏等国正式开始交往了。

张骞这次出使西域各国，受到热情的接待，西域各国都愿意和强大的汉朝发生联系。在这以后，西域一些国家陆续派使者，带着珍贵的礼物来到长安城。西域的葡萄、石榴、西瓜、大蒜、元葱、胡萝卜、蚕豆、黄瓜、芝麻等先后传入汉朝。大宛的"汗血宝马"也在那时候大量输入中原。汉朝的丝绸、漆器、玉器、铜器等精美工艺品以及掘井法、冶铁技术等都先后传至西域，促进了中亚、南欧和北非等地经济的发展。那时候，西汉和西域各国往来的使者、商人相望于道，络绎不绝。随着汉朝经济的发展，汉朝的物品源源不断地输入中亚和欧洲。其中，最使商人和贵族感兴趣的是中国的丝绸。当时的欧洲人把中国的丝绸称作'大也勃儿"，意思是"和真的一样"，把中国称作"丝国"或"绢之古国"。据公元1世纪的欧洲人记载，中国的丝"织成锦绣文绮"，"裁成衣服，光辉夺目"。有一次，罗马的恺撒皇帝穿着中国丝绸缝制的长袍去看戏，大臣们认为那是破天荒的豪华。从此欧洲各国的王公贵族都争购中国丝绸，以显示自己的荣耀。他们把中国的丝绸当作至宝。

汉朝到中亚的商路称作"丝绸之路"。这条"丝绸之路"的主要线路是：从汉朝的首都长安出发，向西经甘肃的河西走廊，到敦煌分成南北两道。南道，从阳关西行，沿昆仑山脉北麓，经楼兰（今新疆若羌）、于阗（今新疆和田南）、莎车等地，越过帕米尔高原，到大月氏（今阿姆河流域）、安息（今伊朗高原东北）、条支（今伊拉克境内）、大秦（当时的罗马帝国）等国。北道，从玉门西行，沿天山山脉南麓，经车师前王廷（今新疆吐鲁番西）、焉耆（今新疆焉耆）、龟兹（今新疆库车东）、疏勒（今新疆喀什）等地，越过帕米尔高原，到达大宛（今费尔干纳盆地）、康居（今哈萨克斯坦境内），再往西达奄蔡（今里海，咸海北）。

后来，汉朝为了继续发展同中亚国家的往来，设置了武威、酒泉、张掖、敦煌四个郡，派兵防守，保护商路，并设置了专门供汉朝使者和往来行人休息、补充生活必需品的处所，极大地方便了各国使者和商人。

"丝绸之路"的建立，对于发展中国古代的封建经济，促进中国同中亚各国的经济文化交流起了积极作用，同时也是汉朝与中亚各国人民友好往来的历史见证。

霍光辅政

汉昭帝手下有一位贤臣，叫霍光，他辅佐朝政时，汉昭帝还是个刚刚即位、年幼无知的孩子，根本不懂得如何治理国家。霍光为了朝廷的稳定，为了使百姓安居乐业，不厌其烦地向汉昭帝进谏，请求汉昭帝采取一些开明的政策，减轻老百姓的赋税和徭役，移民屯田，发展农业生产。遇到灾荒年，霍光就提议要国家借给老百姓粮食和种子，尽量减少灾害造成的死亡。由于他的正直和敢于进谏，汉昭帝时朝政清廉，国泰民安。

可是，霍光的一心为公、不徇私情也引起了当朝的几个贪鄙大臣的不满和嫉恨。他们把霍光视为眼中钉，伺机要拔掉霍光这颗钉子。

霍光与左将军上官桀是亲家。上官桀的儿子上官安是霍光的女婿，这个人贪婪成性，一心想要当官。他有一个女儿，刚刚6岁，为达到升官发财的目的，他想让6岁的女儿嫁给汉昭帝当皇后。他惧怕霍光的威严，便让父亲上官桀去找霍光疏通。霍光为孩子着想，对上官桀说："您的孙女刚刚6岁，送进宫里还小，这样做不合适。"上官安没有达到目的，心里很嫉恨霍光。

汉昭帝从小失去母亲，是他姐姐鄂邑长公主把他带大，他把姐姐当成母亲一样看待。上官安知道鄂邑长公主的话汉昭帝绝对听从，便去找鄂邑长公主的情夫丁外人。丁外人能言善辩，用花言巧语说服了鄂邑长公主。汉昭帝听从了姐姐的安排，立上官安6岁的女儿为皇后。上官安便一跃升为国丈，还做了车骑将军，好不威风。为了感谢丁外人，上官安又去找霍光求情，让霍光封丁外人为诸侯。霍光看不起上官安的卑鄙势利，没有答应。上官安没有办法，又去找父亲上官桀。霍光对亲家说："无功不封侯，这是高祖立下的制度，谁也不能违抗。"上官桀见封侯不成，就又请求说："那就拜他为光禄大夫吧？"霍光严肃地说："丁外人无功无德，怎么能给他官爵呢？身为朝廷要臣，不能无视国法吧，以后请不要再提此事。"上官桀讨了个没趣，怏怏地走了。从此上官氏父子更加嫉恨霍光了。于是他们便设计除掉霍光。他们先勾结汉昭帝的异母哥哥燕王刘旦，又纠集了一些反对霍光的宫中大臣和鄂邑长公主、丁外人，准备里应外合，除掉霍光，废掉汉昭帝，立燕王刘旦为皇帝，然后再想办法杀了刘旦，上官桀自己立为皇帝，这样一来上官安自然就是太子了。

正巧，前不久霍光曾把一个校尉调到大将军府里，上官安这伙人便借机陷害霍光，向皇帝禀报说："霍光以权谋私，私自调自己心腹进宫，这是阴谋结党，犯上作乱呀！"汉昭帝还算英明，没有轻信他们的话，而是私下里进行了调查，发现霍光并无歹意，便明白了上官桀等人是要借刀杀人，于是戳穿了他们的阴谋，从此更加信任霍光了。

正在上官安等人筹划谋杀霍光时，朝中有人发现了他们的阴谋，很是气愤，就告诉了霍光。霍光想："我自己死了不要紧，可这样一来，朝中就要大乱，这伙势利小人上台，百姓就要遭殃了，绝不能让他们得逞。"于是，霍光联络了宫中的可靠官员，进行了周密的安排，将计就计，除掉了这批乱党。为避免这种事情再发生，霍光劝谏皇帝，要安抚民心，争取民心。他同时精简宫中的冗员，减少不法人员投机钻营的机会，又多次派兵加强北方的防务。老百姓们高兴地说："孝文皇帝和孝景皇帝的开明盛世又回来了。"

霍光任职二十年，吏治清明，天下归心。他死后，人们都怀念这位一心为公、品德高尚的大将军。廉洁的人总是刚正不阿，因为他们没有私念，所以他们为国为民，敢作敢为。虽然有时会受到小人的陷害，但历史终究会为他们做出公正的评价。

昭君出塞

　　王昭君，是西汉元帝刘奭后宫里的一个宫女。可是，这个小人物在历史上却扮演了重要角色。王昭君代表着一个王朝、一个民族，被选送到匈奴，嫁给呼韩邪单于，为加强汉朝和匈奴的友好关系起到了积极的作用。昭君出塞的故事成了民间流传的千古佳话。

　　两千多年来，有许多著名诗人歌咏王昭君，大多把她描绘成一枝被风暴摧残的花朵，向她倾洒了同情的热泪，还有一些剧作家为她鸣不平，把她塑造成悲剧人物，让她在舞台上打动人们的心弦。元朝著名戏剧家马致远的《汉宫秋》，就是现今留下来的最早以昭君出塞为题材的剧本。后来人们流传的王昭君的故事，可能多受这个剧本的影响。

　　《汉宫秋》塑造的王昭君是个美丽、正直的姑娘。由于她在入宫时拒绝给画师毛延寿送礼，毛延寿就把她的画像涂改了。汉元帝看画像时，认为王昭君相貌丑陋，把她打入冷宫。后来，毛延寿逃往匈奴，唆使匈奴单于发兵侵犯边境，指名要王昭君和亲。汉元帝在送别王昭君的盛大宫廷宴会上，才发现她的美丽，因而悔恨过去的疏忽。王昭君也含着眼泪，迎着萧瑟的秋风，出了边塞。

作为戏剧艺术创作，应该说 13 世纪的剧作家马致远是成功的。他在《汉宫秋》剧本中，反对妥协投降，谴责了对外来侵略抱不抵抗主义的文官武将，甚至讽刺了皇帝。这在民族矛盾尖锐的时代，是有政治意义的，是可以理解的。但是《汉宫秋》以虚构的情节抹掉了真实的历史，使人们对王昭君形成错误的认识。

历史上的王昭君对汉元帝并没有像后人附会的那么多温情。她名叫王嫱，字昭君，是汉朝南郡秭归（今湖北境内）人。她入宫几年没有见到皇帝，和千百个宫女一样，被囚禁在牢狱般的宫墙里。她对这种处境心怀不满，极力想摆脱汉宫，出塞嫁给匈奴单于成为她离开的一个好机会。因此，王昭君"乃请掖庭令求行"。清代一位历史学家写道："宫中多少如花女，不嫁单于君不知。"汉元帝虽然在送行时见到了王昭君，最后还是把她送给了匈奴。

昭君出塞应该是值得称颂的事件。当时汉朝和匈奴之间，经过汉武帝时的三次战争，已经进入和平时期。公元前 57 年，匈奴内部五单于混战，争夺统治权。最后郅支单于打败了呼韩邪单于，占领单于廷和漠北广大地区。呼韩邪单于占据漠南，要求归附汉朝。公元前 51 年，呼韩邪单于首次来到京城长安，对汉宣帝称臣。汉朝特别热情地接待了他，并颁给他黄金制的"匈奴单于玺"，承认他是匈奴的最高首领，确定了君臣的关系。从而，结束了匈奴政权与西汉王朝之间 150 年来的对立状态，维持了长达 60 年的和平友好局面，这就为汉匈两族的经济文化交流开辟了道路。公元前 49 年，呼韩邪单于第二次入朝。公元前 43 年，他北归漠北的单于廷。临行时，呼韩邪单于与汉朝使者订立了"此后汉与匈奴合为一家，世世毋得相诈相攻"的友好盟约。

公元前 33 年，呼韩邪单于第三次来到长安，"愿婿汉氏以自亲"。王昭君就是这时被呼韩邪单于带到匈奴的。

汉朝对昭君出塞很重视。这一年，汉元帝把年号改为"竟宁"，是边境永远安宁的意思，从这件事可以看出昭君出塞的重大政治意义。在历史上，类似这样改元的情形再也没有发生过。王昭君带去很多礼物。其中有锦绣绮縠杂帛 1.8 万匹，絮 1.6 万斤。匈奴单于非常欢喜，上书汉元帝表示"愿保塞上谷以西至敦煌，传之无穷。请罢边备塞吏卒，以休天子人民"。这是真诚的誓言。

匈奴呼韩邪单于封王昭君为"宁胡阏氏"，意思是说王昭君给匈奴民族带来了安宁。阏氏是对匈奴单于妻子的称呼，相当于汉人称皇后。王昭君生了一个儿子，名叫伊屠智牙师。后来，呼韩邪单于死了。他的儿子复株累单于即位，依照匈奴习俗把王昭君纳为妻子，生了两个女儿。长女叫须卜居次，次女叫当于居次。

王昭君病死于匈奴。据说现在内蒙古自治区呼和浩特市南大黑河畔的"青冢"就是昭君墓。人们纪念王昭君，正是因为她在汉朝和匈奴友好交往的历史中，肩负了重要的政治使命。汉平帝时，王昭君的长女须卜居次应邀访问了长安。公元 14 年，汉朝派遣王昭君的表兄弟和亲侯王歙及王歙的弟弟骑都尉展德侯王飒出使匈奴，向初立的单于表示祝贺。公元 18 年，匈奴单于又派须卜居次及其丈夫须卜当，儿子须卜奢出使长安。王莽把他的庶女陆逮公主王捷嫁给了须卜奢。可见，汉与匈奴的婚姻关系反映了两个民族的友好关系。

王莽托古改制

西汉自宣帝以后,元、成、哀、平四个皇帝都极端荒淫腐朽,朝廷大权落到外戚手里。汉元帝皇后王政君的几个兄弟以及侄子王莽,先后担任大司马的职务。

大司马在当时是掌管政务及军事大权的高官。其他一些中央政府的重要官职和地方政府的刺史郡守,也大都出自王氏门下。王氏集团从上到下形成一股强大的政治势力。

汉哀帝死后,汉平帝继位。他是一个九岁的小孩子,完全受大司马王莽的摆布。王莽用小恩小惠收买人心,拉拢地主阶级和知识分子,结交官僚贵族。当他认为准备妥当之后,就毒死平帝,立孺子婴为皇帝,由他辅政,称"摄皇帝"。这样,他还不满足,最后干脆踢开孺子婴,自己登上皇帝的宝座,把国号改为"新"。王莽篡夺汉朝的政权,是公元 8 年发生的事件。

王莽当政后,面临着严重的社会危机。他为了缓和阶级矛盾,维持"新"朝的统治,打出《周礼》的旗号,宣布实行改制。公元 9 年,王莽宣布全国土地改称"王田",不许买卖。他仿照古代井田制,规定一家男夫不满八口而田过一井(九百亩)的,多余的土地要分给九族、邻里、乡党。无田的人，一夫一妇可以受田百亩。同时，他还把私家奴婢改称"私属"，也不许买卖。王莽要推行的所谓"井田圣法"，不仅没有解决社会土地问题，相反又把农民禁锢在"王田"里当牛做马；不仅没有解放奴婢，反而把占有奴婢作为制度固定下来，这实质上是复古倒退的改革。

王莽实行了多次币制改革，使用了金、银、龟、贝、钱、布五物六类、二十八种货币，称为"宝货"。不仅名目繁多，而且将早已失去货币性能的原始货币，如龟壳、贝壳等拿来使用，造成了严重的金融混乱，货币贬值。而每改革一次，就是王莽集团对人民的一次大搜刮。大量的黄金、白银流入他们的腰包。王莽死时，仅他身边就守着六十万斤黄金和无数的珠宝。

王莽还实行"五均六管"，即在全国几大城市里设"五均司市师"负责管理市场，平衡物价、收税和贷款；实行盐、酒、铁器官府专卖；钱由政府统一铸造；收山林、池沼和行商、手工业税。表面好像有益于民众，实际是王莽集团的又一次变相搜刮。王莽所用的"五均六管"官，都是些大富商。如薛子仲、张长叔等人，都家资巨万。这些人有了特权，便乘机收贱卖贵，投机倒把，大发横财，改革给商业带来严重的创伤，百姓更是一贫如洗。

贫苦农民无处谋生，就连上山打猎、放牧以及捕鸟、捕鱼、养家畜、养蚕、纺织，甚至缝补、算卦都要上税。可见王莽对人民的搜刮，已达到无所不至的地步。

除此之外，王莽还多次改动官名和县名。这些改革不仅不能解决社会矛盾，反而使社会矛盾加剧。贫苦农民一旦触犯了"新法"，就要被罚为官奴婢。因犯禁被捕，押解长安去服劳役的人一次竟达十万之多。在王莽当政期间，还挑起了对东北和西南少数民族的战争。官府大量地征发徭役和物资，使人民陷入更加悲惨的境地。王莽却用搜刮来的民财肆意挥霍，大兴土木，修建庙宇。他还托言古时皇帝纳一百二十女致神仙，将民间女子大批选入宫中，供其淫乐。

　　沉重的徭役，战争的负担，残暴的刑罚，以及混乱的改制，使人民越来越认清了王莽伪善的嘴脸。大规模的农民起义在全国风起云涌地开展起来。

汉明帝登门拜师

东汉的汉明帝刘庄，十分尊敬老师。

刘庄为太子时，光武帝为他选定一位叫桓荣的老师，并封桓荣为太子少傅，为刘庄讲解经义。当时贵为太子的刘庄恭恭敬敬地听从老师的教诲，虚心学习，刻苦攻读，几年之后成为当时出色的经学家，并早成大器，继承了皇位。

刘庄并没有因为当了皇帝、成为一国之尊而骄横。相反，对老师更加毕恭毕敬。因老师桓荣年迈，便免去他上朝奏事的礼节，让其在家休养，还经常带着大臣们去桓荣家听课。在繁华的洛阳城内，常会出现这样的景象：宽敞的街道上，行人和车辆纷纷闪出一条路，然后有一辆高大、宽敞、华丽的彩色马车从中直驱而过，车后跟着一支长长的队伍，浩浩荡荡向桓荣家驶去。百姓们对圣驾都投以尊敬、钦佩的目光，并纷纷赞叹：自古以来，哪里有这样的皇帝，亲自驱车到老师家求学的？为了不惊动桓荣，每当马车驶近桓荣家的时候，刘庄便下令停车，步行进入老师家的小巷。桓荣得知皇帝驾到，便赶紧整理好衣帽，到门外恭候，以行君臣大礼，但刘庄每次都是连连摆手说："岂敢，岂敢，请老师免礼。"然后亲自搀扶老师进入府中，让老师坐上座，并叫大臣们在桓荣面前摆设几案，让文武百官站在桓荣面前，以示对老师的尊敬与关心，然后自己像小学生一样捧着经书，全神贯注地听老师桓荣传授知识。休息时，刘庄亲自捧着在皇宫特意为老师准备的点心，恭敬地送到老师面前，请桓荣食用。讲课结束后，刘庄便带着文武百官向老师行礼告辞。除此之外，刘庄经常为桓荣解决各种生活困难，为他提供一切方便。

永平五年，桓荣身患重病，刘庄多次去老师家看望，每次来都是小步跑到老师的病床前，诚恳且耐心地安慰老师，祝愿老师早日康复，并叮嘱有关大臣经常到老师家帮助料理家事。不久，汉明帝得知桓荣病故的噩耗，悲痛万分，不顾圣驾的尊严，不顾大臣的劝阻，脱下龙袍，穿上丧服，亲自到桓荣老师家为之吊孝送葬。同时把周朝高士伯夷叔齐葬身之处首阳山的一块要地，赏给桓荣作墓地，并赞扬老师说：桓荣老师的高尚品德、渊博学识，可以和古代圣贤相媲美。

蔡伦革新造纸术

在我们日常的生活中，要接触和使用各种各样的纸，纸是社会经济文化生活中不可缺少的物品。现在我们使用一张纸是很方便的，可是，纸的发明却不那么容易。世界上最早的纸是中国古代劳动人民创造的。

纸出现以前，中国古代的人们曾采用过多种记载文字的材料。商朝时，人们把字一画一画地刻到龟甲和牛、羊、猪等动物的肩胛骨上，也就是我们现在所说的"甲骨文"。骨头是硬的，龟甲当然更硬，要在上面刻字，就需要有很锋利的刀具才行。在当时的历史条件下，书写是一件很困难的事。因此应用的范围有限，多数是记录一些占卜时的卜辞。

随着社会的发展，人们开始运用简牍书写。简就是竹片，牍就是木片。写文章时将木头或竹子削成既平又扁的长条，按一定的尺寸截断，然后写完一片就用绳子穿一片。人们把这种用竹木片编起来的书称作"策"。我们现在所说的"册"，就是由此演变而来的。由于在简牍上书写较甲骨要方便得多，而且材料来源也较广泛，所以逐渐代替了甲骨。可是简牍仍存在着许多弱点，比如它的书写面积很小，写一篇文章需要许多竹片或木片才行，编在一起体积大，分量也很重，据说秦始皇每天要批阅120斤公文，这120斤竹简堆在一起就很高了。战国时有个哲学家叫惠施，他旅行时要用好几辆车来装书，其实也没有多少册。西汉武帝时下诏书，命令天下贤士、学者献治国策。有个叫东方朔的写了一篇长文，竟要两个力士吃力地抬进宫去，这种书写材料实在是太笨重太不方便了。

以后，又有人用缣帛来书写。缣帛是一种丝织品，可以按照文章的长短随时剪断，卷成一束。通常，我们所说的一卷书、两卷书的"卷"字，就是这样来的。这种书写材料当然要比简牍好得多，但是价钱非常昂贵，一般人根本用不起。

西汉时民间纺织、养蚕、缫丝很普遍。妇女们把蚕茧煮了以后铺在帘子上浸到河里，然后用棒子砸成丝绵，把丝绵揭下来，帘子上便留下薄薄的一层纤维。在缣帛被使用之后，人们发现将这种制丝绵所剩的副产品晒干了，剥下来就是一张很薄的丝绵纸。于是就有人利用废丝绵来造纸，但丝绵是比较贵重的，而且原料又少，远远满足不了社会的需要。

东汉和帝时有个叫蔡伦的宦官，在朝廷担任尚方令，负责制造宫廷所用的宝剑和其他器械。他喜欢读书，深知当时广泛使用的书写材料很不方便，决心寻求一种较为理想的书写材料。于是，他一有空闲时间就到民间进行查访。劳动群众在生产实践中对自然界的改造和利用，特别是丝绵纸的产生过程，使他深受启发。他冲破了因循守旧的思想束缚，打开了对自然物质进行改造的思路。他想：蚕丝纤维可不可以用其他东西代替呢？他把收集的材料和自己的想法同工匠们一起研究，大家寻找了许多具有纤维性质的东西进行试验。经过反复研究，105 年，终于以麻头、破布、树皮、废渔网等为原料，制成了一种既轻便、又经济的纸，并总结出一套完整的造纸方法。

蔡伦造的纸质地轻薄，便于携带，原料比较广泛，价格又低廉，很受欢迎，人们称他所造的纸为"蔡侯纸"。当然，现在看来这种纸还是很粗糙的。但蔡伦的创造为造纸事业的发展奠定了基础。

早在蔡伦之前，我国的劳动人民曾创造过纸。1975 年，我国考古工作者在西安灞桥发现的用麻类纤维造的纸，至少要比"蔡侯纸"早 200 年，是现在发现的世界上最早的纸。可是，受当时的历史条件所限，这一创造被埋没了，没有得到推广。

蔡伦造纸法也不是迅速传播的，而是逐步推广的，并且是在造纸工人的生产过程中逐渐改进和完善的。

到了晋朝，造纸技术普遍传播开，造纸原料更加多样化，造出来的纸也基本上平滑适用。这时，纸已完全代替了简、帛，成为主要的书写材料。

大约在 3—4 世纪时，蔡伦造纸法传到了日本，唐朝中期传遍亚洲。以后，经阿拉伯诸国传到北美和欧洲。我国的造纸术对世界科学文化的传播和发展做出了杰出的贡献。

浑天仪和地动仪

我国古代的劳动人民为了不误农时，准确地掌握季节的变化，在几千年以前就注意研究天象，制定历法，积累天文学的知识。

我们通常所说的阴历是根据月亮绕地球一周的时间来计算的。传说，这种历法开始使用于三千七百多年前的夏朝。

在商朝的甲骨文里，发现有 13 个月的名称，可见商朝已经使用闰月来弥补计算上的误差。

周武王的时候，在洛阳建筑了天文台，正式记载日食。全世界记载最早的一次日食，是在《诗经》里，时间是公元前 776 年。彗星（即"扫帚星"）在公元前 613 年的出现，已经写在我国的史书上了，这比英国天文学家哈雷发现彗星要早 2294 年。

到了汉代，随着农业生产的发展，科学技术也不断进步。汉武帝时期编制的"太初历"比较科学、实用，是我国历史上第一部记载详细、较为完整的历法。汉代在天文和地震学方面的突出成就，则表现为张衡的浑天仪和地动仪的发明。

张衡字平子，河南省南阳郡西鄂县（今南阳市北）人，是汉代著名的天文学家和文学家。115 年，他做了太史令，掌管天文的观察和研究工作。

那时候，人们对天体结构的认识存在两种看法：一是盖天说，一是浑天说。盖天说认为"天圆地方"，天像个盖子一样笼罩在大地上。地是一个每边 81 万里的正方形。浑天说认为天地就像鸡蛋的蛋壳和蛋黄一样。天体不断地转动，如同车轮似的，没有头尾，形状混沌一团，所以叫"浑天"。浑天说是一种进步的天体论，张衡是主张浑天说的，并根据这种学说制造了浑天仪。

浑天仪是个铜制的球体模型，用一根铁轴贯穿球心。轴和球有两个交点，即北极和南极。浑天仪周长 1.461 丈，上面刻有赤道和黄道、南北极和日月星辰等，凡是当时已发现的天文现象，几乎都表现出来了。把它放在密室里，利用水的滴漏使它转动。这样，可以在室内看浑天仪上的哪颗星出来了，哪颗星没落了。浑天仪上标示的天体变化和天空星辰运行的真相完全符合。张衡精心设计的这种自动的浑天仪，在当时来说是最先进的天文仪器。

132 年，张衡还制造出世界上第一台测量地震的地动仪。这个地动仪是用青铜铸成的，直径长达 8 尺，形状很像古代的大酒壶。顶上有突起的盖子，中间有一根很重的铜柱子，分出 8 支小横杆和仪器外部的 8 个龙头相衔接。周围镶着的 8 条龙，分别向 8 个方向垂直排列。龙头翘起，嘴里各含着一粒小铜球，若吞若吐的样子。下边和龙头相对的是 8 只铜蛤蟆,仰头张口,可以接住落下的铜球。哪个方向发生了地震,铜柱就向哪个方向倾倒,使龙嘴张开,铜球便吐出来,落到铜蛤蟆嘴里,发出响亮的声音,向人们报信。这样就可以准确地测得地震。张衡的发明是我国历史上劳动人民与地震斗争的知识和经验的结晶。据史书记载,在东汉时期,几乎连年发生地震,有的地方地裂、地陷、水涌非常严重。当时还经常发生大风灾害。有一次,大风拔树多至三万多棵,人民的生命和财产遭受很大损失。封建统治阶级借此机会大肆散布谶纬迷信思想,用来愚弄群众,维系封建统治。张衡是反对谶纬学说的。他总结了劳动人民的智慧,创制了地动仪,用科学成果打击了迷信。138年二月初三,有个龙头所含的铜球落到蛤蟆嘴里,洛阳的人们却没有感觉到有地震发生。于是,一些守旧官僚就议论纷纷,讥笑地动仪不可靠。正在他们得意忘形的时候,陇西(今甘肃一带)派人骑马来报告发生地震的消息,方向正是地动仪标示的地方。从此以后,中国历史上开始有了比较准确的地震记录。

在科学实践方面,张衡除了发明浑天仪和地动仪之外,还制造过测日影的土圭、计里鼓车和指南车等多种器械,并且为后人留下三部重要著作——《灵宪》《浑天仪图注》和《算罔论》。这是张衡对当时天文学、数学所做的较系统的总结。此外,他对文学、历史、哲学和绘画也很有研究。他的《西京赋》和《东京赋》真实而深刻地揭露了地主豪绅的荒淫无耻,表现了他对当时的贵戚大官僚的痛恨。他对司马迁的《史记》和班固的《汉书》都有过评论。在数学上，他知道圆周率是 10 的平方根，得 3.16 有奇。这个成就的取得，比外国数学家早几百年。

张衡在《灵宪》一书里阐述了他的天文学理论。他指出太阳有光，月亮本身不会发光，月光是由太阳光照射月亮而来的。月亮向着太阳时，人们就能看见圆圆的明月，背着太阳时就看不见。他大胆地推测出月食是由于地球遮蔽的缘故。他估计在同一地方同一时间，天空中可见的星体共有 2500 个，和现在天文学家的统计接近。这些见解，都是非常可贵的。然而，在封建社会里，张衡卓越的科学发明，得不到统治者的重视，一些顽固派对张衡大肆攻击，说他"不务正业"，搞"屠龙之技"，不然早就升官了等等。张衡生前和他们进行了坚决的斗争，死后，他的创造发明遭到毁坏、并散佚。可以想见，在封建社会里，有多少劳动人民的聪明才智被埋没了。

陈蕃下榻

东汉中期，朝政腐败，宦官专权。陈蕃从小就胸怀大志，倜傥不群，志在削除宦官，重振大汉雄风。少年时代，一次他父亲的朋友薛勤来访，见陈蕃居住的庭院杂草丛生，破破烂烂，便问陈蕃："你怎么不打扫庭院来迎接宾客呢？"陈蕃答道："大丈夫处世，当以扫除天下为己任，怎么能只清扫一个庭院呢？"其志向之大，才思之敏捷，已露端倪。

陈蕃任豫章太守时，到任伊始，便急忙去拜访被世人称为"南州高士"的隐士徐稚，即徐孺子。陈蕃手下的人对陈蕃此举大惑不解，议论纷纷。有人说："做太守的到任第一件事不是到府地巡视，而是去看什么徐稚，看来他是治理不好我们这个州郡的。"也有人说："陈大人是不是有隐居之心，不然，以陈大人的身份，怎么会去看望一个隐士呢？"

然而，陈蕃并不在意这些议论，而是以虚心求教的态度找到了这位隐士。二人彼此久闻大名，虽从未相见，却是一见如故。二人从重振朝纲谈到削除宦官；从治理州郡，谈到怎样使百姓安居乐业，大有相见恨晚之感。

此后不久，徐稚来馆舍回拜陈蕃。知己再次重逢，自然是越谈越投机，不知不觉已经到了半夜，徐稚匆匆起身告辞："打扰到深夜，深感不安，改日再会。"陈蕃急忙阻拦："已过夜半，劳兄在此屈尊一宿，天亮后为兄送行。"看着陈蕃诚挚的面孔，徐稚反而为难起来，陈蕃的馆舍内只有一张床，且只能睡一个人，他很了解陈蕃的为人，说什么也不会让他睡在地下，可徐稚又怎么能让身为太守、自己又非常尊敬的好友睡在地上呢？就这样，两个人三番五次地推让，最后徐稚还是没有拗过陈蕃，躺在床上的徐稚翻来覆去难以入睡，好不容易挨到天亮。徐稚要走了，两位挚友携手而行，送了一程又一程，望着徐稚远去的背影，陈蕃倒想起了个主意。

送走徐稚后，陈蕃在自己的卧室特设了一张床榻，是为徐稚专用的，其目的在于随时随地准备接待徐稚的来访。每逢徐稚来时，陈蕃都亲自为之整理床榻、被褥，使徐稚睡在这里犹如睡在家里一样。等徐稚走后，陈蕃便将床榻悬起，以备徐稚下次来再用。

陈蕃的良苦用心，赤诚之情，不能不感化这位世外高士，徐稚也是竭尽全力为陈蕃献计献策。陈蕃后来官至太尉、太傅，封高阳侯，不仅政绩斐然，而且名垂千古，其中不能不说有徐稚的一份功劳。

东汉的宦官掌权由来已久，因此社会风气日趋颓废，而陈蕃则以刚正不阿、礼贤下士而远近闻名。于是一批批趋炎附势之徒争相结交陈蕃，其中官僚政客有之，富商豪门有之，攀亲叙友者有之。对这些趋炎附势之徒，陈蕃从来持不屑一顾的态度。陈蕃如此行事，自然得罪了那些阿谀权势的小人。于是诬陷、诽谤之词接踵而来，说什么"陈蕃交结隐士，居心叵测"，什么"陈蕃为徐稚设榻是沽名钓誉"等等。然而，陈蕃仍然是我行我素，并向朝廷推荐徐稚做太原太守。但因徐稚已闲散惯了，不愿为官，只好作罢。

陈蕃晚年时，仍致力于清肃朝纲，匡正刘汉天下，七十高龄之时，与大将军窦武密谋诛杀当权宦官曹节、王甫等，因事情败露，不幸遇害。

陈蕃虽未实现生平大志，但他那张悬挂在家里、专为贤士而设的床榻，却留给后人一个深刻的启示。

卷四 三 国

三国，是中国历史上的一个辉煌时期，是中国政治、军事、经济、外交、文化发展的灿烂时代。大致可以分为群雄逐鹿、赤壁鏖兵、三足鼎立、三家归晋四个时期，长达六十多年。曹操统一北方，发展了黄河流域以及西域的经济和文化。孙权占领江东，将江南变为富饶的鱼米之乡，是长江流域发展的开端。刘备进军西蜀，平定南方叛乱。这段时期，是后人研究中国历史的一个重要时期。

三国时期是一个英雄辈出的时代。曹操萧瑟秋风观沧海，刘备三顾茅庐请诸葛，孙权领江东，诸葛亮治蜀辅孤，周瑜赤壁破曹军，关羽威震荆襄，张飞义释严颜，都是家喻户晓的故事。三国时代的金戈铁马，令人神往。官渡之战、赤壁之战、夷陵之战、荆州之战，以及魏灭蜀、晋灭吴之战，无不是群英荟萃，斗智斗勇，精彩异常。三国风云人物演绎了一个气吞万里、英雄创世的时代。他们的人生智慧与人格魅力，千古之下，令人心向往之。

东汉末年，全国人口有六千万，西晋统一时，全国人口仅一千五六百万。也就是说，全国有百分之七十到八十的人口在战乱中丧生，总计四千多万。《三国志》记载了441位三国人物，平均十多万人的牺牲才产生了一个英雄人物，何止是"一将功成万骨枯"！三国时代是"一将功成，枯骨十万"，时势造出了三国英雄，但百姓付出了沉重的代价。几百位三国风云人物，他们不是百里挑一，而是万里挑一，十万、百万中选一。因而，三国英雄们的人生无比精彩，他们的人格魅力与智慧谋略，给后人留下了取之不尽、用之不竭的思想源泉。后人从中可以学到很多东西，受到很多启发，这就是三国故事经久不衰、三国人物最为人们津津乐道的原因之一。

　　三国英雄的最大业绩是人为谋划三分天下，并真正实现了三足鼎立的局面，在历史舞台上上演了生动的一幕话剧。陈寿撰《三国志》，只有纪传，而无表志，着重记载三国形成时期的风云人物，生动形象地再现了这一巨大历史转折时期的风云变幻。《三国志》记载的人物传记，最耀眼的是谋略人物而不是军事人物。三国人物传记的排列组合以类别与时序相结合，重点突出的是政治谋略人物。如曹魏的五虎上将张辽、乐进、于禁、张郃、徐晃按类为一传，他们排在程昱、郭嘉等谋士传之后。蜀国的五虎将关羽、张飞、马超、黄忠、赵云为合传，列在诸葛亮传之后。吴国以张昭、顾雍、诸葛瑾、步骘等政治人物合传居前，程普等十二员虎将合传在后，文武双全的周瑜、鲁肃、吕蒙等人合传在二者之间。陈寿论人，重在阐释人物的器识，时常作比较。如将刘备与曹操相比较，认为刘备"机权干略，不逮魏武，是以基宇亦狭"。又将蜀汉的庞统和法正与曹操的谋臣相比较，认为庞统与荀彧不相上下，法正与程昱、郭嘉比肩。三国风云人物的这一特点，给我们留下了极其宝贵的经验和财富，研究三国人物，可增长才智，吸取他们的教训，可以少犯错误，运用三国谋略，可以增加事业成功的概率。三国英雄，可歌可泣，三国历史，值得借鉴。

袁绍杀宦官

经过黄巾军起义的冲击，东汉王朝已经摇摇欲坠。汉灵帝死后，外戚和宦官两大集团闹的一场大火并，加速了东汉王朝的崩溃。

189年，年仅14岁的皇子刘辩即位，这就是汉少帝。按照惯例，由何太后临朝，外戚大将军何进掌权。宦官蹇硕，原是禁卫军头目，想谋杀何进，没有成功。何进掌权以后，把蹇硕抓起来杀了。

何进手下有个中军校尉袁绍，是名门望族的后代。他家祖上四代都做过三公（太尉、司徒、司空）一级的大官，许多朝廷和州郡的官员都是袁家的门生或部下，所以势力很大。

蹇硕被杀以后，袁绍劝何进把宦官势力彻底除掉。他说："以前窦武想消灭宦官，由于泄漏了机密，反被宦官杀了。现在将军执掌兵权，应该替天下除害，可别错过了机会。"

何进不敢做主，去跟太后商量。何太后说什么也不答应。

袁绍又替何进出谋划策，劝何进秘密召集各地的兵马进京，迫使太后同意铲除宦官。何进觉得这是个好办法，决定召集各地兵马来威吓太后。

何进的主簿（管理文书、办理事务的官员）陈琳听了，连忙阻拦说："将军手里有的是兵马，要消灭几个宦官，还不是像炉火上烧几根毛发那样容易？如果召外兵进京城，这好比把刀把子交给别人，不闹出乱子来才怪呢。"

何进不听陈琳的劝告。他认为各州人马中，数并州（今山西大部，内蒙古、河北的一部分）牧（州的长官）董卓的兵力雄厚，找他帮忙错不了，就派人给董卓送了一封信，叫他迅速带兵进洛阳。

这个消息，很快就传到宦官的耳朵里。几个宦官商量说："再不动手，咱们全完了。"他们就在皇宫里埋伏了几十个武士，假传太后的命令，召何进进宫。何进一进宫，就被宦官围住杀死了。袁绍得知何进被杀的消息，立刻派他弟弟袁术攻打皇宫。袁术放了一把火，把皇宫的大门烧了。大批的兵士冲进宫里，不分青红皂白，见了宦官就杀。有的人不是宦官，只是因为没有胡须，也被错认为宦官杀死。经过这场火并，外戚和宦官两败俱伤。

董卓本来是凉州（约今甘肃、宁夏和青海、内蒙古一部）的豪强，在凉州结交了一批羌族豪强，称霸一方。黄巾军起义以后，他又靠镇压起义军的军功升到并州（约当今山西大部和内蒙古、河北的一部分）牧的职位。

董卓一向野心勃勃，这次趁何进征召的机会，就急急忙忙带了三千人马来了。

董卓进了洛阳，就想掌握大权。可是人马太少，怕压不住洛阳的官兵。他就玩弄一个花招，在夜深人静的时候，把人马悄悄地开到城外去。到了第二天白天，再让这支人马大张旗鼓地开进来。这样一连几次进出，洛阳的人都闹不清董卓到底调来多少兵马。原来归属何进手下的将士看到董卓势力大，也纷纷投靠董卓。这样一来，洛阳的兵权就全落到了董卓手里。为了独揽大权，董卓决定废掉汉少帝，另立少帝的弟弟陈留王刘协。他知道洛阳城里的士族官员，数袁家的势力大，就请袁绍来商量这件事。

董卓说："我看陈留王比现在的皇帝强，我打算立他为帝，您看怎么样？"袁绍回答说："皇上年纪轻，刚刚即位，也没有听到有什么过失。您要废他，只怕天下的人不服。"董卓碰了个钉子，气得瞪圆双眼，手按着剑把，威胁说："大权在我手里。我要这样做，谁敢反对？难道你以为我董卓的剑不够锋利吗？"袁绍也气红了脸，说："天下的好汉难道只有你姓董的一个人？"一面说，一面拔出佩刀，走了出去。他怕董卓不会放过他，就匆匆忙忙奔往冀州（约今河北中、南部，山东西北端和河南北端）去了。袁绍的弟弟袁术听到消息，也逃出洛阳，出奔南阳（今河南省）。

袁氏兄弟出走以后，董卓就召集文武百官，宣布废、立的决定。刘协即了皇位，这就是汉献帝。董卓自己当了相国。

董卓生性凶残，他担任相国之后，纵容兵士残杀无辜的百姓。有一次，洛阳附近的阳城（今河南登封东南）举行庙会。百姓齐集在那里赶集。董卓派兵到那里，竟把集市上的男人都杀死，把掳掠到的妇女和财物用百姓的牛车装载着，耀武扬威地回到洛阳。一路上高呼万岁，说打了大胜仗回来啦。

　　董卓的倒行逆施，使得洛阳城一片混乱。一些有见识的官员纷纷离开洛阳，其中包括典军校尉曹操。

曹操割发代首

曹操，字孟德，是杰出的政治家、军事家和诗人。

年轻时，曹操就练就了一身好武艺，而且精通兵法，一心想建功立业，轰轰烈烈地干一番事业。

有一次，曹操领兵出征，要经过一片麦田。当时正是麦子扬花抽穗的季节，他想，浩浩荡荡的大军，如果不加约束，穿过麦田时肯定会把大片的麦子损坏。于是，他号令三军："士兵不得损坏麦子，违犯命令的处死。"

命令一下，将士们个个小心翼翼。骑兵都下了马，用手扶起麦苗帮助马匹通过。突然，一群觅食的小鸟从麦田中飞起，惊吓了曹操的枣红马。受惊的马一下子跃入麦田中，将麦田中一大片麦子践踏了。曹操心里感到很惭愧，立即对主簿官说："请你按军法给我治罪吧！"

主簿官感到很为难。心想，你是大军统帅，杀了你，谁来带领军队呢？于是他回答说："对于高贵的人是不能施用刑罚的。"曹操见他为难的样子，就主动说："制定法令的人自己都犯法，怎么能够统率好军队呢？然而我是军队主帅，不

147

能自杀,那就请让我自己处罚自己吧!"说着,曹操拔出宝剑,割下自己的一把头发放在地上。在场的将士们见了曹操的这一举动,无不感叹。

原来,在古时人们认为自己的身体发肤是父母赐予的,毁伤了它,就是不孝。割下人的头发,在当时是一种不轻的刑罚,称作髡刑。曹操以割发代替被杀头,并不完全是做给旁人看的狡诈行为,反映了他以身作则的大将风度,这是难能可贵的,所以被后人传为佳话。

孙氏称霸江东

正当曹操和袁绍在北方鏖战之时，南方崛起了一股新兴的势力，占据了江东（今长江下游的江南地区），这就是占据东吴地区的孙策、孙权两兄弟。

兄弟俩的父亲孙坚原是袁术的部下，参加了讨伐董卓的大军。父亲死后，孙策便带着一路人马，投奔了袁术。

袁术虽然非常欣赏孙策这位少年英雄，但他对孙策存有戒心，一直没有重用。时间一长，孙策感觉很失落，虽然嘴上不说，但内心十分不满。

恰在这时，扬州刺史刘繇把孙策的舅舅、丹阳（今安徽宣州）太守吴景赶跑了，还在长江边上屯下了重兵。孙策觉得机会来了，主动向袁术请求让他带兵到江东讨伐刘繇。袁术考虑到这样可以借孙策之手解除刘繇的威胁，甚至可以让孙策、刘繇拼个鱼死网破，自己坐收其利。想到这些，袁术同意了孙策的请求，并且拨了一千人马给他。

孙策带着人马向南挺进，一路上他不断招兵买马，扩充队伍。到达历阳（今安徽和县）时，队伍已经壮大到了五六千人，并和舅舅吴景的队伍胜利会师。同时，孙策小时候的好朋友、足智多谋的周瑜也带着人马前来会合。

孙策的队伍浩浩荡荡地来到江边，却遇到了一个意想不到的问题——停靠在江边的船只才几十条，这对于他庞大的队伍来说，实在是少得可怜，大大影响前进的速度。

孙策双眉紧锁，不停地在江边踱步。忽然，那一丛丛在风中摇曳的芦苇跃入了他的眼中。他紧锁的眉头展开了，大声命令道："所有士兵即刻奔赴江边，砍伐芦苇，扎筏渡江！"一声令下，数千士兵齐心协力，很快就扎了许多筏子，江面上出现了千筏竞渡的壮观场面。

孙策的队伍一举冲上江东岸，攻占了牛渚（今安徽当涂西北）夺得了大量粮食和武器，接着又诱使刘繇的部下笮融开门出城，伏兵突然杀出，直杀得笮融人仰马翻，抱头鼠窜。孙策乘胜进攻，没多久就打到了曲阿（今江苏丹阳），龟缩城中的刘繇被孙策势如破竹的气势吓得弃城而逃。

进城后，孙策没有被胜利冲昏头脑，依然保持着严明的军纪，并且优待俘虏，因此深受百姓拥护，仅仅十几天的功夫，就得到了兵卒两万多人，战马一千多匹。孙策的名字一时间威震江东。

不久，孙策又带兵攻下了会稽（今浙江绍兴）、东冶（今福建福州）等地，在江东站稳了脚跟，并且借口袁术有称帝的企图，与他断绝了关系，打算继续向北挺进。

但是，意外的事情发生了。一天，孙策上山打猎，预先埋伏着的几个刺客突施冷箭，孙策中箭跌下马来，身受重伤。

虽然大夫使出了浑身解数，但是孙策的伤势却一天比一天严重。孙策知道自己的时间不多了，找来了长史张昭，将弟弟孙权托付给他，嘱咐他好好辅佐孙权，凭借长江天险守住基业。又把孙权叫到床边，将象征着权力的印信交给他，叮嘱孙权一定要知人善任，挑起稳定江东的重担。说完，年仅26岁的孙策告别了人世。

这时，孙权还不满20岁，失去兄长的悲痛几乎压垮了他，他泪下如雨，悲痛万分。张昭竭力劝慰，请他节哀，挑起兄长留下的重任，同时又火速通知周瑜，让他回来共同辅佐孙权。

孙权披上统帅战袍时，尽管统治着江东六郡，但政权并没有完全稳定，而且孙策刚死，许多将士担心孙权太年轻，不能保住江东，因此人心涣散，甚至有的人想另寻出路。在这危难之际，幸张昭和周瑜两人齐心协力，团结诸将，这才使政权稳固了下来。

庐江太守李术不仅不肯听从孙权的指挥，而且还收留了一些叛将，这使得孙权十分恼火，命令李术立刻交出叛将。李术却嚣张地说："如果你确实德才兼备，那么大家都会听你的；反之，大家就会离你而去。所以，我是不会把他们交给你的。"

李术明目张胆的反叛，促使孙权下决心除掉他，为此，做了周密的谋划。他预料到李术一旦受到攻击，一定会向曹操求援，于是，先下手为强，写了一封信给曹操，信中说李术生性残暴，不讲信用，并且还提到了李术从前杀掉曹操任命的扬州刺史的往事，以此引起曹操对李术的不满；如果他发兵讨伐李术，希望曹操千万不要听信李术的狡辩。这封信一方面堵住了李术的退路，另一方面又堵住了曹操出兵的借口，称得上是一箭双雕。

后来孙权出兵攻击身在皖城的李术，李术闭门自守，并向曹操求救，曹操果然没有救援他。最后李术粮草断绝，孙权遂破其城，杀死了李术，威震江东。

三顾茅庐

官渡一战，曹军以少胜多，大败袁军，原先投奔袁绍的刘备，又投奔了荆州刺史刘表，得到了兵力上的补充，在新野（今河南新野）驻扎了下来。

刘备并不甘心寄人篱下，现在有了落脚之地就开始图谋更大的发展，四处寻访能辅佐自己建功立业的贤才。为此，他虚心请教名士司马徽，司马徽告诉他，知晓天下大势的人，并非是普通的读书人，而是才能出众的俊杰之士。本地有两名俊杰，一位号称卧龙，一位号称凤雏。卧龙名叫诸葛亮，凤雏名叫庞统。

刘备凭着汉朝宗室后裔的身份，使得荆州一带的豪杰名士纷纷归附于他，其中有个名叫徐庶的人深受刘备的器重。徐庶很感动，也向刘备推荐诸葛亮："我有个朋友名叫诸葛亮，人称卧龙先生，他堪称英才。"刘备一听卧龙二字，忙不迭地说："好啊！好啊！你赶快把他请来吧！"徐庶却说："不行啊。他这样的人是不肯自己来的，主公您只能亲自跑一趟了。"

刘备见司马徽和徐庶都如此推崇诸葛亮，于是就带上关羽、张飞，亲自去请诸葛亮。

153

诸葛亮从小就没了父亲,跟着叔父来到了荆州。叔父死后,他就定居在隆中(今湖北襄阳西)卧龙冈,盖了座茅屋,边读书边种地,常常把自己比作春秋战国时的著名人物管仲和乐毅。这引起不少人的嘲讽讥笑,认为他是痴人说梦,但是司马徽和徐庶对他的才能和志向确信不疑,因此主动向刘备推荐他。

刘备带着关羽、张飞两人,风尘仆仆地赶到卧龙冈,不料诸葛亮听说后故意躲开了,他们扑了个空。刘备并不灰心,过了些时候再次前去拜访。此时正值隆冬时节,天气异常寒冷,半路上忽然风雪交加。张飞打起了退堂鼓,刘备却非常坚定,顶着风雪艰难地跋涉着,没想到千辛万苦地赶到后,却被告知诸葛亮和朋友一起出门了。

一连碰了两次钉子,关羽和张飞很不高兴。关羽说:"主公您两次亲自来拜访,他都躲着不见,也太过分了!只怕那诸葛亮徒有虚名,因此故意避开,不敢见您呢!"

刘备摇摇头,耐心地说服了关羽和张飞。过了一段时间,刘备第三次登门拜访诸葛亮。这回诸葛亮倒是在家,但不巧的是正在睡觉。刘备见此情形,并没有惊醒诸葛亮,而是静静地站在门口,耐心等着诸葛亮醒来。

谁知,这一站足足站了两个时辰,张飞气得暴跳如雷,大叫道:"这个腐儒也太傲慢了,竟敢让主公等这么长时间,我去放把火烧了屋子,看他起不起来!"幸好关羽再三劝阻,才把张飞拦住。

刘备直站得双膝发软，诸葛亮方才醒来。听书童说刘备已等候多时，诸葛亮连忙穿戴整齐，将刘备迎进屋中。一见面，刘备就开诚布公地说："如今汉室衰败，奸臣当道，我决心复兴汉室，无奈力有不逮，因此特地来请先生相助。"

刘备三顾茅庐所显示出的诚意，令诸葛亮非常感动，于是诚恳地帮助刘备分析了天下的大势，指出目前应当以荆州为基地，与孙权联合起来对付曹操，到时以汉朝皇室后代的名望，必能得到天下百姓的拥护。到那时，霸业必成，汉室可兴。接着，诸葛亮让书童拿出一张挂图，说："这是我绘制的西川五十四州地图，可为您成就大业提供参考。"

这一番促膝长谈，两人都有相见恨晚之感。刘备打心眼里佩服诸葛亮的远见卓识，恭恭敬敬地请诸葛亮出山共谋大业。诸葛亮也为刘备的诚意所感动，答应结束隐居生活，出山相助。"三顾茅庐"的成语由此而来。

刘备拜诸葛亮为军师，并对关羽、张飞说："我有了孔明先生，就像鱼儿得到水一样。"

从此，诸葛亮一心一意辅佐刘备，使刘备的势力一天天壮大起来，最终成为三国时三分天下的一方霸主。

火烧赤壁

曹操统一北方后，于 208 年秋天统兵南下，打算先取荆州，后占江东，一举统一中国。这时，孙权、刘备联合起来，在长江沿岸赤壁（今湖北嘉鱼县境）和曹操进行了一场决战。虽然曹操拥有军兵近三十万，却被五万军兵左右的孙、刘联军打败了。这就是历史上著名的"赤壁之战"。

关于赤壁之战的胜利，在旧时舞台上宣扬的是身穿八卦衣、手摇羽毛扇、善于呼风唤雨的诸葛亮借东风、烧战船的结果，这是不符合历史事实的。其实，孙、刘联军的胜利是双方团结战斗，以长击短而取得的。

历史上的诸葛亮，的确是一位有远见卓识的政治家。207年，刘备至隆中（今湖北襄阳西北）"三顾茅庐"邀请他做助手。他为刘备提出统一全国的建议，即《隆中对》。当时，刘备屯兵新野、樊城，是暂借荆州牧刘表的地盘。

208 年 7 月，曹操率军直取荆州。刚巧刘表病死，他的次子刘琮不战而降。刘备知道凭自己的力量难以抵挡曹操，于是率部下退守江陵（今湖北江陵）。

曹操怕江陵这个军事重镇为刘备所得，便亲率五千轻骑兵，日夜兼程，追击刘备。刘备猝不及防，在当阳长坂坡（今湖北当阳县东北）被曹操打败，只和诸葛亮、张飞、赵云等几十个人突围出去，来到夏口（今湖北武汉）同关羽、刘琦的水步军会合。

曹操轻易地取得荆州，又迅速地占领江陵。一连串的胜利，使得他滋长了骄傲轻敌的情绪。他没有巩固新占领的地方，让军队得到休整，就立即决定进兵江东，攻打孙权。

早在曹操南下时，孙权就预感到这是对自己的巨大威胁。他曾经在刘表去世时，派鲁肃以吊丧为名，到长坂坡向刘备表露过联合抗曹的意思。孙权的部下张昭、秦松等曾主张投降，但遭到周瑜、鲁肃等主战派的驳斥，在周瑜、鲁肃二人的支持下，孙权下定了抵抗的决心。曹操占领江陵，战局发生变化，加速了孙、刘联盟的形成。当时，诸葛亮看到形势紧迫，建议刘备立刻联合孙权，共同抗击曹操。刘备派诸葛亮为全权代表到柴桑（今江西九江市西南）和孙权结盟。诸葛亮为了打消孙权的顾虑，促成联盟的形成，精辟地分析了双方的形势："刘豫州虽然在长坂坡兵败，但是还有关羽、刘琦率领的水、陆精锐两万多人。曹军远道而来，人马疲倦，就像一只飞到尽头的箭，它连一层薄绸子也穿不透了。何况曹军多是北方人，不懂水战；荆州新占，人心不服。因此，只要孙、刘联合起来，同心协力，一定能击败曹操，形成三分天下的局面。"孙权听后心悦诚服。孙、刘联盟正式建立了。

中国通史故事

这一年10月，孙权任命周瑜、程普为左右都督，率三万精兵，和刘备的军队会师赤壁，摆开了同曹军大战的阵势。

曹操的士兵多是北方人，初到江南，水土不服，大多数得了病，严重地影响了战斗力。为了解决士兵不习水性的问题，曹操命令把几只战船连在一起，以减轻风浪颠簸。这样虽然给曹军带来一些方便，却给对手制造了进攻的有利条件。

周瑜部将黄盖发现了曹操连锁战船的致命弱点，建议用火攻的方法攻敌。周瑜派人准备了十只大船，装满干柴浇上油，遍插旗帜加以伪装。

每艘大船后面各拴一只快船，以备放火后换乘。黄盖写信给曹操，假意率队投降。曹操信以为真，毫无戒备。这时，江面上刮起东南风，船速加快。将近曹军水寨时，黄盖指挥船队，突然同时放火。火烈风猛，曹军战船顿时燃烧起来。大火由水寨又蔓延到江岸大营，孙、刘联军乘势发动了猛烈的进攻，曹军大败。曹操仓皇撤退，经华容（今湖北监利县西北）跑到江陵，留下曹仁、徐晃在江陵镇守，自己带领军队回北方去了。

赤壁之战确立了三国鼎立的局面，孙权保住了长江下游的地盘，刘备得到荆州作为根据地。公元214年，他又进兵四川，把益州（今四川和云、贵地区）作为统治区域。

220年，曹操的儿子曹丕在洛阳称帝，正式建立魏国。第二年（221年），刘备在成都称帝，国号"汉"（史称蜀汉）。229年，孙权也在建业（今南京）称帝，正式建立吴国。魏、蜀、吴三国鼎立局面就这样形成了。

由于当时统一中国的条件还没有成熟，魏、蜀、吴三国只能分别在局部地区行使统治权。

曹操在北方广泛推行了屯田制，使农业生产恢复起来，水利灌溉也有了发展。诸葛亮倡导"务农植谷"，努力发展蜀汉经济，注意保护和维修都江堰水利灌溉工程，重视科学发明。据说他曾总结劳动人民的智慧，创造了连发十箭的"连弩"和适应山地运输的"木牛流马"。他还派人推广先进生产技术，推行牛耕，促进了西南地区农业生产的发展。吴国的孙权也推行耕战政策，大量开发江南土地。他把大批从北方迁到南方避难的农民组织起来，从事农业生产，且耕且战，增强了军队的战斗力，也解决了军粮问题，吴国成了"强富之国"。

曹冲称象

曹冲，曹操之子。

东汉末年，割据东吴的孙权，送给丞相曹操一头大象。曹操见了大象很高兴，只见这头大象卷动着长鼻子，四条腿像四根粗壮的大柱子，浑身透露出一种稳重、坚实、摇撼不动的壮美之气。

曹操上下左右端详了一会儿，忽然想起："这大象可不知有多重啊？"想着，便向百官问道："谁有大秤，把这头象称称？"

群臣听了一个个噤若寒蝉、呆若木鸡。

曹操刚要发火，又猛地一拍自己的额头，笑道："罢，罢，罢！世界上哪来称大象的秤呢？"笑了一会儿，又问："大家谁有办法能称出大象的重量？"

百官们面面相觑，谁也拿不出妙计。有的说："得造一杆大秤，砍一棵大树做秤杆。"有的说："有了大秤也不成啊，谁有那么大的力气提得起这杆大秤呢？"也有的说："办法倒有一个，就是把大象宰了，割成一块一块的再称。"曹操听了直摇头。

突然，曹冲从人群背后走出来，说："父亲，我有个办法。

把大象赶到一艘大船上，看船身下沉多少，就沿着水面，在船舷上画一条线。再把大象赶上岸，往船上装石头，装到船下沉到画线的地方为止。然后，称一称船上的石头。石头有多重，就知道大象有多重了。"

曹操听完，拈着胡须，微笑着点点头。百官亦纷纷喝彩："神童！神童！"

曹操叫人照曹冲说的办法去做，很快就称出了大象的重量。

杨修才智过人

杨修（175—219），字德祖，弘农华阴（今陕西华阴东）人。文学家。累世为汉官。好学能文，才思敏捷。任丞相曹操主簿。积极为曹植谋划，欲使曹植取得世子地位。曹植后失宠于曹操，曹操因杨修有智谋，又是袁术的外甥，虑有后患，遂借故杀之。

杨修任曹操主簿时，当时丞相府正在建造大门。门框成型，正在构建门顶的椽子时，曹操走来察看，看完以后在门上题了一个"活"字，然后离开了。杨修看见门上的题字，马上让工匠们把门拆掉，说："门中有'活'是'阔'字，这说明魏王嫌门大了。"

有一天，杨修正与众人在一起议事，这时，有两人抬着一个大盒子进来了，说是曹操让送来的。大家围着这大盒一看，只见盒子上写着"一合酥"三个字。众人不解，杨修却说："来，我们大家一人一口把这盒酥吃掉。"大家都惊讶地看着杨修，不敢动手。杨修指着盒上的三个字说道："这是丞相的吩咐，'一合'二字可以拆成'一人一口'四字。"大家这时才恍然大悟。

曹操曾经由杨修陪同经过曹娥墓碑，杨修从碑背上看见八个题字——黄绢幼妇，外孙齑臼。曹操问杨修："你知道这八个字是什么意思吗？"杨修回答说："知道。"曹操忙说："你先别说，让我好好想想。"

接着他们离开墓碑往前走了三十里。这时曹操说："我已经知道那八个字的意思了。"他让杨修转过身去，记下他自己知道的意思，杨修写道："黄绢色丝，等于是一个'绝'字，年幼的妇女，就是少女，这等于是个'妙'字，外孙是女儿的子女，这就等于是个'好'字，齑臼这种东西，是用来盛五种辛辣调味品的器皿，这等于是个'辞'（齑）字。这八个题字隐含的意思合起来就是'绝妙好辞'。"

曹操也记下了自己理解的意思，结果与杨修的一样。曹操感叹地说："我的才智与你相差三十里呀。"

曹操占领汉中之后，想进一步讨伐刘备，但是没有什么进展；留守汉中，又不会建立什么功业。部下都不知道是该继续前进，还是该留下来防守。曹操发布夜间口令只讲"鸡肋"二字，众将都不知道这两个字是什么意思。杨修见传令"鸡肋"，便让随行军士收拾行装，准备回家。将士们问他何以得知魏王要回师，杨修说："从今夜口令，便知魏王退兵之意已决。鸡肋这个地方，吃起来没什么味道，扔掉它又觉得可惜。

曹公传下这个口令说明他撤兵回去的主意已经定了。"于是杨修在军营私下告诉大家整理武器行装。没多久，曹操果然下令撤军了。

曹丕代汉

魏王曹操有二十几个儿子，他最宠爱的是曹丕和曹植二人，想在他们中间选一个立为继承人。

曹丕从小在军营中长大，跟随父亲南征北战，不到十岁就已经学会骑马射箭，并且在父亲的影响下，对诸子百家、古今经传也有较深入的研究。曹植则从小聪明过人，才华横溢，长大后精通文学，是当时有名的诗人。

曹操在立谁为继承人的问题上，一直犹豫不决。他打心底里喜欢才华出众、玉树临风的曹植，他曾经多次当面试探曹植的才华，结果曹植都能出口成章、下笔成文。曹操就准备将曹植立为继承人，但是不少大臣反对说："自古以来，王位理应传给长子，若传给次子的话将会引起朝中混乱不安。"曹操听了，觉得也有道理，就暂时把这事搁置了下来。

曹丕虽然文才也不错，但无论是才气还是名气都比不上曹植，因此他一直对曹植嫉恨在心，尤其是听说父王有立曹植为继承人的念头之后，更是想尽办法在父王面前诋毁曹植，抬高自己。他利用曹植爱喝酒的弱点，背地里做手脚，让曹植误了带兵出征的大事，从而使曹操对曹植产生了不满；他还在曹操面前表现自己的忠厚仁爱，处处讨曹操欢心。渐渐地，曹操觉得曹植虽有才华，但不及曹丕宽厚仁慈，再加上一些大臣受曹丕的指使，在曹操面前替他说好话，因此，曹操最终立曹丕为继承人。

曹操死后，曹丕继位，做了魏王和丞相，掌管大权。但是，曹丕心里还是害怕曹植会和自己争夺王位，处心积虑找了个借口把曹植抓了起来，向他兴师问罪。

曹丕的母亲不愿意看到骨肉相残的景象，就替曹植求情。曹丕无法违抗母命，就另想办法刁难曹植。

曹植知道曹丕一向对自己有敌意，现在曹丕继承了王位，更不知会使什么花招来对付自己。因此他被带进宫后，始终低着头，一语不发。

曹丕不怀好意地对曹植说："父王生前一直夸奖你做诗做得又快又好，我还从来没当面领教过。今天我就限你在殿上走七步的时间里做一首诗出来。"

曹植听到叫自己做诗，反而不害怕了，抬起头说："好，就请王兄出题吧。"

曹丕说："我们俩是兄弟，你就以此为题做诗，但是诗中不许出现兄弟二字，否则的话，我是不会饶过你的。"曹植听到"兄弟"二字，百感交集，悲从中来。他低头稍加思索，悲愤地吟道："煮豆燃豆萁，豆在釜中泣。本是同根生，相煎何太急！"

诗已念完，站在一旁的侍臣连七步都未数完。

曹植在诗中把同胞兄弟比作同根生的豆和豆萁，既形象又贴切。豆萁无情地燃烧着，豆子在锅中被煮得"咕咕"作响，仿佛人在哭泣一般。这一拟人手法把曹丕步步紧逼、变相迫害的事实准确而不露痕迹地描写了出来。曹丕听了之后，也觉得自己对兄弟逼迫得有点过分，不禁面带愧色，免去了曹植的死罪，把他贬为安乡侯。

虽然曹操曾经挟天子以令诸侯，却从不敢登上皇帝的宝座。但是，曹丕却想把那个有名无实的汉献帝废掉，自己当皇帝。于是，一场禅让帝位的好戏上演了。

曹丕的亲信华歆率领文武百官联名上书，劝汉献帝把帝位让给魏王曹丕。汉献帝当了三十多年的傀儡皇帝，颇有自知之明。为了保住性命，他十二分不情愿地"主动"把皇帝的玉玺交给曹丕。不料，曹丕却当着满朝文武的面，假惺惺地把玉玺还给了汉献帝。

汉献帝战战兢兢地捧着玉玺，不知如何是好。在曹丕的授意下，汉献帝命人搭了一座"受禅台"，又挑选了一个良辰吉日，曹丕装成迫不得已的样子，于220年受禅称帝，为魏文帝，国号魏，定都洛阳。至此，东汉王朝正式宣告结束。

221年，刘备称帝，国号汉，定都成都。229年，孙权也称帝，国号吴，定都武昌（今湖北鄂州），后迁都建业（今江苏南京）。

诸葛亮鞠躬尽瘁

诸葛亮（181—234），字孔明，原本是琅琊（今山东临沂北）人，父亲早亡，跟随做官的叔父诸葛玄到豫章。后流寓于襄阳，躬耕于隆中。刘备因徐庶的推荐，曾三次到隆中草庐拜访诸葛亮。诸葛亮在第三次才见刘备，并回答了刘备提出的如何兴复汉室和争霸天下的问题。人们称这一答辞为《隆中对》。

刘备攻占益州的第二年，孙权向刘备索取荆州，从此双方交恶。之后，荆州归吴，曹、孙暂时联合，刘备的发展受到抑制。刘备称帝后不久，蜀汉与孙吴间爆发了夷陵之战。如果说，大意失荆州是刘备集团的一大损失，那么夷陵之败更是蜀汉的一大挫折。两次失败的根本原因，都在于违背了《隆中对》所提出的策略，破坏了孙刘联盟。

夷陵之战后，刘备败归白帝城，于223年病逝，丞相诸葛亮受遗命辅佐后主刘禅。

刘禅即位后，诸葛亮以丞相兼益州牧，"政事无巨细，咸决于亮"。直到诸葛亮最后病死于五丈原，为蜀汉政权呕心沥血，做了许多工作。正如诸葛亮自己所说："臣鞠躬尽瘁，死而后已，至于成败利钝，非臣之明所能逆睹也。"

诸葛亮首先致力于蜀吴的修好，派尚书邓芝出使吴国，恢复两国的联盟关系，蜀汉免除了后顾之忧。其次是稳定和发展经济。刘备在世时，诸葛亮镇守成都，经常做到"足食足兵"；后主初立，加之夷陵新败，诸葛亮更是"务农殖谷，闭关息民"。由于措置得宜，蜀汉经济得到进一步发展。

在稳定内部后，诸葛亮做了两件大事，即平定南中和出兵伐魏。刘备在世时，曾用邓方和李恢先后统治南中的"西南夷"。刘禅新立，南牂牁郡太守朱褒，益州郡大姓雍闿，越巂郡夷族首领高定同时造反。

南中是蜀汉的后院，后院起火，不但会牵制诸葛亮北伐，而且会直接影响蜀汉的稳定。诸葛亮曾说："臣受命之日，寝不安席，食不甘味，思惟北征，宜先入南。故五月渡泸，深入不毛，并日而食。"

南征的目的是为了稳定后方，所以诸葛亮主要采取攻心战术，对反叛的主要首领孟获"七纵七擒"，终于使其心服。

南中平定后，诸葛亮任用当地人和少数民族首领为官吏治理地方，不留兵，不运粮，继续执行"夷汉粗安"的"和抚"政策。

安定南方后，诸葛亮就专注北伐，挥兵秦中。从建兴五年起到建兴十二年，蜀汉的实力远不如魏。诸葛亮之所以知其不可为而为之，既是以兴复汉室为号召，维持蜀汉的生存，也是为了"报先帝，而忠陛下之职分也"。

尽管出师北伐没能成功，但是在诸葛亮的悉心治理下，蜀汉的经济得到了迅速的发展。他在平定南中之后，推行了一系列的惠民政策，也使偏居益州一隅的蜀汉支撑了将近半个世纪。所以陈寿在概述诸葛亮一生业绩时曾这样说："备称尊号，拜亮为丞相、录尚书事。及备殂没，嗣子幼弱，事无巨细，亮皆专之。于是外连东吴，内平南越，立法施度，整理戎旅，工械技巧，物究其极，科教严明，赏罚必信，无恶不惩，无善不显。至于吏不容奸，人怀自厉，道不拾遗，强不侵弱，风化肃然也。"

陈寿对诸葛亮的评价很客观。要概括诸葛亮的功绩，首先要承认他的智慧、谋略与政治军事才能。还应该充分肯定他对刘备的忠诚与敬业精神。人们在领略诸葛亮精神境界的同时，也会得到许多有益的启示。

司马懿篡权

诸葛亮去世后的一段时期，蜀汉不敢再贸然北伐。魏国的势力虽然越来越强大，但朝廷内部争权夺利的斗争也越来越激烈。

魏国大将司马懿出身士族之家，曹操执掌政权时出来做官。他既是个难得的将才，同时又善于玩弄权术，在魏文帝曹丕当政时受到了重用，地位逐渐显赫起来。魏明帝曹叡在位时，他多次带兵出征，立下了赫赫战功，曾以坚守的战法，使诸葛亮率领的蜀军无功而返；此后又率兵成功地平定了公孙渊的叛乱，使他在政治和军事上的威望迅速提高，威镇魏国。魏明帝临终时，把年仅八岁的太子曹芳（即位后，称魏少帝）托付给大将军曹爽和他，嘱咐他们共同辅政。

无论从能力、资历上来讲，曹爽比司马懿都差远了，但是身为皇族大臣，他容不得让异姓的司马氏分享权力，他要独揽大权。曹爽以魏少帝曹芳的名义将司马懿提升为太傅，用这种明升暗降的手段剥夺了司马懿手中的兵权，把他架空了。

曾经声名显赫的司马懿如今落得个大权旁落、有名无实的下场，心里很不是滋味，对曹爽恨之入骨。但是，老谋深算的他清楚地知道，曹爽现在的势力很强大，自己暂时还斗不倒他，只能暂时忍下这口气，等以后有机会再夺回大权。

于是，司马懿借口年老多病，不再上朝。曹爽当然十分高兴，可是他对司马懿还是有些不太放心，就派他的亲信李胜借出任荆州刺史的机会，以向司马懿辞行的名义来刺探虚实。

司马懿何等老奸巨猾，一听说李胜来辞行，就猜出了他的来意，立刻想好了对策。李胜走进司马懿的卧室，只见司马懿早已没了先前率兵出征的豪气，一副病入膏肓的样子。

躺在床上的司马懿见到李胜，想要披衣坐起，但不知怎么的，他的手抖得厉害，衣服非但没穿上，反而滑落到了地上。最后还是两名侍女帮他穿上，李胜看到这种情景，心中既暗暗高兴，又觉得司马懿有点可怜，他说："我听说您旧病复发，但没想到病得这么厉害。我就要去荆州上任了，今天特地来向您辞行。司马懿张口想说话，不料一口气接不上来，张大嘴喘了半天才缓过劲儿来，说道："并州在北方，离胡人很近，你要多加小心，严加防备。我这条老命已经快不行了，怕是再也见不到你了。我的两个儿子司马师、司马昭还请你多费心照顾。"

李胜一字字地说："我去的是荆州，不是并州。"司马懿说："是啊，是啊，你说你刚从并州回来吗？"李胜听了觉得好笑，又重复了一遍。司马懿似乎清醒了些，说："我上了年纪，耳朵又背，都快成老糊涂了，别人说什么都听不懂。"

这时，侍女端来了粥，司马懿并没有用手接，而是让侍女喂。他一边吃，粥一边从嘴角淌下来，沾满了前胸。

李胜回去后，把他看到的和听到的都原原本本向曹爽作了汇报。曹爽听得满心欢喜，笑得合不拢嘴，拍手说道："好！看样子这个老家伙快要不行了，我再也不用担心什么了。"从此以后，曹爽对司马懿放松了警惕。

没多久，魏少帝曹芳去城外拜谒明帝陵，曹爽等大臣一同陪着曹芳前呼后拥地出了城。谁知他们前脚刚出城，司马懿后脚就下了床，亲自披挂上阵，带着两个儿子和从前的部下迅速占领了曹氏兵营。接着，司马懿进入宫中，一一细数曹爽的罪名，威逼太后罢黜曹爽。太后没有办法，只得照他的话去做。司马懿又带兵占领了武器库。

曹爽正在郊外玩得不亦乐乎，有部下从城中逃出向他报信，听到司马懿发动政变的消息，曹爽一下子惊呆了，半天回不过神来。这时，手下人劝他挟持皇帝到许都，重整人马，与司马懿对抗。但曹爽犹豫了半天，还是不敢这么做，最后他只得屈从司马懿提出的条件交出兵权，方可回到相府。

回到城中，曹爽才明白自己大势已去。没多久，司马懿就以篡逆的罪名，诛杀了曹爽一家以及曹爽的党羽，独揽了朝中大权。

从此，魏国的政权基本上落到司马氏手里。两年后，司马懿去世，他的职位由儿子司马师接替。

司马昭之心

魏少帝曹芳恨透了司马氏家族，结果被废黜，司马师立曹丕的孙子曹髦为帝。可是，曹髦空有皇帝的虚名，手中却没有实权，只是个傀儡，连任命一个朝廷官员都做不了主。朝中的全部权力都集中在司马师和他弟弟司马昭手中。

司马昭是司马懿的第二个儿子，哥哥司马师死后，他接替哥哥之职做了大将军。司马昭同父亲、哥哥一样，工于心计，谋略过人。司马昭刚刚坐上大将军的宝座，镇东大将军诸葛诞谋反，司马昭率兵讨伐，大胜而归。司马昭为人奸诈，他认为魏国完全是依靠司马氏才得以存在，因此他进出都有三千名手执武器的护卫前呼后拥，所有的事情也不禀报朝廷，直接由他决断。

曹髦做了几年有名无实的皇帝，对司马昭大权独揽、自己不能亲理朝政的局面，越来越不满，更担心自己有朝一日会像曹芳一样，被司马昭废掉。他想了好几天，终于作出了决定。

这天，曹髦把自认为是心腹的王经、王沈和王业三位大臣召入宫内，从怀中取出事先写好的讨伐司马昭的诏书，说道："三位爱卿，司马昭大权独揽，野心勃勃，他称帝之心连路人都知道。我绝不能坐以待毙，等着他来废掉我。今天，我决定和你们一起去讨伐他！"这就是成语"司马昭之心，路人皆知"的来历。

听了这话，三位大臣呆若木鸡，半晌才回过神来。王经跪下来，一边叩头一边劝阻道："陛下，这可万万使不得啊！从前鲁昭公不能容忍季氏专权，结果是失败亡国，被天下人耻笑！现在司马昭专权并非一天两天的事，朝廷中他的爪牙也不是一个两个，而宫中肯听命于您的，实在是太少了！您赤手空拳，拿什么去讨伐？如果不成功的话，恐怕祸患更大。还请陛下慎重考虑，从长计议！"

曹髦激动起来，咬着牙说："我实在是忍无可忍了。我已下定决心，做好了死的准备，还有什么可怕的？何况我们不一定会死！"

说完，他径自回到后宫，向太后禀报去了。

176

王沈和王业清楚地知道曹髦根本不是司马昭的对手，肯定必死无疑。他们生怕司马昭以后会治他们的罪，立刻溜出大殿，直奔司马昭府中告密去了。

曹髦手持利剑，带了一百多名护卫刚出宫门，迎面遇上司马昭的心腹贾充正带了一队人马赶来。双方动起手来，曹髦持剑大喝一声："我乃当朝天子，你们冲入宫中，难道想弑君谋反不成？"

这一声大喝把贾充的手下吓得一动也不敢动，有几个胆小的甚至想转身逃跑。贾充见到这种情形，对一个名叫成济的手下人喝道："司马公平日里养你们有什么用？难道不正是为了今天这样的时刻吗？"成济哆哆嗦嗦地问："您看该怎么办？是杀了还是绑起来？"贾充瞪着眼说："司马公有令，只要死的。"成济这才壮起了胆，拿着长矛一直冲到曹髦的车前。曹髦大声说："你小子竟敢对我无礼？"谁知话还未说完，已被成济一下子刺穿胸膛，从车上跌了下来，当场断了气。

司马昭没想到曹髦真的被手下人杀死，他有些心慌，更有些心虚。他马上把大臣们召集起来，装出非常伤心的样子，挤出几滴眼泪，假惺惺地说："现在该怎么办呢？"大臣们心中都明白，却谁也不敢明说。

司马昭又问老臣陈泰："发生了这样的事，天下人会怎样看我呢？"陈泰想了想，说："只有杀了贾充，才可以向世人谢罪。"这话让司马昭听了不顺耳，他又问："您再想想，还有什么其他办法吗？"陈泰说："实在没有比这更好的办法了。"

司马昭不再吭声，心里暗暗地盘算着这事该如何处置。

最后，他决定将罪责归于成济一人，下令将成济斩首示众。

　　就这样，司马昭把杀曹髦的事轻易地掩饰了过去。接着，他立曹奂为帝，即魏元帝。

竹林七贤

魏晋之际，社会动荡。曹氏集团与司马氏集团争权夺利，排除异己，大动干戈。官场腐败，世风日下。有的人为了升官发财而卖主求荣，不以为耻；有的人坚持正义，反遭诬陷；有的文人名士，以文获罪。颠倒的世界，黑暗的现实，迫使思想敏锐的知识分子，远离肮脏的政治旋涡，抽身世外，冷静思索，寻求独善其身的道路。"竹林七贤"可以说是魏晋清流名士的代表。

所谓"竹林七贤"，是指嵇康、阮籍、山涛、向秀、阮咸、王戎和刘伶。他们都是一代名士，崇尚《老子》《庄子》，清逸脱俗。七人常集于竹林之下，谈天说地，饮酒作赋，愤世嫉俗，人们称为"竹林七贤"。其实，他们之间的思想情操并不相同，品格高下分明，经历也千差万别。

嵇康字叔夜，谯郡铚县（今安徽宿县）人。他少年时代就显出超群的才能，对《老子》《庄子》认真研究。成年以后，他与曹魏宗室女结婚，任中散大夫，是掌顾问应对的官职。当时，魏国大将军司马懿阴谋篡权。嵇康为避杀身之祸，隐居河内山阳，常游竹林，"弹琴咏诗，自足于怀"。

后来，司马师废曹芳为齐王，迎高贵乡公曹髦即帝位。司马师死，司马昭控制魏国军政大权。曹髦对左右大臣说："司马昭之心，路人所知也。"嵇康关注时局的变化。他写了《管蔡论》，借古喻今，赞扬周武王的弟弟管叔和蔡叔，反对周公摄政，讥刺司马氏执政。司马昭想拉拢嵇康，召为博士。嵇康断然拒绝，避居河东。司马昭见嵇康不可能归附自己，就把他杀害了。嵇康是竹林七贤之首。他的人格和才华为朋友们敬仰，留有《嵇康集》，反映玄学思想的成熟。

阮籍字嗣宗，陈留（今属河南）尉氏人。他少年时代饱读儒家经典，幻想名垂青史，留芳千古。后见政局不稳，无心做官，寄情"老""庄"，不问世事。司马昭为儿子向他家求婚，阮籍大醉60天，将婚事阻止了。司马昭想制裁他，他醉酒装傻幸免遇害，可以说假痴不癫，大智若愚。他去河内山阳，与嵇康等人同游竹林。后来，他听到嵇康被害的消息，悲痛万分，慨叹："时无英雄，使竖子成名！"表现出对司马氏的轻蔑。不久，阮籍抑郁而死。

山涛（205—283）字巨源，河内怀县（今河南武陟）人。他出身寒门，性好"老""庄"，40岁后才谋到地方小吏官职，后为河南从事，是郡守的属官。他洞悉政局发展，一度隐居不涉世务，做了竹林清流名士。山涛处事谨慎，与人无争，八面玲珑，后来步步高升。司马昭委以重任，由从事中郎、太常卿、太子少傅、尚书仆射，加侍中，领吏部。在他卧病不起时，又拜为司徒，执掌国家的土地和户籍，是竹林七贤中官职最高的人。

向秀字子期，也是河内怀县人，家境贫寒，依靠打铁维持生活。他思维敏捷，清悟远识，雅好"老""庄"之学，与嵇康等人相友善，常在一起游山玩水，不管远近。嵇康被杀后，向秀为避牵连，入京拜谒司马昭，就任黄门侍郎、散骑常侍，开始仕宦生涯，卷入朋党之争。后来由于失去政治靠山，处境艰难，死于任所。

刘伶字伯伦，沛国（今江苏沛县）人。他喜好"老""庄"，沉默少言，不随意结交朋友。他在家饮酒常脱光衣服，对来人说："天地是我的房子，屋子是我的衣服。你们怎么钻到我裤子里来了？"他与阮籍、嵇康等人携手入竹林，引为知己。阮籍做步兵校尉，刘伶在他部下做建威参军，二人经常痛饮。司马炎当皇帝后，刘伶被罢官归里。他写有《酒德颂》，讥讽世俗礼教。

阮咸，字仲容，是阮籍的侄儿。他效仿叔父，共入竹林游历。他与宗人同饮酒，用大盆盛酒。阮咸官拜散骑侍郎，有杰出的音乐才能，善弹琵琶。比他大的官员荀勖也懂音乐。荀勖每次与阮咸谈论音律，自以为远不及他。荀勖心中嫉妒阮咸，于是利用职权，将阮咸派遣到始平郡（今陕西咸阳西北），去当太守。司马炎当权时，不用阮咸了。

王戎字浚冲，琅邪（今山东临沂）人。他15岁时结识阮籍，加入竹林之游，成为名士。司马昭辅政时，王戎官升至吏部尚书，晋爵安丰侯。他为官不清廉，爱钱如命。女儿出

181

嫁时向他借钱，不及时还他，他很不高兴。家中有田园房宅，财宝无数，却要卖李子赚钱，怕人得去良种，竟将李子核全钻上孔。王戎做官不视事，把公事全推给下属处理，自己游山玩水，苟全禄位。

"竹林七贤"名垂一时，主要功绩在于倡导玄学。玄学是指玄妙的学问，即理论思维的抽象哲理。由于文人名士探求宇宙本源、人生目的等高度思辨的问题，往往被称为清谈家。魏晋玄学代替两汉经学成为时代精神，是中国古代思想文化史的新阶段。玄学大师们以《周易》《老子》《庄子》为经典，总称"三玄"。从而使儒家和道家学说在玄学中融为一体。"竹林七贤"中的佼佼者蔑视权贵，打破传统观念，启迪人们独立思考，开创一代新风气，在理论思维方面超越前人。

当然，他们对玄学的清谈，也有许多弱点和消极影响，必须进行历史的分析。魏晋玄学在信仰危机的岁月，以它特有的思辨形式，赢得了历史地位，成为时代文化的标志。

卷五　两晋·南北朝

两晋南北朝时期，可以说是中国历史上的"乱世"。这个时代的基本特点可以概括为：

一、全国长期分裂。从汉末大乱到三国鼎立，而后由西晋实现了短暂的统一，但为时不过二三十年，接着又是连年混战和南北大分裂，直到隋朝重新统一。在中国历史上，这是分裂时间最长的时代。

二、政权更迭频繁。两晋南北朝时期，除了东晋和北魏存在的时间超过一百年外，其余的王朝寿命都不长。南方的宋、齐、梁、陈四代，最长的宋立国约六十年，最短的齐才二十多年。

三、社会动乱。这一时期，由于国家分裂，政权不稳定，各种力量为了夺取统治权或扩大统治范围，进行着激烈的斗争。同时并立的政权之间互相征伐，新旧王朝的更替大多是通过战争实现的。即使没有爆发战争，统治集团中的权力之争同样充满着杀气。在不断爆发的社会动乱中，不仅普通民众蒙受了巨大的灾难，许多上层人士也难免杀身之祸。

四、民族矛盾尖锐。自汉魏以来，我国西部和北部的少数民族开始大量向内地迁徙，他们受到汉族统治阶级的剥削和压榨。到了西晋后期，爆发了宗室争夺皇权的"八王之乱"，这些少数民族的首领趁机起兵，把汉族政权赶到了南方。在他们统治的北方地区，反过来又对汉族民众进行了残酷的压迫。而南方汉族政权的北伐、北方少数民族政权的南征，也此起彼伏。

两晋南北朝时期除了社会动荡不安之外，另一个值得注意的特点是门阀制度。门阀制度又称世族（士族）门阀制度。士族或世族，是指高门大族。约在东汉后期，士大夫中就出现了一些世家大族，他们累世公卿，在入仕上，其子弟比一般人更容易获得高官厚禄。汉末以来，他们成为一个独立性很强的社会力量。世族的力量在汉末曾一度受到打击与削弱，但到曹丕实行"九品中正制"后，由于中正官为士族所把持，从而又形成了"上品无寒门，下品无士族"的局面。到东晋时，由于门阀势力的强盛，一些门阀士族控制了中央政权，形成了政权由士族与皇权共治的局面，所谓的"王与马共天下"即是这种现象的反映。

两晋南北朝时期的哲学思想领域的特点是，思想活跃，各种思潮纷纷兴起。总而言之，可以概括为儒学衰落，玄学兴起，佛、道二教广泛传播流行。玄学兴起于魏晋之际，盛行于两晋，其内涵虽在两晋时期有所变化，但总体看，它是魏晋时期形成的一种不同于以往的新世界观与人生观。到东晋时，玄学又吸收了佛学的一些成分，进入发展的新阶段。玄学与汉代盛行的神学目的论，谶纬宿命论相比，它更带有思辨性，这从当时玄学所涉及的一些命题即可看出（如圣人有情无情问题、本末有无问题、养生问题、言意关系问题等），这些带有强烈思辨性的问题，打破了汉代以来繁琐经学的统治，对于解放人的思想起到了重大作用。

除了玄学的兴起外，这一时期另一值得瞩目的现象是佛、道二教的流行。佛教约在两汉之际传入中国，此后在中国生根、变化、发展，形成了中国化的佛教，并融入中国文化之中，成为中国传统文化的一部分。

佛教发源于公元前6至5世纪的古印度，为乔达摩·悉达多所创。汉明帝永平八年某日，明帝夜梦金人而遣使至天竺求法，永平十年天竺僧人竺法兰、迦叶摩腾以白马驮经至洛阳，明帝为其建造白马寺。佛教的传入，给中国政治、思想、经济、文学、音乐、美术、雕塑、音乐等带来了一系列的变化，其中这一时期佛教流行的最主要标志，并对中国文化产生巨大影响的，在于佛、玄、儒的交流与大量的佛寺的创建。中国的寺院有相当一部分即创建于两晋南北朝。据统计，梁时有佛寺2 846座，僧尼82 700余人，仅建康就有佛寺700余座；北魏末，寺院有30 000余座，僧尼200余万人；北齐僧尼有200余万人，寺院40 000余座。

与佛教相比，道教是中国土生土长的一种宗教，约产生于汉末，相传张道陵为道教创始人。与佛教的追求不同，道教的主旨在于追求人的精神自由与长生不死，并通过炼丹、吃药以求达到目的。除此之外，道教也讲究养生、医术本草。

就炼丹吃药来说，道教对统治阶级颇有吸引力，而讲究养生、医术本草则对平民有吸引力。它求仙而不否定世俗，求长生而不否定享乐，既有很大的虚幻性，又有很强的现实功利性。所以，道教自产生以后，不论在上层社会还是在普通民众中都不乏吸引力。因此，在佛教流行的同时，道教也在社会上广泛地传播开来。

豪门斗富

　　司马氏建立的晋朝，沿袭了曹魏时期的"九品中正"制度。这就是按家世门第高低把地主阶级分为九品，作为权力分配的标准。那些官吏倚仗出身名门，可以世代相承，子弟都可以获得品第和官位。西晋时，形成了"上品无寒门，下品无世族"的局面。封建统治机构为少数上品大家族所控制。在经济上，又实行了依品第占有土地、人口的制度，保证了他们的特权。世家豪族既有政治地位，又有经济特权，有的拥有私人武装，叫作"部曲"。西晋门阀世族制度腐朽到了极点。

　　晋武帝司马炎过着荒淫无耻的生活。他为了选妃子，先颁布一道命令，不准全国老百姓结婚，民间秀女要等他挑选完了才允许婚嫁。原本后宫就有宫女数千，灭吴时又选取吴宫女五千人。据说，晋武帝妃子多，不知住在哪个妃子屋里好，就坐在羊车上，拉到哪儿就住在哪儿。

　　晋武帝的舅父王恺，倚仗自己是皇亲国戚，到处搜刮民财，奴役百姓，过着花天酒地的生活。有个做过荆州刺史的石崇，比王恺还富有。他们两家比阔气，王恺家用饴糖水洗饭锅，石崇家就用蜡烛代替柴火。王恺出门，用紫丝绸做成四十里的步障，石崇就用五彩的锦缎做成五十里的步障。王恺用红石脂泥墙，石崇就用香料泥墙。一天，王恺令人抬出晋武帝赐给他的一株二尺多高的珊瑚树，认为这是天下少有的珍品，可以比垮石崇。没想到，石崇一下子把它打得粉碎，接着搬出六七株珊瑚树，每株高达三四尺。石崇还说："这没有什么稀奇的。你要，拿去两株好了。"

他们不仅以挥霍为荣耀，而且还常用杀人来取乐。王恺请客人喝酒时，总要让婢女吹笛助兴。如果稍微跑了调，就要把婢女杀掉。石崇令婢女劝客人饮酒。如果客人喝得不高兴或喝得不多，就要杀死婢女。有个叫王敦的，曾到石崇家里做客，故意不肯喝酒，石崇竟连杀三个婢女。

在西晋时期，像王恺、石崇这样腐朽的豪门贵族是屡见不鲜的。大官僚何曾每天吃饭要花一万钱，还说"没有地方下筷子"。他的儿子何劭奢华浪费的程度远超父亲，每天饭费多到两万钱。西晋门阀世族就是过着这样奢侈放纵的糜烂生活。

西晋皇帝和门阀世族的豪华生活，是建立在残酷掠夺基础上的。他们除了对农民加重剥削以外，还别开生财之道。晋武帝钱不够花，就"卖官鬻爵"，增加收入。石崇在荆州时，曾派人拦路抢劫过往客商。司徒王戎贪污勒索，无所不至，以善于"聚敛"出名。他的儿子王衍爱钱如命，却假装清高，嘴里不说"钱"字。他的妻子故意叫婢女把钱堆满床前，碍他走路。他早晨起来后说："快把这些'阿堵物'搬开。"表现得非常虚伪。

当时流传一句谚语："钱无耳,可使鬼。"有人写了一篇《钱神论》，对西晋门阀世族嗜钱如命的丑态进行了讽刺。

八王之乱

西晋统一全国后的十年中，社会生产一度获得发展，历史上称作"太康之治"。但晋武帝司马炎去世后，白痴太子司马衷继位，即晋惠帝。他即位后第二年就爆发了"八王之乱"。

晋朝政权刚建立时，晋武帝研究魏国怎么会灭亡，结论是没有分封同姓王，皇族子弟没有权力，皇帝也就孤立无援了。所以，他就大封皇族，一共封了五十七个同姓王，并让他们都掌握军队，有的还兼管中央和地方的军政大事。比如晋武帝晚年，派楚王司马玮管辖荆州、汝南王司马亮管辖许昌，这些诸侯实际上成了强大的地方割据势力，由此埋下了动乱的祸根。

290 年 4 月，晋武帝弥留之际，下诏由汝南王司马亮与皇后杨芷的父亲杨骏一起辅政。不料杨氏父女采取阴谋手段，伪造遗诏，排挤了司马亮。在晋惠帝司马衷登基后，杨骏以太后之父及太傅的身份辅政，玩起了操纵政权的把戏。

晋惠帝是个白痴，根本不可能对国家大事发表意见，对自己的处境也无所谓，但皇后贾南风（功臣贾充的女儿）却凶狠而又会玩弄权术。她不愿让杨骏独揽朝廷大权，就和楚王司马玮合谋除掉杨骏。

291年3月，楚王司马玮从荆州带兵进京，宣称接到晋惠帝的密诏，讨伐谋反的杨骏。司马玮迅速包围了杨骏的住宅，杀了杨骏后，又杀了他的几千个党羽。皇后贾南风又把太后杨芷废为庶人，强迫她绝食而死。

随后，汝南王司马亮进京，与元老卫瓘一起辅政，司马玮则掌握着中央禁军的指挥权。司马亮想独揽大权，司马玮想干涉朝政，两人的矛盾越来越深。

贾后也嫌司马亮碍手碍脚的，就叫晋惠帝下诏给司马玮，要他把司马亮和卫瓘等人都杀了。司马玮接到密诏，马上照办了。

贾后怕司马玮杀了政敌后，权力会过于集中。当天晚上，就宣布楚王司马玮伪造皇帝诏书，擅自杀害朝廷重臣，把他定了死罪。司马玮虽然喊冤，但已经来不及了。

从这以后，名义上是晋惠帝做皇帝，实际上权力都掌握在贾后手中。她在朝中委派亲信党羽掌管机要，专断朝政八年多，臭名远扬。贾后有个心病：太子司马遹不是自己所生，他长大后自己的地位还保得住吗？贾后的党羽也时常在她面前说太子的坏话，说将来太子当了皇帝，会对贾后很不利，要她早下决心除掉太子。

贾后因此诬陷太子谋反，把他废为庶民。朝中大臣对她的这一做法非常不满，背后议论纷纷。赵王司马伦散播谣言，说大臣们准备扶植太子复位。贾后信以为真，来了个先下手为强，派人毒死了太子。

司马伦手中掌握着禁军的大权，利用大臣们对太子的同情之心，借口为太子报仇，起兵闯入宫中，把贾后抓了起来。贾后大惊失色，连哭带骂："你们想干什么？要造反吗？"她指望晋惠帝来救她，但是司马伦没有给贾后机会，把她和她的党羽都杀了，夺取了朝中大权，当上了丞相。

第二年，野心勃勃的司马伦称晋惠帝为"太上皇"，还把他软禁起来，自己当了皇帝。赵王司马伦篡位的消息一传出，各地诸侯王都纷纷起兵讨伐，他们也想过过做皇帝的瘾。齐王司马冏首先起兵讨伐司马伦，成都王司马颖、河间王司马颙跟着响应。三王联合起来，与赵王的军队在京城洛阳郊外打了两个多月，死了将近十万人。赵王节节败退，部下又在城中倒戈，迎晋惠帝复位。

不久，赵王司马伦被赐死，齐王司马冏入京辅政。成都王司马颖与河间王司马颙没有得到多大好处，对齐王心怀不满，联合在洛阳的长沙王司马乂，一起向他发难。齐王司马冏兵败被杀，朝政由长沙王司马乂执掌。成都王司马颖与河间王司马颙的野心没有得逞，就借口长沙王"论功不平"，又联合起来讨伐长沙王，把他逼得走投无路。这时，东海王司马越乘机率兵把长沙王抓了起来，交给河间王的大将张方。张方也是个心狠手辣的角色，占领了洛阳后，把长沙王司马乂放在火上活活烤死。

诸侯王之间继续厮杀，战争的规模越来越大。晋惠帝也被当作争夺的对象，挟持到了长安。305年，东海王司马越再次起兵，进攻关中，第二年打入长安，将晋惠帝迎回洛阳。

"八王之乱"延续了十六年，汝南王司马亮、楚王司马玮、赵王司马伦、齐王司马冏、成都王司马颖、河间王司马颙、长沙王司马乂等七王先后被杀，最后剩下东海王司马越。

这时的司马越更加肆无忌惮，306年，他干脆将晋惠帝毒死，另立晋武帝第二十五子司马炽为帝，即晋怀帝，朝政完全掌握在他手里。

五胡十六国

西晋政权存在的时间是短暂的。从 265 年到 316 年，一共四代皇帝。西晋灭亡后，中国历史上出现许多政权并存的局面，叫作"五胡十六国"时期。

"五胡"并不是什么雅号，是以往的历史学家对五个少数民族的蔑称。当时居住在西部、北部地区的匈奴、羯、氐、羌和鲜卑五族，由游牧生活逐步改进为农业定居生活，迁居内地与汉族杂居。

匈奴族居住在今甘肃、陕西、内蒙、山西一带。曹操时分匈奴人为左右南北中五部，设五部帅，派汉人做五部司马，进行监督。晋武帝改部帅为都尉，统辖先后内迁的匈奴人达二十余万。

羯族是匈奴的一个分支。据说羯人高鼻深目多须，散居在上党郡（今山西境内），与汉人杂居，受汉族地主奴役，过着贫寒的生活。他们经常被汉族贵族地主卖掉。羯族人石勒就曾经被荆州刺史司马腾卖为耕奴。

鲜卑族原来生活于辽东、辽西一带，分支较多，完全是游牧部落。西晋末年，鲜卑人开始进入并州（今山西太原附近)。

氐族居住在中国西部,吸收汉族文化,通用汉语。羌族原来居住在中国西部,后散居关中一带,和汉族杂居,过着农业定居生活。氐族和羌族受汉族地主长期的压迫和剥削,处境极为艰难。

各族人民连续不断的起义,使西晋政府处于危亡的境地。"五胡"的上层分子和西晋的一些地方长官乘机割据一方,建立政权,进行争夺地盘的战争。从304年匈奴人刘渊称王起,到439年北魏统一中国北部止,135年间,各统治者在北方和巴蜀立前赵、成汉、后赵、前燕、后燕、南燕、北燕、前凉、后凉、南凉、北凉、西凉、前秦、后秦、西秦和夏十六国。此外,还有冉魏、西燕、代等政权,一般不包括在十六国内。

匈奴贵族刘渊建立汉政权是比较早的。304年,刘渊起兵反晋,自称大单于。不久,他改称汉王,立国号为汉。308年,刘渊正式称帝,迁都平阳。刘渊死后,他的儿子刘聪继位,开始大举向西晋发动军事进攻,很快攻下洛阳、长安。316年,晋愍帝投降,西晋灭亡。过了两年,匈奴汉政权为镇守关中的刘曜所灭。刘曜把都城迁到长安,建立了前赵政权。329年,羯族人石勒率兵灭掉前赵。第二年,石勒当了皇帝,建立后赵政权,把都城设在襄国(今河北邢台西南),后赵政权存在三十多年,极盛时期势力范围有今河北、山西、河南、山东、陕西和江苏、安徽、甘肃、湖北、辽宁的一部分,几乎统一了北方。石勒提倡经学、佛教,笼络汉族士人,严惩贪污的官吏。石勒严禁人们说"胡"字。有一天，一个醉汉骑马闯入石勒的宫门。石勒愤怒地把管门官找来责问："刚才骑马闯进来的是什么人？为什么把他放走？"管门官吓得忘了忌讳，回答说："刚才有个醉胡骑马进来，阻挡不住。俗话说：'和胡人难说话。'我这么个小官，怎能挡得住他呢！"石勒听罢，笑着说："胡人真是难和他说话。"也就不再追究了。石勒死后，他的侄子石虎杀了石勒的儿子们，夺取后赵政权，迁都邺城（今河北临漳）。石虎极为残暴，大造宫室，夺人妻女，昼夜荒淫。老百姓被石虎和他的官僚们勒索净尽，饿死了十分之六七。有的百姓为逃避赋役，削发出家，去佛寺里当和尚。石虎死后，大将军冉闵夺取后赵政权，建立魏国。冉闵下了一道命令，说和他同心的人留在城内，不同心的人可以离城。因此，羯族人纷纷出城，汉人陆续入城。冉闵杀了石氏家族，还杀羯族人，一天内就杀死几万人。有的人鼻子高一点，胡须多一点，也被当作羯族人杀掉。据说先后杀了二十多万人。这种以暴制暴的行为，使得少数民族和汉族的矛盾更加激化。352 年，冉魏政权被鲜卑族慕容部灭掉。

　　第二年，慕容儁自称皇帝，建立前燕政权。他准备进攻东晋，命令全国每户只准留一个成年男子，其余的壮丁都必须去当兵。没等这个计划实现，他就死去了。370 年，前秦苻氏政权强大起来，灭掉前燕，占据了北方大片土地，成为和江南东晋政权对峙的势力。

闻鸡起舞与中流击楫

祖逖（266—321），字士稚，范阳遒县（今河北涞水县北）人。317年，晋朝皇族司马睿在江南建立政权，定都建康（今江苏南京），史称东晋。东晋统治集团只想偏安江南，不图收复中原。南渡的人民思念故土，要求与留在北方的人民一起抗击外敌。祖逖就是当时主张北伐恢复中原的代表人物。

祖逖有一位极为知己的好朋友，名叫刘琨（271—318），字越石，中山魏昌（今河北无极）人。祖逖和刘琨同为司州主簿，两人志同道合，感情也特别好。有一段时间，他们同睡在一张床上，共用一条被子，谈论国家大事，有时通宵达旦而不知疲倦。每天雄鸡报晓，他们就起床在庭院里舞剑，来锻炼体魄和意志，准备随时报效国家。有一天，刚到半夜鸡就叫了，祖逖踢醒刘琨，说："此非恶声也！"意思是说，半夜里鸡把我们叫醒是督促我们干一番事业，这不是令人厌恶的声音。于是两人就乘着月光舞剑到天亮。经过长期艰苦的锻炼，不仅强壮了他们的身体，也提高了武艺，因而进一步增强了他们干一番大事业的决心。

311年，匈奴贵族刘聪攻陷了西晋的京城洛阳。祖逖和当时许多北方人一样，扶老携幼到南方避难。在长途跋涉的过程中，他主动指挥群众，将自己的车马让给老弱病幼的人，还将自己的粮食分给缺粮的人，所以一到泗口（今江苏境内），大家都推选他为首领。后来他们渡江到京口（今江苏镇江）定居下来。这时江南暂时没有战争，生活上比较安定，但北方各族统治者争夺地盘，互相作战，这对西晋收复中原是一个极为有利的时机，祖逖抓住这个时机向当时的琅琊王司马睿建议："国家的动乱，胡人的入侵，完全是由于王室争权而引起的。现在百姓虽然遭受战争的痛苦，可人人都怀着奋起杀敌的决心。如能让我率领一支军队北伐，各地的英雄豪杰一定会起来响应，国家的耻辱可洗雪，中原的故土可恢复。"这时的司马睿正忙着筹备当皇帝的事，没有恢复中原的打算，但听祖逖说得有道理，也不好推辞，勉强答应他的请求，给了他一个豫州刺史的头衔、一千人的粮食和三千匹布，至于兵马和武器，却让他自己想办法。

这并不能妨碍祖逖去实现自己的雄心壮志，他很快带着自己在逃难时组织起来的队伍，横渡长江。站在船头，祖逖拿着船桨拍打船舷，向大家发誓说："我祖逖如果不能收复中原，决不再过这条大江。"祖逖的这一席豪言壮语使随行的壮士个个热血沸腾。这就是成语"中流击楫"的由来。

到了淮阴（今江苏淮阴）后祖逖立刻着手制造兵器，招兵买马，很快就聚集了两千多人。稍加训练，祖逖就带着这支军队向北进发了。祖逖的军队一路上得到百姓的支持，迅速收复了许多失地。他还争取到了许多拥有私人武装的豪强地主的支持，跟他一起北伐。进入豫州，祖逖的人马多次和后赵军队发生激战。

319年，在陈留一带，祖逖率军大败后赵五万人马，北伐军士气大振。后来两军又在蓬陂（今河南开封附近）发生战斗，相持四十余天，双方的军粮都发生了困难。

有一天，祖逖派了一千多人的部队，装着押运粮草的样子，押着许多粮车，从小路上赶往晋营。布袋里装的都是泥土，只有最后几辆装的是粮食。小路距赵营并不远，后赵兵看到晋军运来这么多粮食，很是眼红，就派兵来抢。

在交战中，晋军故意丢下了后面的几辆车。赵军抢到了一点粮食，可这并不能解决问题，又看到晋营军粮那么充足，军心就动摇起来。赵将桃豹赶忙派人向石勒求救。几天后，石勒派人向赵营运粮，祖逖探得情报，在路上设下伏兵，把粮食全部夺了下来。没了军粮，赵军再也支持不住，连夜弃营而逃。

刘琨在北方听到老朋友祖逖带兵北伐，高兴地说："我夜里枕着兵器睡觉等天亮，就是一心要消灭敌人。现在太好了，祖逖走到了我的前面。"

祖逖领导北伐军经过艰苦的斗争，收复了黄河以南的全部领土，北伐军也发展壮大起来。这时已当了皇帝的司马睿，看祖逖功劳大，就封他作了镇西将军。

可祖逖并不满足，他积极操练兵马，准备继续北伐收复黄河以北的国土。司马睿却怕祖逖势力太大，不好控制，就派了一个叫戴渊的来控制他，统管北方六州的军事。

祖逖看朝廷不信任他，心里很不愉快。后来听说好朋友刘琨在幽州被害死，而司马睿又在跟王敦明争暗斗，心中十分气愤，长时间的心情抑郁，祖逖终于病倒了，临死时还念念不忘北伐的事。

司马睿重建晋朝

公元 4 世纪初，在内忧外患的双重打击下，西晋王朝的统治摇摇欲坠，都城一度由洛阳迁到了长安，但迁都并不能挽救它灭亡的命运。316 年，匈奴人刘聪率兵攻下长安，晋愍帝司马邺被俘，西晋宣告灭亡。

西晋虽然灭亡了，但一些晋朝的旧臣并不甘心亡国的命运，况且南方还在晋朝官员手里，于是他们就在各地积极活动，准备恢复晋朝政权。317 年，琅琊王司马睿在流亡大臣与江南氏族的拥护下，在建康称帝，建立东晋，这就是晋元帝。

司马睿在西晋皇族中的地位和名望并不高，他之所以能够称帝，完全是靠着他的幕僚王导及其堂兄王敦的扶持。

事情还得从司马睿被派到建康做镇守讲起。那时，王导是他的府中参军，因为为人灵活机警、足智多谋，深得司马睿的信任，司马睿把他当作知己。他们一同来到了建康。原以为到这里会受到隆重的欢迎，可没想到江南有名望的大士族嫌司马睿地位低，根本没把他放在眼里，一个也不来拜见他。司马睿心里很不高兴，要王导想办法。王导也知道要在江南站住脚，没有这些大士族的支持是不可能的。堂兄王敦当时在扬州做刺史，很有点势力。王导就把王敦请到了建康，两人商量了半天，总算想出了个主意。

这年的三月初三，按照当地的风俗，百姓和官员都要到江边去求福消灾。这一天，王导让司马睿坐上华丽的轿子，高擎着琅琊王的旗号，并布置仪仗队鸣锣开道，王导、王敦侍立两旁，北方来的大官、名士也一个个骑着高头大马跟在后面，排成一支十分威武的队伍。浩浩荡荡开往江边，绵延有一里多长。

司马睿、王导他们故意绕道走建康城里最繁华的街道，这一天，在建康城里看热闹的人本来就多，大家看到这种从来没见过的大排场，都轰动了，纷纷围观，人声鼎沸。江南有名的士族地主顾荣等听到这个消息，从门缝里偷偷张望。他们一看这个阵势，都被镇住了，又见王导、王敦这些有声望的人对司马睿毕恭毕敬，大吃一惊，怕自己怠慢了司马睿，都纷纷出来迎接，拜见司马睿。

这样一来，司马睿在江南士族中的威望大大提高。王导接着又劝司马睿说："顾荣、贺循是这一带的名士，只要把这两人拉拢过来，就不愁别人不紧跟我们。"司马睿马上派王导上门请顾荣、贺循出来做官，两个人都很高兴地接受了官职，并开始在江南士族中大力推崇司马睿。打这以后，江南大族纷纷拥护司马睿，司马睿在建康也就站稳了脚跟。

北方大乱以后，北方的士族纷纷逃到江南避难。王导又劝说司马睿要及时救济他们，并把他们中间有名望的人都吸收到王府来。司马睿听从了他的建议，前前后后吸收了大量的北方士族，深得众心。就这样，司马睿靠着王导的安排，既拉拢了江南的士族，又吸收了北方的人才，他的地位更加稳固了。他非常感激王导，感慨地对王导说："你就是我的萧何啊！"

317年，羽翼已丰的司马睿在建康即位，重建晋朝，史称东晋。登基那天，王导和文武官员都进宫来朝见。司马睿看到王导要给自己行大礼，赶忙从御座上站起，走下殿来一把拉住王导，要他一起到御座上接受百官朝拜。这个意外的举动，使王导和众大臣都大为吃惊。因为在封建时代，皇帝是至高无上的，哪有臣下与皇帝同座的道理。

王导急忙推辞道："这怎么行？只有太阳高高在上，万物才能得到它的照耀。如果太阳跟普通的生物在一起，生物还能得到它的照耀吗？"王导的这一番吹捧，使司马睿十分高兴，他也就不再勉强，接受了大臣们的朝拜。

司马睿登基以后，为了感谢王导、王敦兄弟的大力扶持，对他们特别尊重。他封王导为尚书，掌管朝内的大权；又让王敦总管军事。王家的子弟亲信一时布满朝中。当时，民间流传着这样一句话："王与马，共天下。"意思是说东晋的江山是王氏与司马氏共同拥有的。

书圣王羲之

王羲之（303—361，一说321—379），字逸少，原籍琅琊（今属山东），后徙居会稽山阴（今浙江绍兴市）。曾官拜会稽内史、右军将军，人称王右军。他与骠骑将军王述少时齐名，但鄙弃王述的为人。后来王述升任扬州刺史，成了他的上司。王羲之耻居其下，称病辞官，优游林下以终老。

王羲之幼时的书法启蒙老师是卫夫人和叔父王廙。卫夫人曾断言还处在孩提时代的王羲之将来会淹没她的名声，后来果然如此。王廙多才多艺，能书善画，曾画过《孔子十弟子图》给王羲之以示鼓励。王羲之7岁学书，12岁大有长进。13岁时到尚书左仆射周颉家中做客，周颉亲自把当时人们极为看重的牛心先割给他吃，一时传为佳话，使小小的王羲之身价倍增。王羲之终于以他的天赋和勤奋努力，成为名冠古今的大书法家。如今浙江绍兴的"墨池"，据说就是因为王羲之每日练字、写字后，洗涮砚台和毛笔，以至于把一塘清水染成了乌黑。他也曾对人说自己曾居于山中，临摹钟繇和张芝的正楷、草书达二十多年，竹叶、树皮、山石及木片等写去了不计其数，至于绢、纸、笺、绉纱等则反复用来书写练字。

王羲之练就了雄健笔力，他为别人写的祝板（祭祀时用来书写祝词的木板），工匠拿去刻削时，发现笔痕已入木三分，即成语"入木三分"的由来。

著名书法家、官居司徒（丞相）之职的王导是王羲之的伯父。王导书学钟繇、卫夫人、王廙之法，能自成一格，尤以行、草最佳。西晋末年战乱四起，王导在狼狈南逃之时，仍将钟繇的《宣示帖》珍藏于衣带中，带至江东，受到时人的称颂。钟繇的墨迹从此流传江南。《宣示帖》后来为王羲之所得，此帖传世刻本，据称就是王羲之所临。

王羲之楷学钟繇，草学张芝，并观摩临习过李斯、曹喜、蔡邕、梁鹄等人的真迹或碑刻，博采众长，变革创新出一种妍美流便的新体式，使汉魏以来的整饬朴质书风为之一变，将书法的艺术性推到了历史的高峰。晋人尚韵，王书风度高雅，潇洒流便，可谓晋书风神韵致、清远蕴藉的最高代表。王书字势雄强，如"龙跳天门，虎卧凤阙"；笔画沉实，有所谓"入木三分"之说，体势多变，能一字多体，每体又别成点画；作草如真，作真如草，创立了书法的至高准则。

王羲之备精诸体，但传世书迹只有章草、今草、楷书和行书四种。章草的代表作是《豹奴帖》。今草的特点是纤折中，《十七帖》等最有名。楷书是势巧形密，如《黄庭经》《乐毅论》等。行书最为突出，遒媚劲健将木片刻到三分深的地方，发现还渗有墨汁，这就是成语"入木三分"。

被唐代褚遂良《右军书目》列为正书第一的《乐毅论》（列

为第二的是《黄庭经》）是王羲之书付其子王献之的小楷佳作，昔人奉为"千古楷法之祖"。真迹不传，北京故宫博物院藏拓本，凡四十四行。此帖"笔势精妙，备尽楷则"。行笔自然，字势超脱不拘束。且用大字格，写得从容和雅，至今仍为学习小楷的最佳范本。

王羲之最负盛名的《兰亭序》，文章俊逸优美，是千古名篇；书法遒媚劲健，绝代无双，历代公认为"天下第一行书"。晋穆帝永和九年三月初三，王羲之和孙绰、谢安等四十一人，在会稽山阴之兰亭（今浙江绍兴的兰渚）聚于水滨宴饮洗濯，以被除不祥，谓之修禊之事。众人诗作结集，王羲之于酒酣耳热之际，在蚕茧纸上，用韦诞墨，提笔乘兴疾书，一口气写下了著名的《兰亭序》。序文书法二十八行，布白自然，错落有致；二百二十四字，结体或修长，或浑圆，极尽变化之能事。特别是文中二十个"之"字，字字不同，尽态极妍。通观全篇，骨力寓于姿媚，自如又蕴藉匠心，是晋人书法遒媚飘逸、萧散自然风韵的最高代表。据说事后王羲之又曾重写过数十纸，但都没有达到原作的高度。

后人说："世传兰亭纵横运用，皆非人意所到，故于右军书中为第一。"从此，《兰亭序》书迹作为传家宝一直传到王羲之的七世孙智永，智永又传给了弟子辨才。而后，被唐太宗派萧翼用计骗得。最后，为唐太宗殉葬于昭陵。自此以后，《兰亭序》书迹分两派流传。

淝水之战

东晋的皇帝和当权的官僚，一心在江东争权夺利，根本不作统一北方的准备，而且排斥主张北伐的人。祖逖曾带着亲友要求皇帝派兵北伐，晋元帝只给他豫州刺史的头衔和一些粮食、布匹，让他自己去招兵买马。祖逖开始很有信心，招了两千多人，也打了几次胜仗。但晋元帝不仅不支持他，反而对他不信任。祖逖感到前途无望，怀恨死去。

过了三十多年，北方的前秦强盛起来。当苻坚继位后，灭掉几个小国，统一了黄河流域。苻坚统一北方后，不断向南进攻，曾夺取了东晋一些城镇，进而计划灭掉东晋。382 年，苻坚准备率军南征，朝廷内部不少官员表示反对。他的兄弟苻融也不同意出兵，指出内部不稳，易生变乱，而且东晋有长江天险，难以取胜。苻坚骄傲地说："我有百万大军，就是把马鞭丢在江中，也能阻断江流，晋朝还有什么天险可凭恃呢？"坚持向南进军。

383 年 7 月，苻坚发布了动员令，规定百姓中的青壮年每十个人要抽出一个当兵；贵族地主之家，凡年满 20 岁，有武艺的人，都为"羽林郎"，禁卫军官各州的公私马匹，一律征调作军马。这样，苻坚拼凑了步兵六十五万，骑兵二十七万，羽林军三万，号称百万大军。383年8月，苻坚率军从长安向东晋进发。一路上，秦军旗鼓相望，耀武扬威，先头部队已过洛阳，后卫部队才到咸阳，声势十分浩大。

前秦大军压境的消息很快传遍东晋。南方的百姓纷纷要求抵抗，保卫家乡。特别是在战乱中由北方迁移到南方的大批农民，早有收复故土、重返家园的意愿。百姓的强烈要求促进了东晋主战派的形成。在宰相谢安等人的积极主张下，晋孝武帝司马曜任命谢石为"征讨大都督"，谢玄为"前部都督"，率八万"北府兵"沿淮河西上，迎击前秦军。

同年10月，正当晋军奔赴前线的时候，苻坚的先头部队已攻占东晋的寿阳，占领了郧城，抵达洛涧。连续的胜利，使得苻坚更加骄傲轻敌。

同年11月，晋军前部都督谢玄派猛将刘牢之率领精兵五千人，进攻洛涧。刘牢之分兵迂回到对方后侧，断其退路，并亲自率队强渡洛水，夜袭前秦主将梁成中军大营。梁成战死，五万秦兵大溃，战死一万五千余人。晋军乘胜前进，水陆两军全线反攻，进至淝水岸边，和秦兵隔河相對峙。苻坚和苻融站在寿阳城上，看到晋军军阵齐整，将士精锐，内心恐慌，又远望八公山上的草木，都像人的形状，以为都是晋兵。苻坚回头对苻融说："这都是强敌，谁说东晋军队弱呢？"因此不敢过河攻打，只沿淝水布阵，等待后援军马到齐。

这时，东晋将领谢玄乘敌军军心不稳，抓住战机，派人用激将法对苻融说："将军率领军队深入晋地，沿淝水布阵，这是持久作战的办法，不是速战速决的打算。如果你把军队后撤一下，让出一块地方，让我军渡过淝水，决一胜负，不是很好吗？"于是苻融命令军队后退。晋军趁势抢渡淝水，勇猛地冲杀过来。苻融见势不妙，急忙驰马赶到后面，企图整顿队伍，结果战马反被溃军冲倒，自己落马被杀。晋军乘胜紧紧追击，直到青冈。秦军日夜奔跑，不敢停留。一路上听到"风声鹤唳"也认为是晋军追来了，丢魂丧胆。苻坚也中箭负伤，单身匹马逃回北方。

"风声鹤唳""草木皆兵"的成语，就是这样来的。

在淝水之战中，兵力较少的晋军利用对方的错觉和不备，打败了比自己多十倍的秦军，成为我国古代以少胜多的著名战例。

淝水之战，是决定南北朝对峙局面的一次大战。苻坚在淝水大败，国内矛盾加剧，导致前秦的政权很快瓦解，中国北部又分裂成许多小国。经过五十多年的各方混战，到439年，由鲜卑拓跋部贵族建立的北魏统一了北方。

刘裕代晋建宋

晋安帝复位后，掌握东晋朝政大权的是北府兵将领刘裕。

刘裕的曾祖父就是与祖逖一起闻鸡起舞、苦练本领的刘琨。刘裕小时候，家里非常贫穷。父亲是官府的小吏，微薄的薪俸根本养不活全家。刘裕家人口又多，不得已，他很早就挑起了养家的重担，农忙时种地，农闲时也不闲着，上山砍柴，下河捕鱼。他还做过卖鞋一类的小生意，尝尽了生活的艰辛，也磨炼了他坚韧、强悍的个性。

刘裕知道自己出身贫寒，被士族看不起。为了提高自己的威望，他决定率军北伐。409 年，刘裕从建康出发，去讨伐南燕（十六国之一），没费多大气力，就把南燕灭了。

过了几年，刘裕在平定了南方的割据势力后，再一次北伐，讨伐后秦。他让尚书左仆射刘穆之管理朝政，负责部队的粮草供应；命大将王镇恶、檀道济带领步兵，从淮河一带出发，向洛阳方向进攻，自己亲自率领水军沿着黄河北上。

后秦军在晋军的猛烈进攻下，连连败退。后秦国主姚泓没有办法，只好派人向北魏皇帝拓跋嗣求救。那时，北方鲜卑族建立的北魏开始崛起，势力已经扩展到黄河北岸，见后秦来讨救兵，拓跋嗣就集中了十万大军驻守黄河北岸，监视晋军的行动。

刘裕的水军沿着黄河进军，北魏军也派了几千骑兵在岸上跟着，不断地骚扰。风高浪急，晋军士兵掉进水里，被冲到岸上，北魏军一抓住就杀掉；等晋军上岸去追击，北魏军骑兵又一溜烟跑了。弄得晋军非常疲劳，行军很不顺利。

刘裕非常恼火。他苦苦思索了半天，终于想出了一条计策。他派一个部将挑选了七百名勇士、二百辆战车，登上北岸，沿着河岸摆了一个半圆形的阵势，两头紧紧靠着河岸，中间向外突出，阵中间埋伏着两千名士兵，最当中的一辆兵车上高高地插着一根白羽毛。由于这种布阵像一弯新月，刘裕给它起了个名字叫"却月阵"。

北魏军远远地看见晋军布下了这种从未见过的阵势，猜不出刘裕的葫芦里卖的什么药，不由有些害怕，一动不敢动。忽然，晋军中间车上的白羽毛晃动了几下，两千名士兵忽啦啦地涌出，带着一百张大弓登上了兵车。那白羽毛又摇了几下，晋军一百辆战车上的弓箭一齐发射，北魏军一排排地倒下了，但是，北魏军仗着人多势众，还是不断地向前冲锋。

北魏军万万没有想到，晋军在却月阵后面，还布置了一千多支长矛，装在大弓上。这种长矛约有三四尺长，矛头非常锋利。北魏军正在一个劲儿地猛攻，突然晋军士兵们用大铁锤敲动大弓，一支支长矛便向北魏兵飞去，每支长矛能够射杀三四个北魏兵，一下子就射死了几千名兵丁。北魏军被杀得魂飞魄散，四散奔逃。晋军乘胜追击，又消灭了大量北魏军。

刘裕巧摆却月阵，大败北魏军，打开了沿黄河西进的通道，势如破竹，胜利进军。这时，王镇恶、檀道济率领的步兵已经攻克了洛阳，在潼关和刘裕的水军会合。随后，刘裕命王镇恶攻下长安，灭了后秦。

刘裕接着也进了长安，住了两个月。这时，建康传来消息，尚书左仆射刘穆之病死。刘裕一听十分担心，怕自己离开朝廷时间太长，大权会被别人夺走，于是，他留下一个十二岁的儿子镇守长安，派王镇恶辅佐自己的儿子，然后就带兵回建康去了。

几年后，晋安帝去世，刘裕再也控制不住自己的野心，就派人逼迫刚刚即位的晋恭帝退位。420年，刘裕即位称帝，定国号为宋，历史上称他为宋武帝。东晋王朝在南方104年的统治，就这样结束了。

刘裕当了皇帝后，没有忘记自己的穷苦出身，仍然过着十分俭朴的生活。他平时穿着非常朴素，卧室的屏风是用土做的。他还把自己小时候用过的农具、补了又补的破棉袄悬挂在宫中，让后辈能经常看见它们，提醒后辈祖上的艰辛和江山的来之不易。

孝文帝改革

自西晋至北朝，经过二三百年的漫长时期，北方各民族在阶级斗争和生产斗争中逐渐地融合，内迁的"胡族"基本上完成了封建化，和汉族杂居，过着定居的农耕生活。北魏孝文帝的改革，反映了鲜卑拓跋族封建化的完成。

北魏政权是386年由拓跋珪建立的，定都平城（今山西大同）。到孝文帝时，北魏面临着经济、政治极不稳固的局面。为了维护统治地位，孝文帝实行了一些改革，历史上叫作"孝文改制"。

这次改制从485年开始，先后进行十年。最初的改制，由于孝文帝年龄小，由祖母冯太后主持。一是颁布了"均田制"，规定十五岁以上的男子受"露田"四十亩，妇人二十亩，不准买卖。男子给桑田二十亩，叫"永业田"。地主家的奴婢和牛也可以受田。二是重新规定租调制，一夫一妇每年交纳粟两石、帛一匹。后来又颁布"三长制"，设邻、里、党三长。490年，孝文帝亲政以后，又采取了一些封建化的措施。一是把首都从平城迁到洛阳，进一步联合汉族地主，加强对中原地区的统治，摆脱旧贵族的影响。二是大力推行汉化政策，下令禁止使用鲜卑语和穿鲜卑服，改用汉语和穿汉服。又将部落复姓改为单音汉姓。他原来叫拓跋宏，改姓后叫元宏。同时，鼓励鲜卑族和汉族通婚，改革鲜卑旧俗。三是整顿官僚机构，颁行新的"俸禄制"，规定各地官吏要按季受禄，如果官吏贪赃满绢一匹以上者处死刑。参照南朝的典章制度，制定官制朝仪，加强了政权建设。

北魏孝文帝改革，客观上缩短了北魏封建化的过程，增加了国家的财政收入，加速了鲜卑以及其他少数民族与汉族之间的融合，对历史发展做出了一定的贡献。但是，社会矛盾并未得到多少缓和。鲜卑贵族地主和汉族地主对农民的剥削和压迫并没有减轻，沉重的兵役、徭役等负担，使广大农民破产逃亡。在忍无可忍的形势下，北魏接连不断地爆发农民起义。开始少则数千，多至十万，后来规模愈来愈大。沙门起义、六镇起义、关陇人民起义、河北人民起义，前后坚持斗争八九年。各族人民在共同的斗争中加强了联系，进一步融合，打击了北魏政权。

到北魏孝武帝时，高欢把持大权。北魏孝武帝不愿做傀儡，逃到长安，投奔宇文泰。高欢拥立元善见为帝，即孝静帝，迁都邺（今河北临漳西）北魏分裂为西魏和东魏。

东魏在高欢死后，他的儿子高澄、高洋先后掌政。550年，高洋称帝，改国号齐，历史上称为"北齐"。西魏在 557 年，宇文泰的儿子宇文觉废掉西魏恭帝，改国号为周，历史上称为"北周"。577 年，北周灭掉北齐，统一了北方。

祖冲之推算圆周率

南北朝时期，南朝社会相对比北朝安定，农业和手工业有显著进步，科学技术也有所发展。在宋齐时代，出现了一位在世界科学史上占有重要地位的人——祖冲之。

祖冲之，字文远，429年至500年在世。他的祖父和父亲，对天文历法都有研究。家庭环境给他提供了便利的学习条件；青年时期的勤奋学习、努力实践，使他练就了从事科学研究的基本功。据说，他非常注意科学实验，善于独立思考，"亲量圭尺，躬察仪漏，目尽毫厘，心穷筹策"。同时，他也注意吸收前人成果，抓住关键问题，"探异古今，观要华戎"。因此，祖冲之很快成为一名杰出的科学家。

祖冲之在科学技术上的成就很多。他对数学、天文、历法方面都有杰出的贡献。他为适应天文、历法推算和度量衡核算的需要，研究了圆周率，并以很高的精确度推算出圆周率的数值，在世界数学史上具有深远的影响。

圆周率是指圆的周长和圆的直径的比率。这是一个应用范围极其广泛的数学问题。在古代，劳动人民很早就注意在生产实践中应用圆周率。在《周髀算经》里，人们求得圆周率是"3"。西汉末年，刘歆计算圆周率是"3.1547"。东汉时候，张衡计算的圆周率是"3.16"。曹魏时的刘徽求得"3.14"。祖冲之吸收了前人的研究成果，又进一步测算，得出圆周率在 3.1415926 和 3.1415927 之间，准确到小数点以后 7 位。

这是世界上第一个最精确的圆周率。在他以后一千多年，15 世纪阿拉伯数学家阿尔·卡西和 16 世纪法国数学家维叶特对圆周率的推算精确度才超过祖冲之。祖冲之还对木星公转周期、月亮运转等进行了认真的计算，取得了显著成绩。由于当时农业生产和交通运输的需要，祖冲之还制作了"水碓磨"和"千里船"。据说，"千里船"在长江航行，一天能行一百多里。他还造了指南车，车子走到哪儿也不迷失方向。

16 世纪，德国人奥托和荷兰人安托尼兹也推算出和祖冲之相同的结果，因而，过去的数学史上称为"安托尼兹率"。当人们知道了祖冲之的科学成果之后，建议这个数值应改称"祖率"。这是世界科学史家公正的结论。

祖冲之用什么方法得到圆周率的精确值呢？史书没有记载下来。后人都认为，他是采用"割圆术"，就是用多边形的边长来逼近圆周。这需要对 9 位大的数字进行反复多次的运算，包括加减乘除和开方在内，大约运算 130 次以上。在当时用"算筹"的条件下，这要付出多么艰巨的劳动啊！

祖冲之把数学研究成果写到一部叫作《缀术》的专门性著作里，可惜后来失传了，使我们无法了解他的全部数学成就。

历法和农业生产有密切的关系。祖冲之制订了《大明历》，在前人研究成果的基础上，做出新的贡献。《大明历》测定一回归年的日数为 365.24281481 日，和近代科学测定的日数只差约 50 秒。从前的历法都是 19 年有 7 个闰月，祖冲之把它改为 391 年有 144 个闰月，这就比以前各种历法都精确了。古代的一些天文学家，发现太阳在一年的时间内，从地球上看，并没有回到原来的位置，因此称之为"岁差"。祖冲之第一次把"岁差"应用到历法中，并算出岁差为每 45 年退 1 度，即 60 分。这是天文历法史上的一大创举。

琅琊王骄恣遭杀戮

北齐琅琊王高俨是齐武成帝高湛的三儿子，是齐后主高纬的同母兄弟。他从小聪颖过人，深得父亲和母亲胡后的宠爱，很小便做了御史中丞之类的大官。

东魏时有个规定：御史中丞出巡，前面有人清道，行人看见了要回避，王公大臣遇到了，也得远远地停车让道。如果胆敢违抗或者行动稍慢，便会被乱棍打走。但到了北齐时，这个规定已形同虚设了。武成帝想让琅琊王风光风光，就让他按旧制行事。因此，琅琊王每次出门，总是前呼后拥，仪仗严整，煞是威风。有一次，武成帝与胡后在华林园东门外设了一张布幔，隔着它观看琅琊王出巡的盛况。武成帝一时心血来潮，派了一名宦官快马加鞭地要从街道上经过，被琅琊王的随从人员挡住了。那位宦官刚分辩了两句，说自己是奉旨行事，话音未落，便遭衙役的迎头痛击，他虽侧身躲过，但马鞍却被打碎了。那匹马受惊奔逃，将宦官摔下马来。武成帝见了，哈哈大笑，连声称赞道："果然气势不凡，果然气势不凡。"立即派人传令让琅琊王停车，跟他说了好一阵子话，对他的所作所为大加赞赏，远远观看这场景的人挤满了大街小巷。

　　武成帝对琅琊王非常骄纵，常常当面夸他："这是个聪明的孩子，将来必定能成就一番事业。"因此，对琅琊王不加训导。琅琊王常常跟着父母住在宫中，学着父亲的样子，坐在大殿上处理政务，连他的叔叔们都要向他行跪拜大礼。武成帝不在首都时，往往让他留下来代替自己处理政务，而这事，按照惯例，应该是由太子高纬执行的。在生活上，琅琊王也受到格外的优待，跟别的诸侯王不同。他要什么，父母便给他什么，所穿的衣服、所用的器物等都与他的兄长太子高纬相同，而武成帝夫妇仍然觉得不够。正由于这样，琅琊王从小就养成了狂妄自大、不知节制的坏习惯。他曾经对父母说："哥哥（指太子高纬）生性懦弱，怎么能指挥得动左右的大臣呢？"太子即位后，他还要什么事都与哥哥相比。有一次，他到南殿朝见皇帝，见到官员向皇帝献上新近的冰块、早熟的李子，他没有得到，就大骂道："皇帝已经有了，我为什么没有？"从此，如果皇帝先有了什么新奇的东西，他一定重重惩治手下的官员和工匠。

　　当时的宰相和士开是齐后主的重臣，是后主须臾离不开的心腹之一。琅琊王对他心存疑忌，想要除掉他。于是他让手下人上书给皇帝，请求治和士开的罪，将这封奏章混杂在其他类奏章里面，呈请皇帝审阅。皇帝由于政务太多，来不及细看，没看到这封奏章，就同意了。琅琊王假传圣旨，命人将和士开逮捕，准备斩首。他担心皇帝知道消息后会来救和士开，就让手下人把守殿门，封锁消息，不准人进出。堂堂的宰相就这样被他杀了头。

后主见琅琊王如此放肆，一直心存畏惧，必欲除之而后快。事过不久，他向母亲请示说："明天想跟弟弟（琅琊王）一起出去打猎，准备早去早回。"征得了同意后，他于半夜四更的时候派人去请琅琊王。琅琊王有些怀疑，犹犹豫豫地走出了住所。刚出门，就被人反剪住双手。他情知不妙，连忙大喊："我要见母亲、哥哥！"来人将衣袖塞住他的嘴巴，脱下长袍蒙住他的头，将他背走。等到将他放下时，他的脸上已沾满了鼻血。后主马上令人把他杀了，这时，他才14岁。琅琊王死后，尸体用一床破草席裹着，草草地埋在屋内了事。

琅琊王高俨骄纵妄为，不守本分，竟然假传圣旨斩杀大臣，想与皇帝一比高下。他之所以如此放肆，是与武成帝夫妇的过分宠爱、不加以管教分不开的；由于父母溺爱导致琅琊王自恃聪明，不知节制，终于导致他身首异处。

陈后主骄奢亡国

陈霸先，字兴国，南朝吴兴下若里（今浙江省长兴县）人。初仕梁，曾辅佐王僧辩讨平侯景之乱。后来，陈霸先趁梁元帝在江陵被杀，先与王僧辩一起推举萧方智为太宰（执政大臣），接着杀死威望极高的王僧辩，自己立萧方智为帝，即梁敬帝。陈霸先自为相国，封陈王。后败北齐，除掉王僧辩余党，受百姓拥戴，受禅称帝，国号陈，都建康，在位三年，谥武皇帝，庙号高祖。

陈霸先作为陈朝的开国皇帝，志度弘远，恭俭勤劳。在中国众多的封建皇帝中，贤明君主不多，陈霸先却属于其中的一代英主。

不过，陈朝也是个短命的王朝。当皇位传到第三代——废帝陈伯宗时，他在龙床上只坐了两年，强悍的皇叔陈顼便把皇位从他手里夺了过来，是为陈宣帝。

陈顼为了巩固自己的势力，忙于剪除异己，大批国土纷纷落到北周的版图之中。到他儿子陈叔宝继位时，陈朝已经处于风雨飘摇之中。

陈叔宝即陈后主，他根本无心处理政事，大建宫室，一天到晚只知道吃喝玩乐。身边的宰相江总、尚书孔范等，也只会逢迎拍马，玩玩文字游戏，不把国家大事放在心上。陈后主每天都和宠妃在皇宫里举行酒宴，让江总、孔范之流一起参加。他们喝酒吟诗，制作艳俗的诗词，如《玉树后庭花》《临春乐》等，并配上曲子。陈后主还专门挑选了一千多个宫女，专门演唱他们"创作"出来的这些靡靡之音。

陈后主到处搜刮民脂民膏，过着花天酒地、醉生梦死的日子。老百姓一年到头，辛辛苦苦得来的劳动果实，大多被统治者掠夺去了，经常有人饿死、冻死在路上。

昏君手下，也有忠臣。有个叫傅纬的官员，对陈后主的所作所为实在看不过去，就劝谏道："陛下，老百姓穷得日子都过不下去了！已经到了怨声载道、天怒人怨的地步，请陛下整肃朝政，不然国家就很危险了。"

陈后主哪里听得进去，他最恨有人说起老百姓怎么穷、国家大事怎么重要这样的话，气呼呼地告诉傅纬："你这是在胡说八道，诽谤朝政！如果你愿意改正，我才能饶了你。"耿直的傅纬回答道："我说的是心里话，我的心和我的面貌一样。如果我的面貌能改，那我的心才会改。"于是，陈后主把敢于进言的傅纬杀了。从此，再没人敢劝谏了。

差不多同时，北方的东魏、西魏已经分别被北齐、北周取而代之。550 年，东魏权臣高欢的儿子高洋建立北齐。557年，也就是陈霸先创立陈朝的同一年，西魏权臣宇文泰之子宇文觉建立了北周。北齐和北周之间征战不断，到北周武帝时，终于灭了北齐，统一了北方。

北周武帝是个不错的皇帝，可是接替他的北周宣帝却是个昏庸之辈。等宣帝一死，他的岳父杨坚马上篡夺了政权，于581年称帝，建立了隋朝，就是隋文帝。

隋文帝时时想着将南方的陈朝灭掉。当他得知陈后主沉湎酒色，不理朝政，国势日衰时，感到时机已成熟，他向大臣高颍询问攻取陈朝的方略。高颍说："江北气候寒冷，旱田的收割季节比较晚；江南气候温暖，水田收割季节比较早。趁彼忙于收割时，我们悄悄调集人马，扬言要发动攻击。敌人势必要征兵派将，严加防守，这样一来就耽误了农时。等他们人马集合起来了，我们则让军队解散，回来收割庄稼。按这方法反复几次后，他们就会习以为常。然后我们再真的聚集人马，他们就不会再当真了。趁他们犹豫不定的时候，我们突然进攻，出其不意地挥师渡江，可以稳操胜券。"

隋文帝按高颍的计策去做，果然十分有效。589年，当隋朝的军队开始进攻时，陈后主收到警报连拆都不拆，照样喝酒玩乐，还说："江南是块福地，多次化险为夷。过去北齐打过来三次，北周打过来两次，都没占到什么便宜。这次隋朝的兵马打来，也不过是虚张声势，有什么可怕的呢？"

直到隋军兵临建康城下，陈后主才慌了手脚。城里虽然有十几万人马，但陈后主和他的宠臣江总、孔范等人都不会指挥打仗，急得抱头痛哭。当隋军攻进建康城后，陈朝军队乱成一团，兵找不到将，将找不到兵，有的被抓，有的投降。

陈后主手足无措，拉着两个宠妃跳进后殿一口枯井里躲了起来。最终他们还是被隋军士兵搜了出来，一朝昏君成了俘虏，后来病死在洛阳。

　　随着南朝最后一个朝代陈朝的灭亡，分裂了二百七十多年的中国又重新统一了。

卷六　隋·唐·五代

在中国历史上，隋唐时期属中古时期，从时间上看它承前启后，具有重要的历史地位。这一时期又是古代中国政治、经济、文化最为繁盛的时期之一，尤其是唐朝，它所拥有的先进的政治体制、繁荣的经济、发达的文化，不仅在中国历史上，而且在人类文明史上都具有重要的地位。所以时至今日人们依然会发出这样的向往与慨叹梦回唐朝，这不仅表明了人们对大唐盛世的追忆，更多的是对唐朝发达的社会文化的心驰神往，甚至在一定程度上唐朝成为中国的代名词，比如遍布全球的"唐人街"，唐人街最早叫"大唐街"，人们也常常把中式的衣服称为唐装。当然从学术研究的角度，人们习惯于将隋唐并称，称之为"隋唐时期"。之所以有这样的称谓，不仅在于隋唐两朝在时间上前后相连，更主要的是两朝在政治制度、社会文化等方面有着很多的相似之处。

隋朝在整个中国历史上存在的时间较短，只经历了两朝帝王，历时 37 年，这样短的时间比之唐朝 280 多年的辉煌历史，总会让人觉得隋朝的地位远不如唐朝。但实际上，隋朝结束了魏晋以来长达 270 多年的分裂局面，开创了自秦汉以后的又一个大一统的局面，为唐朝的繁荣奠定了基础；同时它创立的三省六部制、科举制度等等都对中国的政治发展起到了积极作用，大运河的开通也为南北的沟通与经济大发展创造了条件。

隋朝建立以后，首先设法解除了塞北游牧民族突厥人侵扰的后顾之忧。后来又经过七八年的准备，用兵不足四个月，在开皇九年正月，便灭掉了南方的陈朝，并于次年平定了南方各地方势力的反抗，最终统一了中国，结束了自东晋以来270多年的分裂割据局面，重建了统一的中央集权制国家。

统一的意义不仅在于再建了统一的多民族国家，还在于国家的统一有利于民族的融合，有利于社会经济的发展，更有利于全国统一的政治制度和文化意识的形成，具有深远的历史意义。正是在隋朝统一的基础上，唐朝才获得了经济和文化的繁荣发展。我们在感叹盛唐出色的政治经济结构及其社会生活诸方面时，不应该忽视隋朝统一的成就。

隋唐时期，海上及陆路的交通条件得到很大改善，中外经济文化交流有了相当大的发展。当时中外贸易十分发达，对世界经济文化的发展都产生了重要影响和巨大的推动作用。不少国外的东西传入国内，丰富了中国人民的生活，而我国的产品、技术和文化，也大量传到其他各国，对他国的经济文化发展产生了很大影响。

由于隋唐经济稳步发展，文化高度繁荣，国力强盛，在当时是世界上最先进的国家之一，处于世界领先的地位，亚非地区许多国家的使节、商人、学者、艺术家、僧侣都热衷于到隋唐的都城长安来求学、贸易。当时与隋唐两朝交往的国家有七十多个，外国贵族阶层大多派遣子弟到长安的太学学习中国文化。

唐代便利的交通条件及先进的管理制度为国际交往提供了方便。陆路四通八达，海路开辟更多，有三条路去日本。还开辟了从广州到东南亚、西亚，以及埃及和东非的海上交通。因此，唐朝当时在国际上享有很高的声望，是世界各国经济文化交往的中心。

唐朝的文化，堪称灿烂辉煌，不仅在中国，而且在世界文化发展史上都占有重要地位。在唐朝近三百年的统治时期里，政治局面相对稳定的时期比较长，社会经济空前繁荣，对外经济文化交流频繁，这些都是唐朝文化能够取得辉煌成就的原因。

唐朝的文学成就以诗歌为最发达。清代人所编的《全唐诗》共收录两千两百多位诗人的四万八千九百多首诗，这还不是全部。唐初诗人以"初唐四杰"最为著名（王勃、杨炯、卢照邻、骆宾王）。盛唐时期的诗人可分为以王维、孟浩然为代表的田园派和以岑参、王昌龄为代表的边塞派。唐代诗人中集大成者为"诗仙"李白和"诗圣"杜甫。李白的诗飘逸洒脱，充满浪漫主义色彩。杜甫的诗则更多体现了忧国忧民的现实主义情怀。中唐时期最优秀的诗人是白居易，他的诗歌题材广泛，形式多样，语言平易通俗，有"诗魔"和"诗王"之称。晚唐诗人以李商隐和杜牧最为出众，并称"小李杜"。后世宋、元、明、清虽仍有杰出诗人出现，但总体水平都不如唐朝诗人，唐诗是中国古诗不可逾越的巅峰。

隋文帝改革

隋文帝杨坚原是北周的大将，又是皇亲国戚。58 年，他逼迫周静帝让位，建立隋朝，定都长安，取年号为开皇。589 年，隋文帝完成了南北统一，结束了自东晋以来两百多年的分裂局面，中国历史又进入一个新的阶段。

隋朝在历史上虽然短暂，但是很重要。主要原因是隋文帝像秦始皇创立秦制一样，实现了巩固统一、加强中央集权的政治改革。首先，在职官方面，确立了三省六部制度。三省，就是尚书省、门下省、内史省。这三省的正副长官，即尚书省的令、仆射，门下省的纳言，内史省的监、令，都是宰相。三省都是最高政务机构，分别负责决策、审议和执行。尚书省下设吏、礼、兵、刑、民、工等六部。成为隋以后各封建王朝沿袭、遵循的样板。

隋文帝建立的这一整套规模庞大、组织完备的官僚机构，表明封建制度已发展到成熟阶段。自隋定制，一直沿袭到清朝。

其次，隋文帝下令制定《开皇律》，为维护地主阶级利益确立法律依据。《开皇律》分为十二篇。判刑的名目有五种：一是死刑，二是流刑，三是徒刑，四是杖刑，五是笞刑。为了缓和阶级矛盾，修订《开皇律》时，废除了一些酷刑，如枭刑——斩首悬于木杆上；辕刑——车裂；宫刑——破坏生殖器。也一概不用灭族刑。同时，减省一些刑律，减去死罪八十一条，流罪一百五十四条，徒、杖等罪千余条，总共保留五百条。

《开皇律》和秦汉时期的刑律比较，有了很大的改进，为唐朝以后各朝所沿用。这个新的封建法律，是维护统治阶级利益的。它明文规定贵族官僚享有法律特权，凡是在议亲、议故、议贤、议能、议功、议贵、议勤、议宾，即所谓"八议"范围内的人和七品以上官吏，犯罪都可以减罪一等。九品以上官吏犯罪，可以用钱来赎罪。

显而易见，这个法律主要是针对人民群众的。有所谓"十恶"，即重罪十条：谋反、谋大逆、谋叛、恶逆、不道、大不敬、不孝、不睦、不义、内乱，就是镇压人民反抗的刑法。统治阶级在执行时，常常不依《开皇律》规定，生杀任情，律外施刑，私设公堂，都是司空见惯的情形。

再次，整顿了府兵制，加强了中央对军队的控制权。西魏、北周建立的府兵制，士兵另立户籍，完全脱离生产，实际上是地方豪族的武装，统兵权不归中央。隋文帝改变了这种情况，规定军人户籍属州县管理，平时参加生产，兵农合一，使府兵制和均田制结合起来，既保证国家的兵源，又加强了对农民的奴役和控制。中央政府设立十二卫，各卫设大将军，为府兵最高将领，归皇帝统管，加强了封建国家对军事机构的直接控制权。

此外，建立科举制，废除九品中正制。开始，隋文帝命令各州每年推选三个文章华美、有才能的人，到中央受官。后来，隋文帝又下令，京官五品以上，地方官总管刺史，要由有德有才的举人担当。到隋炀帝时，定十科举人，开设进士科，以考试诗赋为主，选择"文才秀美"的人才，这标志着科举制度的产生。科举制度的创建，重才学而不重门第，削弱了门阀大族世袭的特权。这种"任人唯贤"的改革，对后代影响很大。

隋炀帝开凿大运河

　　大运河是我国古代劳动人民创造的一个伟大的水利建筑工程。它北起北京，南到杭州，贯通河北、山东、江苏、浙江四省，连结海河、黄河、淮河、长江、钱塘江五大水系。全长 1794 公里，是我国古代南北交通的大动脉，也是世界上开凿最早、规模最大的人工运河。

　　我国古代很早就有利用自然水源、修筑人工河道、灌溉农田和进行水上运输的历史。据记载，春秋时期，吴王夫差为了进攻齐国，运兵运粮，征调大批民夫，在长江与淮河之间开凿一条运河，叫作"邗沟"。这就是后来大运河在江苏境内的一段。两汉至南北朝时期，相继修建了一些渠道。这些渠道虽然断断续续，却使大运河的开凿在江南和中原地区初具规模。

　　随着南北政治、经济和文化日益发展，修凿的局部运河已经不能满足社会需要。尤其是江南地区在全国经济生活中的地位越来越重要，沟通南北水道已经成为社会经济交流的迫切需要了。

　　隋朝统一中国后，社会安定，人民可以专心从事生产，社会经济逐渐恢复。十几年后，国家积累了大量的物质财富，这就为修造贯穿南北的大运河，提供了必要的条件和可能。

在隋文帝杨坚统治时期，已经开始了对运河的修造。但是，大规模的修造，还是在隋炀帝杨广登基以后。隋炀帝杨广是隋文帝的第二个儿子，以"暴君"之称在历史上留下了恶名。

隋文帝对子女要求很严，当他发现太子杨勇生活奢侈，喜欢讲排场，就教训道："从古到今，生活奢侈的帝王，没有一个能够坐稳龙椅的。你是太子，怎么能不注意节俭呢？"

当时身为晋王的杨广，摸清了父亲的心思，表面上装得非常老实，孝顺隋文帝和独孤皇后，而且特别节俭、朴素，骗取了隋文帝和独孤皇后的信任。隋文帝把杨勇的太子名分废了，改立杨广为太子。后来他发现杨广是个品质恶劣的人，想把杨勇召回，但为时已晚。据说后来杨广谋害了卧病在床的隋文帝，夺取了皇位。

隋炀帝当上皇帝才四个月，就下令迁都洛阳。当时征发了几十万民工挖长堑（壕沟），从山西龙门（今陕西韩城与山西河津之间）挖起，最后到上洛（今陕西商县），与关中连接，全长数千里，作为新建京城的屏障。

营建洛阳东都的工程开始后，每个月要使用二百万民工。造宫殿选用的一流的木材石料，都是从长江以南、五岭以北的地区运来的，限于当时的运载条件，一根巨形柱子就得上千人来运送。在洛阳西面又造了一座名叫"西苑"的大花园，方圆达二百里，专供隋炀帝玩赏。西苑南半边开了五个湖，湖里有龙舟凤船在荡漾，岸边都栽满了桃花、柳树，湖旁筑了几条长堤，堤上每隔百步就有一处亭榭；西苑北半边造了一个"海"，"海"里有蓬莱、方丈、瀛洲三座"神山"，山上建有精致的亭台楼阁，有一条渠把这个"海"与五湖相通。隋炀帝还造了四十多所离宫别馆，在全国各地搜求奇花异草、佳木怪石，以供自己寻欢作乐。

605 年，为了控制全国，并使江南的物资能较方便地运到北方来，同时自己又能轻松地到各地游玩，隋炀帝征发大批士兵和夫役，修造大运河，前后共用了六年时间。到 610 年底，开凿大运河的工程基本完成。

施行这样规模宏大的工程，劳动群众付出了巨大的代价，全部工程用了超过一亿五千万个民工。仅通济渠一段就用民工一百万，修筑了五个月。在修筑永济渠时，连妇女也被征去当民工。恶劣的劳动条件，严苛的官吏监督，使饿死、累死的民工不计其数。大运河是劳动人民用血汗换来的。

隋炀帝在修运河的同时，还下令在两岸筑起御道，种上杨柳树。从长安到江都，沿途建造离宫四十多处。他派人强征民间美女住在离宫，供其淫乐。大运河筑成后，隋炀帝率领文武百官以及和尚、道士、尼姑，还有皇族家眷、宫女奴婢，乘坐数千艘大船到扬州看"琼花"。巡游船队首尾相接，长达两百里。隋炀帝乘坐的那艘最大的龙船，就有两百尺长，船上还盖了四层的宫殿，一百几十间房子，每个房间里都有宫女。岸上有八万多名纤夫拉船，卫士沿途保护。隋炀帝一次又一次巡游，每到一处，几百里之内的州县，都要"献食"，最多的一州要送一百多车。而且，饭菜都是山珍海味，美食佳肴。他们吃不了就扔到大运河里。隋炀帝对贡品丰厚的州县官吏加官提职，对稍不如意的就免官降职，甚至砍头。因此，地方官吏为升官发财，拼命搜刮百姓。社会矛盾、阶级矛盾急剧地尖锐起来。

隋炀帝还从陆路到北方去巡游，为此开凿了数千里驰道（供国君车马行驶的大道）。为了自己的安全，隋炀帝征发一百万民工修筑长城，在五十万将士的护卫下在北方边境巡行了一圈。

隋炀帝即位时，正是隋朝蒸蒸日上之际。但隋炀帝嫉贤妒能，滥杀无辜，每年都要役使几百万民工，人民不堪负担，只有起来反抗。隋炀帝的倒行逆施，很快就将隋王朝葬送掉，自己也在江都被禁军将领宇文化及杀死。

唐朝初年，经过劳动人民的辛勤劳动，淮南一带成为全国经济中心和主要的产粮区。唐代宗时期，利用运河南粮北调，接济关中，运河成为南北交通要道。运河两岸的一些商业城市，如楚州（今安徽境内）、扬州等地繁荣起来。

后来的各个朝代，从维护统治阶级切身利益出发，都继续使用和修筑大运河。元朝定都在大都（今北京），全国政治、经济中心移到这里。因而，需要一条直通南北的运输线。元世祖忽必烈在1289年，下令开凿会通河。这条河，北始临清，南到东平路（今山东境内）的安山。又从北京到通县开了一条通惠河，与原有的旧河道沟通。这样一来，由杭州到北京，就可以不绕道洛阳，直接到达。而隋朝开掘的部分河道由于年久淤塞，未加清理，逐渐废弃了。现在的大运河，基本上是元朝时的河道。

玄武门之变

626 年 7 月，李世民率领尉迟恭等人，带了一支人马埋伏在玄武门（长安太极宫的北面正门）内。没多久，太子李建成和齐王李元吉也骑着马来了，他们都是奉李渊之命来见驾的。可是到了玄武门，觉得有点不对劲儿，那个熟悉的领兵将军常何不知到哪儿去了，守卫人员看起来也很陌生。正疑惑时，门官出来传话，要他们把护卫留下，只身去见李渊。

李建成一听，调转马头就往回跑。这时李世民一边高叫："站住，别走！"一边骑马赶了过来。李建成哪里肯听，只是没命地跑，李世民眼疾手快，搭弓一箭，射死了李建成。李元吉见状，也要拉弓射李世民，但心里慌张，拉了几次弓都没拉开。这时尉迟恭带了七十名骑兵赶到，一阵乱箭把李元吉射下马来，尉迟恭一刀砍死了他。

李渊在宫中等着三个儿子，却听到外面乱成一片。正不知是怎么回事，尉迟恭已手持长矛带着人马冲了进来。他向李渊禀报说，李建成、李元吉阴谋作乱，已被秦王杀了，"秦王怕乱兵惊动皇上，特派我来护驾"。他又要李渊下令，让太子宫和齐王府的护卫停止抵抗。

李渊听了,大吃一惊。面对这样的形势,他只好顺势应变,立李世民为太子。两个月后,他又传位给李世民,史称唐太宗。李渊自己做"太上皇"去了。

这场流血事件就是历史上著名的"玄武门之变",这是一场无法避免的事件。

按封建的宗法制(古代维护贵族世袭统治的制度),李渊称帝后只能立长子李建成为太子,在建立唐王朝的过程中屡立战功、智勇兼备的李世民只被封为秦王,李建成因此对李世民非常不放心。他与李元吉结成同党,拉拢李渊宠爱的妃子们,让她们在李渊面前说李世民的坏话,使李渊逐渐疏远了李世民。这样他们还不罢休,想进一步谋害李世民。一天,李建成请李世民喝酒,他在酒里下了毒,李世民喝了几口就腹痛呕吐。多亏陪席的李渊弟弟、淮安王李神通救护及时,李世民才保住了性命。

李世民对此一再忍让,可李建成却步步紧逼。他和李元吉又想出了剪除李世民羽翼的主意。626年,突厥进犯中原,李建成向李渊建议,让李元吉出征迎战。李渊同意了,李元吉却提出起兵出征,要把秦王府的兵马都划归他管。有消息说,他把这些人马调去后将全部活埋,想进而除掉李世民。

值此千钧一发、性命攸关之际,尉迟恭激愤地表示:"我不能留在秦王您这儿,等着被杀!"长孙无忌等人也认为,他们不仁,我们也可不义,应该先下手把他们除掉。在将士们的强烈要求下,李世民听从了劝告,借李渊召见他们兄弟三人之际发动了"玄武门之变"。

李世民善于安抚人心，在"玄武门之变"中，他杀了李建成、李元吉兄弟。当他登上帝位，就追封李建成为息王、李元吉为海陵郡王，并下诏以王子之礼将二人改葬。落葬之日，李世民不仅允许两宫旧部去吊唁，他还亲自参加了葬礼。

玄武门之变后，有人向李世民告发，李建成手下的一个官员魏徵曾经劝说李建成谋害李世民。李世民把魏徵找来，问道："你为什么要挑拨我们兄弟之间的关系？"魏徵沉着地回答："因为我那时是太子的部下，就得尽心尽力地为他着想。可惜太子没听我的话，不然也不会有今天这样的结果。"

李世民觉得魏徵为人刚正，很有胆识，说话直率，便提拔他当谏议大夫。唐太宗还对大臣们说："治理国家就像治病一样，即使治好了病，还得注意休养。现在天下太平，四方都来归服，这是自古以来少有的盛世。但我还是要谨慎行事，把太平日子保持下去，这就要多听听你们的意见。"

连年战乱，唐代初期人口损失很多。李世民大力改革府兵制度，加强武备，击败东突厥，让他们放归被抓去的中原百姓。他又推行去奢省费、轻徭薄赋的政策，兴修水利，垦殖荒地，让百姓安心生产，恢复和发展了社会经济。这一系列的措施十分有效，开创了让后世为之赞叹的"贞观之治"，奠定了唐代繁荣兴旺的基础。

"天可汗"李世民

627年，李世民做了皇帝，就是唐太宗。

唐太宗在隋末农民大起义中，看到了劳动人民的巨大力量。他说："民犹水也，君犹舟也，水能载舟，亦能覆舟。"为巩固自己的统治权，就不能苛刻地对待民众。因此，唐太宗在位时期，注意倾听不同的意见，鼓励群臣犯颜直谏。他留心选拔德才兼备的人才当官，不计身份，不别亲疏，推行"任人唯贤"的政策。唐朝初年社会上出现安定的局面，历史上称为"贞观之治"。

唐太宗在政治上采取许多重要措施。首先，他为实现国家的统一，消灭了割据势力。在隋末农民战争中，一些贵族官僚乘机起兵，割据一方，称王称帝。薛举、薛仁杲父子占据甘肃中部，刘武周占据山西北部，王世充占据河南，萧铣占据两湖一带。619年，刘武周勾结突厥奴隶主贵族，乘唐西进之机，出兵进攻唐朝，连克数州，占领太原。接着又沿汾水南下，攻占了不少地方，使"关中震骇"。李世民亲自带兵和刘武周的部队进行激战，双方在鼠雀（今山西介休县西南）一天交锋八次。刘武周大败，逃入突厥，被杀死。李世民收复太原、马邑等地，又相继消灭了王世充、萧铣等割据势力，到621年，基本上统一了中国。

李世民掌权后，抑制世族地主势力，加强了中央集权。他进一步完善了三省六部制，规定三省长官，即尚书省的尚书仆射，中书省的中书令和门下省的侍中共掌宰相的职权。另外，又任命一些官员加以"参知政事""同中书门下平章事""同中书门下三品"等头衔为宰相，参加政事堂议事。宰相人数增多，可以集中多数意见，避免一两个宰相专权。而且宰相品位不高，进退较易，使唐太宗可以破格提拔庶族地主做宰相，形成中央机构中庶族地主占优势的局面。

李世民对世族豪强势力给予一定限制，下令重修《氏族志》，明确规定"不须论数世以前，止取今日官爵高下作等级"。这样，使许多庶族地主或寒门出身的如魏徵、李勣、尉迟恭、秦叔宝等人提高了政治地位，形成了新的统治集团。

李世民还注意加强各民族的关系，促进了各族之间的经济文化交流。北方突厥贵族向中原侵扰，唐太宗坚决进行抵抗。他派李靖、李勣率领十几万军队，于630年打败了东突厥。唐朝政府把大批南下的突厥人安置在幽州到灵州间的土地上，又在东突厥故地设置了许多都督府州，任命东突厥贵族为都督、刺史，隶属唐朝中央政府统辖。这样，防止了生产的破坏和国家的分裂。北方的一些少数民族尊称唐太宗为"天可汗"。

唐玄奘取经

　　唐僧取经的故事，在我国民间流传很广，特别是明朝后期吴承恩的小说《西游记》问世以后，传说就更神奇了。虽然，那个大闹天宫的孙悟空，高老庄招亲的猪八戒，都是作者虚构的人物，但百折不回，去"西天"取经的唐三藏，却是根据历史事实刻画的。

　　唐朝有位名僧叫玄奘，俗名陈祎，596 年出生在洛州缑氏县（今河南偃师县南）。由于家境贫穷，11 岁就出家了。他非常好学，经常到各地听高僧讲学。627 年，他来到长安城，拜名僧为师，深入钻研佛教各派的经典。这时候，天竺（古印度）国的一位高僧来到中国，说那烂陀寺有个戒贤法师很有学问，对佛教各派的学说都有研究，玄奘决心去天竺向他学习。

　　当时，唐朝和西突厥关系比较紧张，禁止人们从西北地区出境。629 年，这一年玄奘 34 岁，长安附近遭受霜雹灾害，皇帝下令百姓可以四出随丰就食。玄奘乘这个机会，离开长安向西北进发。

　　由于当时交通很不方便，路途又非常遥远，困难重重。

可是玄奘没有被困难吓倒，他抱着"求法"的强烈愿望，只身走在西进的路上。有一次，玄奘走到八百里的大沙漠，连飞鸟走兽的踪迹都看不见，只有影子伴着他前进。走了一天，他十分困倦，就下马取皮囊饮水。不料一时失手，竟把一皮囊水全洒在沙漠里，这是在沙漠旅行中无法弥补的损失。他非常懊悔，想回头取水，就掉转马头向东走了十几里。他边走边想："当初立誓，不到天竺决不向东后退一步，现在怎能东归呢？"他立刻又把马头回转，向西北继续进发。他走了五天四夜，滴水未进。像这样的困难，在他的行程中是常见的。一路上，玄奘经历了千辛万苦，冒着生命危险行程五万里，沿途拜访了西域十六国的名僧学法。他跟着戒贤法师学习了《瑜伽师地论》等一些佛学理论，又向胜军居士学习唯识论。由于他刻苦努力，很快把天竺佛学的要义全部吸收了。

玄奘除学习之外，还经常把唐朝的经济、文化等方面的情况向天竺人民介绍，增进了两国人民之间的相互了解和友谊。经过十多年的学习，玄奘的学问已经很高了。一次，有个婆罗门教徒写了四十条经文，挂在那烂陀寺门口，并高傲地说："如果有人能破我一条，我甘愿把头砍下来认输。"几天过后，没有一个人敢和他辩论。这时，戒日王请玄奘出来驳斥他。玄奘叫人把寺院门口所挂的四十条经义取下，请戒贤法师等作见证人，把那个婆罗门教徒驳得哑口无言，不得不低头认输，请求照约履行。玄奘笑着说："和尚是不杀人的，你就留在我身边做杂务吧！"婆罗门教徒顺从了玄奘。

接着，戒日王招集天竺的一切异道徒几千人，在曲女城开辩论大会，把玄奘的两部佛学著作公布于众，让大家提不同看法。大会开了十八天，没有一人能诘难玄奘。各派教徒一致推崇玄奘的学问高深，称之为"大乘天"和"解脱天"。他成为公认的第一流的大学者。

645 年正月，玄奘回到了长安。唐太宗给他创造工作条件，让他专心翻译佛经。他从天竺搜集了六百五十七部梵文佛书，经过十九年的翻译工作，译出七十五部，一千三百三十五卷。他精通梵文，汉文水平也很高。所以，他译经顺畅，且有独到之处。他还把中国古代重要的哲学著作老子的《道德经》译成梵文，介绍给天竺人。

646 年，玄奘写完了《大唐西域记》，把他十多年的旅行经历，沿途国家的历史沿革、风土人情、宗教信仰、地理位置、山川河流、生产情况等详细地记录下来。这部书很有研究价值，引起世人的注意。近百年中，先后被译成英文、法文和日文，世界上不少学者对它进行了研究。

664 年，由于积劳成疾，玄奘病逝于长安。他的许多弟子，继续他的未竟事业。

一代女皇武则天

　　武则天是中国历史上唯一的女皇帝，也是继位年龄最大的皇帝（67岁即位），又是寿命最长的皇帝之一（终年82岁）。

　　武则天名曌，是并州文水（今山西省）人。她的父亲武士彟早年做过木材商人，后来在隋朝鹰扬府为队正，随李渊起兵。唐朝建立后，以唐高祖李渊的"元从"身份受重用，历任光禄大夫、工部尚书、荆州都督等要职，受封"应国公"，成为在朝廷中地位较高的官员。

　　唐太宗李世民听说武则天容貌美丽，就把她选入皇宫，赐号"武媚"，立为"才人。"才人"是皇帝妃嫔的一个称号，地位不高。武则天入宫时，年仅14岁。过了12年，当她26岁时，唐太宗死去。武则天随其他嫔妃入感业寺做了尼姑。唐太宗的儿子李治继承了皇位，即唐高宗。他到感业寺见到武则天，把她再次召入皇宫，立为"昭仪"。"昭仪"比"才人"的地位要高一等。武则天非常得宠。在她32岁那年，又被唐高宗立为皇后。虽然一些元老重臣出面反对，却无济于事。武则天拉拢一些人打击反对者，取得了胜利。

　　后来唐高宗患病，不理朝政，就让武则天"决百司奏事"，开始参与国家政治活动。唐高宗见武后权势与日俱增,曾和一些官员密谋废除她。但是,没有成功。武则天反而完全掌握了政权。

683 年,唐高宗病死,中宗李显即位为帝。第二年,武则天废中宗,立睿宗李旦为帝,她以皇太后的身份临朝称制。这一年,被贬的柳州司马徐敬业与骆宾王等在扬州起兵,以"匡复唐室"为旗号,反对武则天临朝。号称"智囊"的骆宾王写了《讨武曌檄》,轰动一时。武则天出兵 30 万镇压了扬州兵变,并杀掉"奏请归政"的朝廷重臣裴炎,进一步巩固了自己的统治地位。

690 年,67 岁的武则天废掉睿宗,亲自登上皇位,改国号为"周",尊称"圣神皇帝"。此后,武则天做了 15 年的女皇帝。

如果从她 32 岁以皇后身份参与朝政算起,到 82 岁病逝为止,前后执政 50 年。这半个世纪,在中国漫长的封建社会中是短暂的。可是,在唐朝历史上不能说无足轻重。武则天的统治措施,对唐朝封建制度的发展有一定影响,客观上为"开元之治"的形成做了准备。

武则天执政时期,对农业生产比较重视。她下令编了一部农书叫《兆人本业记》,颁发全国各地,推广农业生产技术。这部书后来失传了,我们难以了解全部内容。据史书记载,武则天时期大兴水利,在今陕西、河北、河南、山东、湖南、四川、浙江、江苏、甘肃、青海和内蒙古地区,都兴建过一些大小不等的水利工程。这些水利工程对农业灌溉是有益的。武则天提出"劝农桑，薄徭赋"的主张，奖励重视农业生产的地方官。凡是增加耕地，仓有余粮的地方官吏都会受到嘉奖。反之，则要受处分，或者降职，或者罢官。她还下令把人口稠密地方的居民适当疏散，以减轻百姓生活的困难。

武则天曾向唐高宗提出"建言十二事"，主张"广开言路，杜绝谗言，赏罚严明"。有些官员直言上书，她肯于纳谏。比如著名的宰相狄仁杰、唐初诗人右拾遗陈子昂等，都向武则天提过一些重要建议。在用人方面，武则天实行不计门第、破格取任、广开仕途的办法，为地位较低、有能力的人开启了被重用的大门。她首创"武举"，表示文武并重，提高各州赴考举人的身份，初开"殿前试"，发展了科举制度。但她也滥设了许多官职，并大力培植自己的亲信，扩大权势，消灭异己。

为了巩固统治地位，武则天奖励告密，任用酷吏，制造了许多案件。每一个案件都株连多人，扩大了打击面。虽然诛罚的多为官僚地主，但是平民百姓往往跟着受害。臭名昭著的酷吏周兴、来俊臣等人横行朝内外。

来俊臣因告密有功，连续提升，在几年之内由侍御史（从六品）官至左台御史中丞（正五品）又升为司农少卿（从四品），因他告密而被杀害的有千余家。

来俊臣豢养党羽，招集数百无赖之徒，派到各处活动。如果预谋陷害一个人，就让他们去各处告状，用事先统一编造的情节欺骗各级官员。来俊臣等人还编了一卷《告密罗织经》，指导特务活动。

他们抓人后不问青红皂白，先用醋灌到鼻子里，投入监牢；或者把人扔到大瓮里，在外面用火烤。由于武则天给他们重赏，因此"告密之徒，纷然道路"。有人揭发来俊臣等人的罪恶，被他割掉了舌头。一时间，官吏、贵族胆战心惊，不敢再多说话。

公元705年，一些大臣趁武则天年老病重，发动宫廷政变，重扶中宗李显为皇帝，恢复了"唐"的国号。武则天在当年病死。

唐朝经过武则天50年的统治，到唐玄宗李隆基在位时进入全盛时期，这就是历史上著名的"开元之治"。

鉴真东渡

鉴真俗姓淳于，扬州人，出生于一个信奉佛教的商人家庭。他 14 岁时出家为僧，鉴真是他的法号。他早年在长安、洛阳等地方游历，对佛学有较深的研究。鉴真 66 岁高龄时，双目失明，经过十二年的努力，六次东渡，五次失败，终于到达日本都城奈良。他在日本传法、传艺，最后长眠于日本的土地上。他为传播盛唐文化、加深中日人民的友谊写下了辉煌的一页。

唐朝文化曾举世瞩目，当时是世界佛学中心之一。742 年，来唐朝学习的日本僧人荣誉和普照受日本天皇的命令，要物色一位高僧到日本去弘扬法事，传播文化。他们早就了解到鉴真学识渊博，专程从长安来到扬州的大明寺（今法净寺），拜访当时被誉为江淮佛教首领的鉴真，请他去日本讲学传教。当时去日本的海路十分艰险，不少僧人有去的愿望，但一想到变化莫测的海洋风暴就望而却步了。鉴真却表示说："为传佛法，何惜生命！你们不去，我去！"鉴真的德行感动了二十一人，他们表示愿意同鉴真一起东渡传播盛唐文化。

742年，第一次东渡，因弟子们意见不一而错过了机会。第二年12月再次东渡，出海不久，船只碰在礁石上损坏了，又没去成。第三次东渡，受到官府阻拦，节外生枝没有成功。第四次也受到了官府的阻止，东渡失败。一连几年过去了，到了748年，鉴真又开始东渡了，这是第五次。途中遇到了狂风，巨浪滚滚，把船只荡来荡去。船上的人呕吐不止，淡水也没了，一连五天五夜滴水未进。直到第七天才下了一场雨，船只有了淡水，恢复了生机。但是，航向错了，在海上漂了十四天，到达海南岛的南端，鉴真他们登上海南岛，没有逗留，过海直达广州，准备北返后继续东渡。可是，由于劳累过度，加上南方气候炎热，水土不服，鉴真得了眼病，医治无效，不久他就双目失明了。接着日本僧人荣睿不幸病逝，鉴真的得力弟子祥彦也在途中死去。几次东渡不成，两国先后有三十六人为此离开了人世。这千般辛苦、万般劫难并没有使鉴真退缩。从广州到扬州，鉴真一行艰难跋涉了三年，到扬州后，鉴真又开始准备新的东渡计划。

753年，日本"遣唐使"藤原清河一行人特意到扬州拜访鉴真，再次请他东渡。鉴真不顾高龄和双目失明，毅然于当年11月16日，随日本"遣唐使"的船只第六次东渡，从沙洲黄泗浦出发，于12月20日中午到达日本，终于实现了多年的夙愿。

鉴真受到日本友人的热烈欢迎。754年，鉴真来到日本都城奈良最著名的寺院东大寺。后来，鉴真在东大寺为日本圣武上皇和孝谦天皇传授了戒律，成为日本戒法的开山祖师。当时东大寺门庭若市，来听讲学的信众络绎不绝。

在历史上，统治阶级常常利用宗教作为维护自己统治的工具。在当时，思想、艺术等许多方面的成就，常常围绕宗教体现出来，因此，随着宗教的传播也必将促进其他方面的文化传播。

鉴真一行在日本传播佛学的同时，也传播了盛唐文化。他们在奈良参加了兴建唐招提寺的规划工作，殿堂建筑结构精美，气势雄伟，反映出唐朝建筑的最新成就。鉴真又传授干漆法制佛像，对日本雕塑艺术有很大影响。鉴真博学多才，他精通医术，能凭嗅觉鉴定药物，不仅为日本人民治疗疑难病症，还介绍了大量的中国医药知识。鉴真和他的弟子以及带去的绣师、画师等传播了唐代的文化，促进了日本佛学、医学、建筑以及书法、文学等方面的发展。鉴真还被奉为日本律宗初祖。

763年，由于积劳成疾，鉴真病重。5月6日，他双腿盘坐，面向西方的祖国停止了呼吸，享年76岁。

鉴真虽死，精神长存，他交流中日文化，发展中日友谊的事迹永载史册，千百年来，一直受到两国人民的崇敬。正如郭沫若写下的一首七言诗所赞：

鉴真盲目航东海，一片精诚照太清。

舍己为人传道艺，唐风洋溢奈良城。

安史之乱

唐朝初年，为了巩固中央集权，保卫边疆，实行府兵制。府兵一般征自"高赀多丁"之家，分给其土地，定期卫戍京师或守护边疆。在内地或边境重镇设置大都督，统兵驻守。后来，由于土地私有制的发展，农民失掉土地逃亡，兵源发生了问题，加上征战频繁，府兵不能按时轮换，长期服役，家中不能免去征徭，因此大批逃亡。在这种情况下，各地的军、政、财权，中央政府越来越无力控制。

以唐玄宗为首的统治阶层，只知营私舞弊，贪污腐化，不问政事。唐玄宗过着"春宵苦短日高起，从此君王不早朝"的淫逸生活，把朝廷外事推给李林甫、杨国忠去应付，内事交付宦官高力士。李林甫专权自恣，排斥异己。杨国忠到处搜刮，广受贿赂。统治集团的腐败，给安史叛乱造成可乘之机。

安禄山是个野心家、两面派，身兼范阳（今北京西南）、河东（今山西太原）、平卢（今辽宁锦州西）三镇的节度使，是势力最大的军阀。他看到唐玄宗荒淫昏乱，内地防卫力量薄弱，"取而代之"的野心迅速膨胀起来。在表面上，他经常到首都长安，装得对朝廷极其恭顺，骗得唐玄宗的宠信，并贿赂杨贵妃，无耻地拜年轻的杨贵妃为"干娘"，背后却暗自在河北老巢积蓄力量。在范阳城北建筑雄武城，广招兵马，治械储粮；又利用民族矛盾，大搞分裂活动，结党营私，培植割据势力。

经过十年左右的准备，于755年11月，安禄山串通部将史思明，以讨伐杨国忠为名，率15万军队南下反唐。历史上把这次地方割据势力对中央集权的反叛叫作"安史之乱"。

战争初期，安禄山的部队来势凶猛，屡败唐军，很快渡过黄河，攻陷了洛阳。安禄山登上皇位，国号"大燕"。757年，安禄山攻下了潼关，唐军全面溃败。唐玄宗逃出长安，远走四川，途经马嵬驿（今陕西兴平县西），随行军士杀死杨国忠，杨贵妃被逼自尽。

安禄山的叛军进占长安后，到处抢掠、屠杀，极其残暴，无数村镇变成瓦砾。人民忍无可忍，纷纷组织起来反抗。安禄山的官吏常常被人民刺杀，吓得躲的躲，逃的逃。

唐玄宗的儿子李亨在灵武即位，这就是唐肃宗。他任用郭子仪等大将，集合西北各路的军队，依靠淮南、江南的雄厚财力和物力，并向回纥等少数民族借兵，准备平乱。

757年，安禄山被他儿子安庆绪杀死。唐军收复长安、洛阳等地。唐军士兵虽多，但缺乏统一指挥，加上粮食供应不足，士气低落。史思明趁机率13万人进攻，唐军大败。史思明在邺城（今河南临漳西）取胜后杀了安庆绪，自称大燕皇帝。接着，他又攻陷洛阳。后来，史朝义又杀死其父史思明。

762年，唐军再次收复洛阳，史朝义出逃后被迫自杀，其部下将领全部投降。历时八年之久的战乱平定了。

"安史之乱"是唐王朝由盛到衰的转折点。战争给人民带来深重的灾难，特别是黄河中下游的人民遭到空前的浩劫，北方经济受到很大破坏。"洛阳四面数百里州县，皆为丘墟""汝、郑等州，比屋荡尽，人悉以纸为衣"，出现了千里萧条，人烟断绝的惨景。同时，唐朝中央的力量削弱了，各地出现了四十多个大小军阀，形成了藩镇割据的局面。在节度使管辖的地区，唐朝中央政府既不能任免官吏、征收赋税，又不能调动军队。节度使的职位，或者父子相袭，或者部将相继。他们手握重兵，互相攻伐，对唐朝中央集权是一个严重的威胁。

郭子仪威震远近

郭子仪，华州人，武举出身，为人表里如一，一诺千金，声望极高。因平安史之乱有功，被封为汾阳王。

当时，唐朝有个叫仆固怀恩的大将，曾领兵讨伐过史朝义。他认为自己立了大功，却没有受到重赏，心中不满，决定起兵造反。

唐代宗永泰元年仆固怀恩请来吐蕃和回纥的军队，一共好几万人，杀向长安。半路上，仆固怀恩病死了。吐蕃和回纥联军继续前进，把长安北面的泾阳包围了。

这时，郭子仪正好在泾阳镇守，但唐军只有一万多人，形势对他十分不利。郭子仪心想：敌众我寡，不能硬拼。唐朝和回纥关系本来不错，从安史叛军手里收复长安和洛阳时，都借用了回纥的军队。况且，仆固怀恩死后，吐蕃和回纥因争当统帅产生了矛盾，两家的军队已经分开了。现在，应该彻底拆散他们两家的联盟，设法说服回纥和我军联合，击退吐蕃。

想到这里，郭子仪派部将李光瓒前去向回纥首领药葛罗陈说。药葛罗说："郭公难道还健在吗？你骗我吧？要是郭公在这里，我们倒想见见他。"郭子仪在回纥军中有很高的威信，回纥人称他为郭公，表示对他的尊敬。当初，仆固怀恩为了让回纥出兵，曾欺骗他们说："郭子仪和唐代宗都已经死了。"回纥首领听了这话，才肯出兵。

李光瓒返回大营，报告了郭子仪。郭子仪决定立刻亲自到回纥军营走一趟。部将们觉得这样做太冒险，纷纷劝阻，郭子仪却一定要去。大家建议说："请大帅挑选五百名精锐骑兵作护卫，以防不测。"郭子仪说："带这么多兵去，回纥人一定会起疑心，反而会招来危险。"说完，他上了战马，准备出发。

他的儿子听说后，跑来拦住马头说："父亲，回纥人像虎狼一样凶狠，杀人不眨眼。父亲是国家元戎，不能去啊！"郭子仪说："现在，如果我们同吐蕃、回纥打起来，兵力悬殊，咱们都可能战死，国家会更危险。因此，我必须去跟回纥人把利害说清楚，以诚相待，也许他们会跟我们联合，共同击退吐蕃。那时，国家就能转危为安，咱们也能死里求生了。"说完，他用马鞭打了一下儿子的手说："快退下去吧！"部将见主帅这么坚决，就不再说什么了。

郭子仪带了几名骑兵向回纥军营赶去。同时，派人先去报信。回纥将士听说郭公要来了，都大吃一惊。药葛罗赶紧叫士兵摆开阵势，他飞身上马，把箭搭在弓弦上，站在阵前看唐军是不是欺骗他。

郭子仪远远望见这场面，马上脱下盔甲，把枪丢在地上，然后再骑马往前走。回纥将士见他们尊敬的郭公真的来了，都下了战马，围着郭子仪在地上跪拜起来。

郭子仪赶快下马把他们扶起来。然后上前拉住药葛罗的手，亲切地对他说："回纥为我大唐立了大功，皇上待你们不薄，你们为什么要跟随叛将，帮助吐蕃打我们呢？"接着，他又严肃地说："你们抛弃先前的功劳，跟唐朝结怨，这是何等愚蠢啊！我现在只带几个人来跟你们讲道理，你们可以杀死我，可我们的将士一定会跟你们死战到底的！"药葛罗听了这番话，觉得又惭愧又后悔。他解释说："仆固怀恩骗了我们，他说唐朝天子已经去世了，郭公也不在了，所以我们才敢发兵跟他一起打来。如今才知道天子仍然住在长安，郭公也统兵在这里。仆固怀恩已经死去，难道我们还能跟郭公作对吗？"郭子仪说："吐蕃无道，侵掠我国百姓，最后一定会失败的。你们如能跟我们一起打退他们，岂不更好？"药葛罗说："好！我们一定尽力，向皇上和郭公谢罪。"郭子仪向药葛罗拱拱手，表示感谢。药葛罗叫士兵取过酒来，请郭子仪盟誓。郭子仪按照盟誓的规矩，把酒洒在地上，大声说："大唐天子万岁！回纥可汗万岁！如果有人背弃誓言，就死于阵前，家族灭绝！"药葛罗也把酒洒在地上说："我的誓言，就是郭公所说的！"

盟誓完毕，郭子仪、药葛罗和回纥众酋长高高兴兴地把碗里的酒一饮而尽。郭子仪辞别药葛罗，回到唐营。

吐蕃军队听到这个消息，怕受到唐军和回纥军的合击，连夜逃走了。

　　药葛罗率领回纥军队追了上去，郭子仪也派猛将率领精锐骑兵一起追击。两军追到灵台和泾州，大破吐蕃军队，杀死几万人，救回了被吐蕃掠走的几千名唐朝百姓。

　　这样，唐朝转危为安，百姓也过上了太平日子。为此，唐德宗时，郭子仪被其尊称为"尚父"。

成就辉煌的唐诗

唐朝是中国古典文学史上的繁荣时代。唐朝文学的繁荣，是以封建经济的发展和商业都市的兴盛为其物质基础的。唐代，国家统一，疆域广阔，中外文化交流频繁，这又给各族人民共同创造灿烂的文化提供了有利的条件。唐诗，在唐代文学中占有突出的地位。据说唐朝考进士要考律诗。现在，流传下来的唐诗有四万八千余首，出自两千两百多人之手。在灿若群星的诗人中，李白、杜甫、白居易等，是最著名的大诗人。

李白，字太白，701 年出生于西域碎叶城。他 4 岁时，随家迁居四川。父亲李客是个商人，懂得词赋，曾指导李白"观百家之书"。李白生活在盛唐时期。他在 25 岁那年离开蜀中，抱着"四方之志"，踏遍大江南北，广泛地接触社会，为诗歌创作打下了坚实的基础。李白 42 岁那年，被人推荐给唐玄宗，得到重用，任翰林院供奉，后遭权贵排挤而出京。在洛阳，他和杜甫相识，结下深厚友谊。晚年，他曾受到朝廷政治斗争的牵连，被判罪流放，中途又赦免，62 岁时病逝。

李白的诗歌以热情奔放、气势磅礴著称。如写黄河的壮观说："黄河之水天上来，奔流到海不复回。"写庐山的姿态说："庐山秀出南斗旁，屏风九叠云锦张，影落明湖青黛光。"他用深厚的情感，歌颂祖国壮丽的山河。

李白的诗富有爱国思想。"中夜四五叹，常为大国忧""报国有长策，成功羞执珪"，从中可以看出他关心国家的深情。

他对"安史之乱"破坏国家统一的罪行，予以严厉的谴责，"俯视洛阳川，茫茫走胡兵。流血涂野草，豺狼尽冠缨。""白骨成丘山，苍生竟何罪？"在这些诗句中，鲜明地表现出李白的爱国思想和对人民的深切同情。

李白善于描绘自然，以惊人的夸张，丰富的想象，凭借歌咏山水来反映社会现实。他的诗具有强烈的浪漫主义色彩。

杜甫，字子美。712 年生于河南巩县（今河南巩义市）。他早年生活贫苦，经历了安史之乱，曾一度担任工部员外郎的挂名差使，因此有"杜工部"之称。770 年病死在船上，年仅 59 岁。

杜甫的一些作品反映了战乱中人民的深重灾难，在一定程度上揭露了封建社会的腐朽。"朱门酒肉臭，路有冻死骨"，是人们乐于称道的名句。杜甫的诗格律严谨，语言精练，能反映现实的社会矛盾。他的"三吏"（《新安吏》《石壕吏》《潼关吏》）和"三别"（《新婚别》《垂老别》《无家别》）把安史之乱时民间的真实面貌，简洁地描绘出来，从而揭露了统治阶级给人民造成的灾难。他在《茅屋为秋风所破歌》里，由个人穷困的遭遇想到许多穷人的痛苦，写出"安得广厦千万间，大庇天下寒士俱欢颜，风雨不动安如山！呜呼！何时眼前突兀见此屋，吾庐独破受冻死亦足！"这样的诗句，表现了杜甫对人民深切的同情。

白居易，字乐天，是唐朝后期的大诗人。唐宪宗时，他曾在京城做谏官，由于得罪了权贵，受到排挤打击，被降职为江州司马，后来到苏州、杭州做刺史。846年去世，时年75岁。他的诗歌题材广泛，通俗易懂，在一定程度上反映了当时人民生活的痛苦。《长恨歌》《秦中吟》等作品，对封建统治者的腐朽进行揭露。《卖炭翁》则斥责皇帝的奴仆宦官放肆地掠夺人民的罪行，"一车炭，千余斤，宫使驱将惜不得，半匹红绡一丈绫，系向牛头充炭值。"这首诗在当时传播很广，影响很大。

除此以外，唐朝著名诗人还有很多。如写出名句"天若有情天亦老""雄鸡一唱天下白"的李贺；构思新颖、风格独特、语言隐晦的诗人李商隐；人们熟悉的诗句"沉舟侧畔千帆过，病树前头万木春"的作者刘禹锡，等等。他们那些脍炙人口的好诗，丰富了祖国的文学宝库。

唐诗的形式是多种多样的，基本上分为古体诗、绝句和律诗。它们又各有五言和七言的区别。古体诗的要求比较宽泛，句数可多可少，篇章可长可短，韵脚也可以转换。绝句和律诗又叫近体诗，要求比较严格，绝句四句，律诗八句，每句诗中用字有一定的格律，韵脚不能转换。古体诗又叫古风，近体诗又叫格律诗。

唐诗继承了《诗经》《楚辞》和《乐府》以来的优秀传统，并加以发扬光大，且融合了南方绮丽婉约的文风和北方刚健质朴的气息，使其既有神韵又有内容，风格也更加丰富多彩，把中国古典诗歌中的浪漫主义和现实主义推进到一个崭新的高度。

满城尽带黄金甲

唐朝末年，农民不甘忍受深重的压迫和剥削，纷纷起来造反。762 年，袁晁领导长江下游的农民起义。859 年，裘甫在浙东领导起义。868 年，庞勋领导徐泗地区的戍兵在桂林起义。这些接连不断的起义，鼓舞了人民群众的斗志，成为唐末农民大起义的先导。

873 年，黄河中下游遭受旱灾，夏季麦收一半，秋季颗粒不收。农民只好以野菜、树皮充饥，饿死很多人。在这种情况下，政府的徭役、赋税仍未减轻，逼得农民无法生活。官逼民反，愤怒的群众在走投无路的情况下，拿起武器进行斗争。唐末农民大起义爆发了。

874 年，王仙芝在长垣（今河南长垣东北）聚集三千多人举行起义，自称"天补平均大将军兼海内诸豪都统"，发布文告，号召人民起来推翻唐朝。第二年夏天，黄巢领导曹州冤句（今山东曹县西北）数千群众起义。

黄巢是山东曹州冤句人，读过书，以贩盐为生，能骑善射。他曾组织过武装盐帮，同唐政府缉查私盐进行过多次武装斗争。他对唐朝的黑暗统治，早有无比的仇恨，立志要推翻唐王朝。他在一首《不第后赋菊》诗里写道：

待到秋来九月八，我花开后百花杀。

冲天香阵透长安，满城尽带黄金甲。

黄巢起义后，贫苦农民纷纷加入义军，很快发展到几万人。王仙芝率领队伍攻克濮州（今河南范县）、曹州时，和黄巢的起义军会合，声势浩大。他们转战山东、河南、湖北诸地。

唐朝统治者受到农民起义军的沉重打击之后，企图用高官厚禄来收买起义军领袖，瓦解农民起义队伍。在敌人的诱降政策面前，王仙芝产生动摇。黄巢和起义军战士坚决抵制，使他未敢公开投降。这时，黄巢率军打回山东，王仙芝留在湖北。唐朝军队前来镇压，王仙芝派人去洛阳谈判投降条件。虽然由于使者中途被唐军捕杀，谈判未成，却使起义军陷入被动局面。878年2月，黄梅一战，五万多起义军战死，王仙芝也被唐军杀死，只有尚让率领一部分起义军突围，到亳州投奔黄巢。

农民起义军一致推举黄巢为统帅，号称"冲天太保均平大将军"，斗争锋芒直指以"天"为象征的地主阶级政权。从这年4月起，起义军横扫淮河南北各地，并乘虚南下渡过长江，攻取虔州、吉州、饶州、信州和福州。农民军所到之处，焚官府、杀贪官、济贫民，得到百姓的支持，队伍扩大到几十万人。

879年10月，农民起义军攻克广州，在这里进行了短暂的休整，补充了人员和武装。这时黄巢以"义军都统"的名义发表了北伐的政治宣言，提出了"禁刺史殖（聚敛）财产，县令犯赃者族（灭族）"的具体政治主张。接着,他率军北上,向唐王朝的都城长安进军。

消息传到朝廷,皇帝大为震惊,急忙调兵阻截。宰相王铎亲自出马,充当荆南节度使、南面行营招讨都统驻守江陵,并保举"将门后代"李系为行营副都统兼湖南观察使,率军五万驻守潭州,又调高骈为淮南节度使驻屯扬州,防守长江天险。

农民起义军英勇进军,毫不畏惧。同年11月,大军在桂州（今桂林）集中后,沿湘江向北经永州、衡州、直取潭州,消灭唐军五万。起义军乘胜顺长江东下攻克鄂州,到安徽、浙江等地流动作战。880年,起义军突破长江防线,又突破淮河防线,直取洛阳。

唐朝统治者企图坚守潼关,垂死挣扎,除守将齐克让率领一万名士卒驻守外,又拼凑两千八百名"神策军"协同守关。黄巢率大军至潼关城下,亲临前线,并以先锋尚让绕潼关背后两面夹攻。当地百姓一千多人自动赶来挖土填壕,支援农民军。黄巢起义军仅用六天时间就攻下潼关,打开了通向长安的大门。起义军迅猛向长安城挺进。

881年1月8日,唐僖宗带随从宦官仓皇逃奔四川成都。同日傍晚,农民军占领长安城。16日,农民起义军在长安建立了新政权,黄巢做了皇帝,国号"大齐"。

建立政权后,黄巢以为只要派个使者以一张公文就可以使封建势力归附大齐国。因此,几个月按兵不动,使逃到四川的唐僖宗站稳了脚跟，并集结残余势力，联络各地军阀武装，向农民军反扑过来。在革命高潮中一些暂时投降的节度使，也乘机起兵。农民军没有根据地，很快陷入敌人包围之中。粮食断绝了，战士们以树皮充饥，坚持战斗。在艰苦的条件下，起义军将领朱温叛变。唐朝统治者又联合沙陀族和党项族的贵族武装力量向农民军发动进攻。由于寡不敌众，农民军退出长安，在河南坚持斗争。884 年 7 月，农民军又退到山东。在莱芜以北瑕丘一战中农民军多数阵亡，黄巢自杀。农民起义失败了。

黄巢领导的唐末农民起义，率众几十万，转战十几省，持续十几年，在中国农民战争史上写下了光辉的篇章。这支农民军以"冲天"的革命思想，第一次提出"均平"的战斗口号，建立了政权，猛烈地冲击了封建制度。

世宗图强

后梁末帝龙德元年（921）九月，柴荣生于邢州龙冈。父亲柴守礼是个庄园主，姑母是五代后周太祖郭威的结发妻子。因姑母无子，柴荣从小由姑母收养，住在郭威家里。郭威对这个孩子很喜欢，就收他为养子。当时，郭威还是个小军官，生活不富裕，柴荣就帮助姑母料理家务。

柴荣聪明伶俐，为人谨慎。为了减轻郭威的家庭负担，年少的柴荣经常跟着商人做茶叶生意，到过许多地方，接触了下层社会各色人物，看到许多民间疾苦，养成了刻苦自励的精神。

后来柴荣当家，郭家越过越富有，这使郭威十分高兴，从而更加信任他了。柴荣跟郭威学会了十八般武艺，尤善骑射，并且粗通书史，逐步地培养起军政才能，开始在郭威手下担任军官。

后周太祖广顺元年，郭威建立后周，史称后周太祖。柴荣以皇子身份出任澶州节度使，成为郭威的得力助手。

后周世宗显德元年，郭威病死。皇后柴氏无子，姬妾生的两个儿子早已被后汉隐帝刘承祐杀害。所以郭威一死，皇位顺理成章地落到柴荣头上。郭威经过多年考验，知道柴荣敢于负责，表里如一，便在临死前对柴荣说："国家重任，就由你一人承担了。"

柴荣即位，史称后周世宗。北汉主刘崇趁后周国丧，勾结契丹南侵，想一举消灭后周。世宗闻讯，毅然率领人马前去抵御。

这年三月十八日，两军在高平相遇。

当时，双方都有数万人马，但柴荣一支后续部队尚未赶到，并且由于急行军，士兵都很疲劳。北汉刘崇率领三万大军居中，契丹大将杨衮率军居西为右军，先锋张元徽率军居东为左军，阵势十分严整。后周一些将领见状，不由得胆怯起来。刘崇见此情景，竟骄傲起来。契丹大将杨衮劝他说："千万不要轻敌！"

他不加理睬，反而叫契丹骑兵不必出战，把杨衮丢在一边，想要独夺全功。他对杨衮说："将军不必出战，看我破敌吧！"他深信胜券在握。为了显示镇静，他还传令军中奏乐饮酒。

两军刚一交锋，后周右军将领樊爱能、何徽便扔下部队，只率少数骑兵逃离了阵地。右军骑兵大乱，步兵数千人逃跑已经来不及，都丢下武器向敌军投降。

樊爱能、何徽拼命逃窜，还造谣说后周大军已经战败投降，阻止后军前进，扰乱了军心。溃军还一路抢劫。柴荣派人命令他们停止逃跑，他们反而杀害使者，继续逃跑。

柴荣见此情景，仍然镇定自若，端坐在马上督战，没有

隋·唐·五代

一点惧色。他率身边的亲兵数十人向前冲去，直奔刘崇营帐。后周军将士见皇帝亲自冲锋陷阵，也都争先恐后，奋勇冲杀。一时间杀声震天，吓破了敌胆。后周大将赵匡胤喊道："皇上都不怕死，我们还不拼命吗？"说着，便和禁军将领张永德分左右两翼直冲敌阵。

北汉军没有料到周军来势如此凶猛，顿时大乱，左军大将张元徽在激战中被杀。右军契丹大将杨衮因刘崇不重视他，心里不高兴。当他看到后周军冲杀过来时，忙带着骑兵撤走了。

刘崇只得披上蓑衣，戴上斗笠，仅带一百余人狼狈地逃回太原。

会战胜利后，柴荣为寻求治国方略，经常废寝忘食。他对近臣说："我刚刚即位，经历还浅，懂得的事情不多，而国事这样重大，我担心不能办好。"为了集思广益，世宗开始求贤求谏。他规定臣子要随时上书议事，批评朝政，推荐人才。显德二年，世宗命令文臣武将都要写《为君难为臣不易》和《平边策》各一篇，提供治国方略和进取大计。大臣王朴在《平边策》中说："中原残破，来自政治腐败，以致君昏臣邪，兵骄民困。现在要想治国，一要整顿政风，好官留下，坏官革职，君臣间以诚相见，建立严明的考核与赏罚制度；二要理财，减轻赋税，让百姓过上温饱的日子。只有这样，国家才有可用的人才和物力，才能完成统一天下的大业。"王朴的建议正合柴荣的心意。于是，他开始大刀阔斧地进行改革。

首先，严肃军纪，选练军队。当时，后周的军队缺乏训练，纪律松弛。将领骄横跋扈，经常不执行命令，每遇大战，不是望风而逃，就是缴械投降。尤其高平一战，给柴荣留下的印象极深。于是，他对作战有功的人加官行赏，如赵匡胤因作战得力，升为禁军统帅殿前都点检。对于怯敌的人则予以惩罚，如樊爱能、何徽临阵脱逃，被斩首示众，共有七十余名临阵脱逃的将士受到惩罚。右屯卫将军薛训因纵容下属敲诈百姓，被免官放逐。左羽林大将军孟汉卿放纵部下鱼肉百姓，向百姓多征正税以外的耗余，激起了民愤，世宗将其处死。有人说："孟汉卿罪不至死。"柴荣说："不杀不足以平民愤，杀了他可以惩戒旁人。"

其次，重用人才，任人唯贤。一天，柴荣要提升出身低贱的魏仁浦当宰相。有人说："魏仁浦不是科举出身，不能当宰相。"周世宗反问道："自古以来有才能的宰相，难道都是科举出身吗？"他力排众议，破格任用小吏出身的魏仁浦当了宰相。为了防止舞弊，世宗下令对已选取的进士进行考核，以保证任命的官员都是有才干的。

唐末以来，佛教在中国发展得很快。后周时，寺院遍及各地，有僧尼近百万。许多富户为了逃避赋役，托名僧尼，甚至将庄园托名寺产。军队中的逃兵、无业游民、逃亡奴婢、罪犯等也多遁迹寺院，求得庇护，这使国家失去了大量的劳动力和收入。世宗下令道："除少数法定寺院外，其余一律废除。"经过整顿，废去寺院三万余所，汰减了大批僧尼。

周世宗下令将民间的佛像、铜器销熔铸钱。国家因此获得了大量钱币，充实了国库。在拆毁佛像时，许多人不敢动手，怕来世受报应。柴荣为消除人们的疑虑，解释说："佛是佛，铜像是铜像。况且佛为了利民，连自己身上的肉和眼睛都要拿出来施舍，我们把佛像砸了铸钱，于民有利，佛也会同意的。"

许多人在《平边策》中建议先进攻江淮地区的南唐，周世宗采纳了这个意见。

在进攻南唐之前，为了解除后顾之忧，世宗决定先从后蜀手中夺回秦、凤、成、阶四州，这四州是后晋时并入后蜀的。后蜀国主孟昶是个暴君，四州百姓民不聊生，痛恨后蜀政权，先后多次派人到开封要求后周收复四州。

显德二年四月，周世宗命令大将王景、向训等分头出兵西进。战役进行了两个多月，秦、成、阶三州相继投降。十一月，王景又攻克了凤州。

紧接着，周世宗下令进攻南唐。战争从显德二年十一月出兵起，前后打了两年之久。其间，周世宗曾三次亲征。

显德四年十月，世宗第三次亲征南唐。从十一月起，周军发动了强大的攻势，一直打到长江北岸。南唐怕后周大军渡过长江，于显德五年（958）三月割地求和，划江为界。

周世宗三征南唐，取得了江北十四个州、六十个县的土地。

接着，周世宗决定收复幽州。显德六年（959）三月，周世宗亲自率军北伐，战争进展得非常顺利。四月，契丹宁州刺史王洪献城投降。接着，益津关契丹守将终廷晖开关投降。赵匡胤率军进入瓦桥关，契丹守将姚内斌也献城投降。仅四十二天，后周大军就收复了三关十七县土地，契丹统治者惊慌失措。

周世宗发愤图强，为宋太祖赵匡胤建立宋朝，结束五代十国战乱局面奠定了基础。

卷七　宋·元

960 年，赵匡胤建立了宋王朝，定都开封，国号为宋。宋钦宗靖康元年（1126），金兵攻入开封，此前史称"北宋"。次年宋高宗赵构在南京（今河南商丘）称帝，后建都临安（今浙江杭州），史称"南宋"。

北宋初期，赵匡胤为了使宋朝不再成为继五代十国后的又一个短命的王朝，他制定了一系列的政策方针，使皇帝掌握的权力超过了历朝历代。"澶渊之盟"后，中国北方有了少许安宁。这次结盟使北宋的经济发展得到了飞跃，又使边疆的人民能安居乐业。北宋经仁宗、英宗至神宗时期社会趋于稳定，经济规模空前，文化更是盛极一时。北宋后期，宋徽宗即位。面对这时已经成为强弩之末的北宋王朝，宋徽宗先是整顿朝政，可是一年以后，荒淫残暴的本性就露了出来。宋徽宗的腐朽无能加速了北宋王朝的灭亡。

北宋时期的社会经济非常发达，处于中国封建王朝的顶峰。农业生产技术的推广有了很大发展。大量农业生产知识的专著纷纷出现，反映了农业生产技术的提高。手工业生产有了很大进步。当时，各种手工业作坊的规模和内部分工的细密程度，都超越前代。著名的宋代五大名窑（官窑、钧窑、汝窑、定窑、哥窑）瓷器就出于这一时期。北宋定都开封，东南漕运十分重要，加之海外贸易兴盛，便促进了造船业的发展。当时指南针已应用于航海，这是古代中国对世界文明的伟大贡献。随着北宋商品交换的发达，货币流通量也明显增加，产生了中国也是世界上最早的纸币"交子"。北宋在文学艺术方面，更是名人辈出。宋朝的科举制度使文人得到了可以自由发展的空间。宋朝的词作品也已达到了极高的水平，它与唐诗并称为我国古典文学艺术的瑰宝。

南宋是中国历史上封建经济发达、古代科技发展、对外开放程度较高，但军事实力较为软弱、政治上较为无能的一个王朝。南宋时期，由于耕种土地减少与丝绸之路的阻断，被迫转向以商业经济尤其是远洋贸易为主的经济模式，商人在这一时期得到了最大的解放，并最终取得了商业经济的大繁荣，开始出现早期的资本主义生产关系。宋朝的灭亡，以及游牧民族对宋朝先进生产关系的毁灭性打击，使一直处于上升阶段的东方先进文明，从此逐渐转向衰弱，并最终没落于世界主流舞台之后。南宋政权与金政权长期对立，南北隔绝，南北文化仅仅通过双方边界民间的榷场交易和官方互派使者之类狭窄的途径，进行有限的交流。由于南宋文化整体水平高于北方，故这种交流主要表现为南宋文化对北方文化的辐射。

1206 年，蒙古族领袖成吉思汗建立蒙古汗国后，扩张其势力于黄河流域。从成吉思汗到蒙哥汗时，陆续攻灭西辽、西夏、金、大理，并在吐蕃建立行政机构，直接进行统治。1271年，忽必烈定国号为元，并于至元十六年灭南宋，建都大都（今北京）。

元代是中国历史上统治时间较短的朝代，但却占有特殊重要的地位。元朝作为中国历史上的一个重要朝代，不仅在中华文化史上发挥了承上启下的作用，而且在诸多领域出现了新的飞跃，推进了中国多元一体文化的发展进程，开创了中国各民族文化全面交流融合的新局面，对中华文化的繁荣和发展做出了重要的贡献。各民族之间的接触和交往更加密切，促进了经济、文化的交流，形成元代文化多样性的显著特色，涌现出大批精通汉文化的非汉族文人学者。科学、文化方面，天文学的成就居于当时世界最先进地位，数学、医学都在世界先进之列；戏曲、小说创作繁荣，元曲成为与唐诗、宋词并称的优秀文学遗产。

元朝中西经济、文化交流的空前繁荣，使不同国家和地区间的经济、文化双向交流加速。中国的火药、指南针、印刷术传入阿拉伯地区和欧洲，推进了这些地区的文明进程。阿拉伯的医学、天文学、农业技术，欧洲的数学、金属工艺，南亚的雕塑艺术等传入中国，促进了中国古代文化的丰富和发展。元代中西文化交流信息量之大、传播范围之广、对当时及未来历史影响之大，都是人类历史上空前的。可以说，中西方成就第一次出现了全方位共享的局面。元代在政治、军事制度方面也有发展，如建立行省制度，使地方行政管辖体制更趋完善，一直为后代所沿用。

元朝的败亡，其主要原因在于其政治黑暗，施行民族歧视和政治压迫政策。统治集团内部争权夺利，朝廷横征暴敛，经济越来越衰退，激起广大人民的反抗。元朝在历史潮流中走向了衰亡。

陈桥兵变与"杯酒释兵权"

960年，宋太祖赵匡胤推翻了后周政权，建立宋朝，结束了五代十国的分裂局面，重新统一了中国。

赵匡胤夺权是轻而易举的。他原来是后周的一员战将，曾经在周世宗柴荣掌政时期屡建战功，当上了殿前都点检的军职，统领精锐的禁军。959年，周世宗驾崩，继位的恭帝只有7岁。赵匡胤又得到防守京师开封的归德军节度使的实权，成为朝廷中举足轻重的人物。

960年元旦，镇州、定州派人谎报军情，说北汉和契丹联合向南进攻。后周宰相范质派遣赵匡胤率兵前往抵抗。赵匡胤先派出了前锋部队。京城里传出了"点检为天子"的消息，老百姓非常恐慌，害怕朝廷夺权祸及百姓，纷纷四处躲藏。可是，朝廷内毫无动静。

过了几天，赵匡胤和后续部队出发了。他部下一个小官，宣称自己通晓天文，看见太阳下面又出现一个太阳，放射着光芒，这是天命赵匡胤当权。这天晚上，赵匡胤的部队在京师城北二十里的陈桥驿驻扎下来。一些将士议论："皇帝年岁这么小，我们拼死打仗，有谁知道呢？不如先拥立点检为天子，然后再北征，也不晚啊！"他们把这些想法对赵匡胤的弟弟赵匡义和归德军掌书记赵普说了。这些将领又商量了一夜。他们又派人回京，联系殿前都指挥使石守信和都虞侯王审琦。这两个人平时都倾向赵匡胤，对拥立赵匡胤完全同意。

第二天的早晨，赵匡义等许多将领拥进赵匡胤的寝室。赵匡义、赵普把大家的来意说明。赵匡胤假装酒醉，慢慢地起来。将校列队在庭前说道："我们没有主心骨，愿意拥护您为皇帝！"没等赵匡胤开口说话，大家就把一件黄袍披在他的身上，向他跪拜，高呼万岁。将领们把赵匡胤推上了马，回到开封，正式当了皇帝，改国号为宋。这就是历史上的北宋，赵匡胤就是宋太祖。

当了皇帝的赵匡胤有一天问宰相赵普："自唐末以来，帝王换了十几个，战争不止，什么原因？要使国家安定长久，有什么办法？"赵普回答说："因为藩镇权力太重。只要夺了他们的权，天下就安定了。"赵匡胤说："你不要再说了，我已经明白了。"961 年秋天的一个晚上，赵匡胤宴请石守信、王审琦等将领。酒过数巡，赵匡胤屏退左右侍从，说："我没有你们帮助，不会有今天这个地位。可是，做皇帝也有难处，不如做节度使时快活。我自从做了皇帝，没睡过一晚安稳觉。"石守信等人问他什么原因。他说："这不难理解。我所处的位子谁不想呢？"石守信等人发了慌，急忙说："陛下怎么说这样的话呢？现在天下已定，谁还敢有二心？"赵匡胤说："你们虽没二心，部下一旦将黄袍加到你们身上，那就由不得自己了。"石守信等说："我们没想到这层，真是愚蠢。请皇上指示我们应该怎么办吧。"赵匡胤说："你们何不把兵权交出来，到地方上去做个大节度使，为子孙多置些家业，多养些歌妓舞女，快乐过个晚年。"

第二天，石守信等将领都推说有病，请求辞去军职，赵匡胤一一批准。这就是"杯酒释兵权"的故事，也是北宋初年加强中央集权的政治措施之一。

赵匡胤为了巩固政权，还在中央政府增设参知政事（副相），又以枢密使管理军政，三司使管理财政，以分割宰相"事无不统"的权力。中央司法部门除刑部外，复设大理寺和审刑院职，共掌司法权，互相制约。

在地方，命令各节度使所领的支郡都直属中央政府，州郡长官必须由文官充当，三年一任，期满调往别处，防止地方官"久任权重"。在一些重要的州，增设"通判"，用以牵制知州的权力。地方赋税除小部分留州外，其余送缴京师，并设置税收场务监和各路转运使，具体负责执行这项事务。

为了防止藩镇割据重演，北宋规定各州把精壮的地方兵选送中央，编入禁军，实行"更戍法"。禁军经常轮流到各地守卫，使"兵无常将，将无常师"。废除殿前都点检的军职，把禁军分属殿前司、侍卫马军司、侍卫步军司管辖。这"三衙"

的长官地位较低，没有调兵权。军队调遣和移防，都要有枢密院的命令。有事出征多临时命将，或由皇帝主帅。中央政府直接掌握军队的指挥权，"朝召而夕至"，加强了封建中央集权。

杨家将忠心保大宋

北宋政权建立后，又进行了十多年战争，统一了大部分领土。赵匡胤说："幽燕未定，何谓一统。"他准备收复燕云十六州，但未等实现，就驾崩了。宋太宗赵匡义灭掉北汉政权后，从 979 年始，七年间发动了几次对辽的战争。

辽政权是契丹族建立的。916 年，耶律阿保机建国号契丹，947 年改国号为辽。982 年又叫契丹，1066 年又改国号为辽。这从表面上反映了契丹社会的剧烈变革。自石敬瑭割让燕云十六州后，契丹成了中原人民的严重威胁。为了反抗契丹入侵，中原人民长期进行斗争。杨家将祖孙四代，就是在抗辽斗争中，贡献了自己的力量和生命。

杨家将的故事，在民间流传近千年了。由于小说、戏剧的宣传，人们对佘太君、穆桂英、杨文广十分熟悉，而对杨家将的历史却不一定清楚。

根据历史记载，杨家将中最重要的人物是杨业，又名杨继业。因为他作战英勇，当时人称"杨无敌"。

杨业的父亲杨信，是北汉麟州刺史。杨业的弟弟杨重励，继他父亲之后，掌握麟州军权，守卫西北边防。北宋开国后，杨重勋继续担任原来的职务。

杨业原名杨重贵，青年时曾在后汉刘知远的弟弟刘崇手下做助手。宋太宗时，任命杨业为郑州防御使，后为代州刺史，担任守边御辽的重要职务。

杨业驻防的代州北面四十里，有一道断崖绝壁，山间只有崎岖小路可以通行。人们称这个天险为雁门关，是古来兵家必争之地。杨业到任不久，就在雁门关和辽兵打了一仗。辽兵十万前来进攻，杨业率轻骑数百人绕到侧面，通过羊肠小道，深入敌后，袭击辽兵大营，取得出奇制胜的战绩。从此，辽兵看见杨业的军旗，便心惊胆寒，不战而退。杨业威震雁门关。

986 年，宋太宗派曹彬统帅三路大军攻辽，命令潘仁美为云、应、朔等州都部署，杨业为副将，从西路雁门出击。杨业屡建战功，迅速收复四个州。可是，曹彬带领的一路军，却吃了败仗。太宗命令潘仁美、杨业出兵掩护四州官民撤退。这时，辽兵十万乘势攻来，形势十分严峻。杨业为了完成掩护任务，分析了敌我力量，拟定了作战方案：出兵应州，分散敌人兵力，消灭其精锐，掩护军民撤退。可是，潘仁美的同伙监军王侁一定要杨业出兵雁门北川，进扑马邑。杨业知道这样做必败，仍希望败中求胜，请求潘仁美把精锐步兵埋伏在陈家谷口两侧，等他把辽兵引来，前后夹攻。傍晚，等到杨业把敌人引到陈家谷口，潘仁美早把伏兵调走了。杨业和他的部下，在敌人包围中英勇战斗。他身上带着几十处伤，坚持厮杀，直到他的战马重伤，不能走动的时候，被敌人俘获。他的儿子杨延玉，将领王贵、贺怀浦等为国殉难。杨业在敌营里绝食三天而牺牲。

潘仁美身为统帅，知道杨业在前方失利，不仅不派兵应援，反而自己擅自离开阵地。王侁是潘仁美的部属，听从潘仁美的指挥。他在朔州战役中，直接秉承潘仁美旨意，逼死了"杨无敌"。杨业在被俘后，愤慨地说："业为奸臣所迫。"就是指潘仁美一伙。杨业死后，潘仁美迟迟不赴前方，军队连连败退。后人对潘仁美陷害爱国将领杨业，又逍遥法外，愤愤不平。人们编写戏剧，以杀死潘仁美等奸臣为结局，表现出人民对黑暗政治的控诉。

据说，杨业共有七个儿子。关于他们的名字，传说不一，史籍记载较多的是杨延昭，就是戏剧中的杨六郎。但是，史实上杨延昭不是排行第六。他是杨业的长子，骁勇善战，辽兵非常怕他。他在杨业军队中，曾担任先锋，一次不幸被流矢射中胳膊，依然顽强战斗，杀伤辽国无数兵将。杨业死后，他升为崇仪副使，在守卫边防前线中，立了不少战功。

杨门女将中的佘太君，本名折太君。历史上关于她的记载不多，但她确是一位女英雄，善于骑射，勇于作战，曾经帮助杨业立过战功。她也教导婢仆练习武艺。

正史中，杨文广是佘太君的孙子，为宋仁宗时名将。范仲淹任陕西河东路宣抚使时，招收杨文广做他的部下，和西夏打了多年仗。宋英宗时，杨文广任龙神卫四厢都指挥使，成为保卫皇帝和都城的负责人。有的书上说，杨文广娶妻慕容氏，善战，可能就是穆桂英。

1004年，辽兵又南下攻宋，打到黄河北岸的澶州地区（今河南濮阳）。宋真宗妥协投降，和辽订立和约，双方以白沟河为界，宋朝每年向辽输送白银十万两，绢二十万匹。这就是"澶渊之盟"。

王安石变法

王安石（1021—1086），字介甫，号半山，又称王荆公，北宋临川（今江西境内）人，出身于中下级官僚地主家庭。青年时代一直跟随做州县官的父亲旅居各地，22岁考中进士。

王安石生活的时期，是中国封建社会走下坡路的时期。豪强大地主、大官僚、大商人兼并土地的现象越来越严重，农民群众流离失所，国库空虚，民变兵变多次发生。北宋政府对辽和西夏向内地的侵扰，采取妥协态度，每年要付出几十万两白银和大量丝绢。虽然如此，辽和西夏仍然对内地进行劫掠。北宋社会局势很不稳定。

王安石从维护和巩固封建地主阶级的长远利益出发，感到要挽救政治、经济和军事上的危机，必须加强中央的力量。1068年，宋神宗赵顼即位。王安石以江宁知府召为翰林学士，提出"变风俗，立法度"是当务之急的施政意见，得到赵顼的重视，被任命为参知政事（副宰相），后又被任命为同中书门下平章事（宰相），开始进行大规模的革新变法。

王安石首先创立了新的学派，后称荆公学派，"以富国强兵为目标，抑制土地兼并为内容"，为变法大造舆论；同时设立推行新法的机构——制置三司条例司。

王安石变法以"理财"和"整军"为主要内容。他认为，变法首先应解决政府的财政危机问题。这就必须先发展生产，在经济上应本着"取天下之财以供天下之费"的原则。当时各州县的常平仓（宋初设置，以调节谷价，使农民青黄不接时免遭高利贷盘剥）没粮；有的虽贮存一点粟米，也无力抵制富商大姓的购买，农民根本买不到；有的则掺杂砂石应数。为改变这种现象，1069 年秋季，王安石公布了"青苗法"，提出把常平仓现有粮食卖掉，分春秋两季给有土地的人户贷款。贷户分五等。借用期为半年，每期利息两分。这样，基本抑制了大地主利用高利贷剥削自耕农民的现象，避免了自耕农民的大量破产。

1070 年，王安石又废除了依户轮充差役的方法，改为百姓出钱、州县雇人服役的制度，称为"免役法"。规定凡以前应服役的民户，按户出钱，不再服役；凡原来享有免役特权的品官之家以及女户、僧道户和未成丁户，也要按户交纳"助役钱"。这样，取消了豪强大地主不服役的特权，对中小地主来说，也减轻了负担，在一定程度上提高了自耕农民生产的积极性。

此外，还有"市易法""农田水利法"和"方田均税法"等，多少有益于农业生产的发展，对豪强大地主肆无忌惮地兼并土地，是一个限制。

当时，北宋政府拥有着百余万军队。这支军队兵将分离，不加训练，终年"饱食安坐以嬉"，卫兵入宿，连自己衣被都让别人持送。为加强中央集权，提高军队战斗力，在军事政治方面，王安石制定了"置将法"（选武艺精良的军官分批教练戍守当地的军队，每单位设将、副将各一人）、"保甲法"（每十家为一保，两丁以上出一人做保丁，农闲时集合练武，夜间值班巡查）和"保马法"（废除牧马监，推行民户代官养马）。

这些变法措施，主要抑制了大地主阶级的既得利益，在一定程度上照顾了中小地主阶级和有少量土地的自耕农民的利益。所以变法还没开始，就遭到司马光等保守派的反对。他们攻击新法"以贱凌贵，以邪防正"，骂王安石不该"挟管（仲）、商（鞅）之术"，是少正卯式的"异端"人物；指责"荆公新学"是"邪说"，坏了"后生学者"，是国家"大患"；甚至于把星象异常和天旱不雨，也归罪于王安石新法。

面对大地主保守集团的攻击，王安石大胆地提出："天变不足畏""祖宗不足法""人言不足恤"。王安石"三不足"的战斗口号，体现了他坚定的革新精神。

1085年，支持新法的皇帝宋神宗赵顼死去，宋哲宗赵煦上台。反对变法的司马光被起用为相，推翻了一切变法革新措施。王安石抱恨而死。

王安石是"中国11世纪的改革家"。他的新法对当时政治、经济发展，都起了一定的积极作用。

但是，由于王安石是在不触动封建制度根本的基础上进行革新，走的是一条改良道路，因而导致了变法的失败。

铁面无私的包拯

宋真宗咸平二年（999），包拯出生在庐州合肥县（今安徽合肥市）一个官僚家里。父亲包令仪，字肃之，官居朝散大夫、虞部员外郎，负责管理皇帝的林苑。

包拯从小不讲究吃穿，严遵父教，刻苦读书。他虽在乡试中名列前茅，但不骄不懈，谦虚谨慎，再接再厉，受到师友的赞扬。

宋仁宗天圣五年，包拯辞别年老多病的父母，到京师开封（今河南开封市）参加科举考试，一举考中进士。

考中进士后，包拯曾在朝中做官，也曾做过几任地方官。这年，包拯被调往庐州（今安徽合肥市）担任知州。

包拯听说要回故乡了，心里十分高兴。他急忙交代完公务，就和夫人董氏、老家人包兴等一起回庐州上任去了。

包拯刚到庐州，亲戚朋友和乡亲们都来看望他，包拯一一接待了他们。

老百姓听说包拯做了庐州知州，无不额手称庆。他们想："救星来了，这下可好了，总算有了为民做主的父母官了。那些贪官污吏、土豪劣绅再也不敢欺侮我们了。"

包拯上任不久，听说庐州府衙所处的合肥县告状的比以前猛增，感到很奇怪，于是便到合肥县衙去了解情况。

包拯到了合肥县衙，亲自审阅老百姓的诉状，发现有告他亲友的，尤其是告他舅舅的特别多。诉状上说他舅舅联络乡绅，抢占民田，横行乡里，欺压百姓，使百姓不得安居乐业。

包拯看过之后，非常气愤，问县令道："这些案件你为何不审理？"县令见是告包拯舅舅的案件，便说："那些告状的人是在无理取闹，我已经命人把他们打回去，现在再也没人来告了。"

包拯把脸一沉，问道："你怎么知道他们是无理取闹呢，你凭什么随便打人？"

县令一时摸不清包拯心里是怎么想的，就说："包大人在这里当知州，他们专告大人的舅舅，岂不是无理取闹？"

包拯问道："我舅舅横行乡里，欺压百姓可是事实？"

县令想："做官的哪有不护着自己亲人的？"于是笑着对包拯说："包大人，这事下官尚不清楚。不过，即使是真的，为了大人的面子，下官也不敢……"

包拯把眼一瞪，满脸怒容，命令道："你身为县令，就应该为民做主。可你不察明案情就责打告状的百姓。你这样做，按理应该撤职查办。念你是初犯，我今天暂且饶了你。不过，这些案件一定要抓紧审理！"

县令心里很矛盾："这些案件怎么审理呢？如果依法办案，包大人的舅舅早该逮捕归案了。但是，谁知道这样做是福是祸呢？将来包大人要是在其他事情上找茬儿，我怎么吃得消啊？不审理吧，眼下包大人又这么严厉，一定要让我秉公执法。"他左思右想，顾虑重重，于是便哀求包拯道："包大人，这些案件就算了吧，以后我一定秉公审案，严肃执法，望大人恕罪。"说到这里，他扑通一声跪了下来。

包拯见县令跪在自己面前苦苦哀求，知道他在处理这些案件上左右为难，便让他站起来，问道："既然这些案件你无法审理，为什么不往州里报啊？"

包拯的话提醒了县令，他心中不由一喜。但他马上又皱起了眉头："不行！这样做不是故意给包大人出难题吗？"于是，他还是一再推诿，请求不要再审理这些案件了。

包拯见县令还是拗不过情面，心里不禁一阵厌恶。他把袍袖用力一甩，厉声说道："限你三天之内一定要将这些案件报到州里，否则唯你是问！"说罢，包拯转身离开了县衙。

县令不敢怠慢，第二天就将与包拯亲友有关的案件都上报到州里去了。

包拯接到这些案件，立即派两个捕快去捉拿舅舅归案。舅舅见捕快前来捉拿他，跳上前去就给捕快一人一个耳光，骂道："瞎了你们的狗眼！你们知道我是谁吗？我就是你们庐州知州包大人的舅舅，谁敢捉拿我！"

两个捕快急忙跪倒在地，连声说："我们不是县衙的，我们是包大人手下的。"

舅舅怀疑自己听错了，问道："怎么，是包拯派你们来捉拿我？"

两个捕快交换一下眼色，满脸赔笑，连声说："不，不，不！我们不是来捉拿您老人家的，我们是奉了包大人的命令前来请您老人家过府叙谈的。"

舅舅又问道："此话可是真的？"

两个捕快又互相看了看，然后异口同声地说："绝对是真的！"

舅舅蛮横地说："不管是真是假，舅爷我也不怕。我外甥是知州，量谁也不敢把我怎么样。你们两个快起来，舅爷就跟你们走一趟。"

舅舅坐轿来到府衙，一个捕快跑去禀明包拯，包拯命他们先把舅舅关押起来。

舅舅一见要关押他，立即大吵大闹，不肯随捕快走。他几次喊着要见包拯，但包拯一直不见他。

夜里，包拯一直放不下这件事，考虑着如何处理舅舅。夫人董氏也为舅舅的事焦躁不安。夜已经三鼓了，两人还翻来覆去睡不着。

董夫人问包拯说："舅舅犯了法，你就不能讲点情面吗？"

包拯没有吭声，只是叹了口气。

董夫人又问："今天舅家表弟前来讲情，你说什么也不答应。咱们刚回来不久，你就这样做，人家会不会说你无情无义呀？"包拯解释说："夫人，不是我无情无义，是舅舅太不自爱了。我身为百姓父母官，坐镇庐州，应该秉公执法，不徇私情。如果舅舅犯法可以免刑，别人犯法又怎么办呢？法律无情，六亲不认。你跟我这么多年了，难道还不懂得这个道理吗？"

董夫人说："话虽是这么说，但你就不能法外开恩，宽容一次吗？"包拯耐着性子说："夫人有所不知，自从我做官后，亲友借我的名声横行乡里。尤其是舅舅，他联络四乡豪绅为非作歹，百姓怨声载道，县官又不敢管。我若宽容舅舅，这庐州将会变成什么样子？我又如何在这里做官啊？"

夫人劝道："要不然就缓几天再审理，好好想想还有没有两全其美的办法。"

包拯一听急了，说道："夫人，你可不要再糊涂了，就是缓上一百天，也不会有什么好办法。为了尽快搞好合肥县的治安，我明天就升堂审理。"

董夫人明知讲情也没用，但舅舅总归是亲人，表弟又亲自来托她，怎能不抱着一线希望劝包拯宽容宽容呢？她见包拯没有一点讲情的余地，况且又牵扯着合肥县的治安，于是就不再多说了。

第二天早饭后，包拯穿戴好，正准备升堂审案，他的儿媳崔氏急急忙忙地走了进来，跪在包拯面前，含着眼泪说："公爹在上，容儿媳敬禀：舅爷犯了法，理应治罪。但自从孩子他父亲去世之后，家中一切事务全由舅爷家照管。若不是舅爷家，我这么一个年轻寡妇如何度日啊？公爹如果审理舅爷，绳之以法，儿媳于心不忍，望公爹开恩。"

崔氏说着，忍不住抽抽搭搭地哭起来。

包拯见儿媳哭得那样伤心，也不禁动情了。

崔氏是他的亲儿媳，而且现在是他晚辈中唯一的亲人了。包拯在瀛州做官时，他的独生子包繶不幸死在潭州（今湖南长沙）任上，儿媳崔氏只得怀抱幼小的孙子回到庐州老家。孤儿寡母无法度日，多亏舅舅家为她照管家务。

包拯在扬州做官时，他唯一的孙子又不幸夭折，只剩下一个年轻的崔氏，日子就更加不好过了。她母亲劝她回荆州老家改嫁，为了包家的名声，她誓死守节，永不嫁人。这时，又是舅舅家为她支撑门户，一直到今天。

包拯和这个舅舅年纪相仿，小时候常在一起玩耍，感情一直很好。

包拯的父母去世后，包公回家守孝，舅舅家又多方照料他，一直到他外出做官。

几十年来，舅舅虽然做了些危害百姓的事，但也并无太大的民愤。自从包拯官做大了，舅舅在其他乡绅的怂恿下，才变得无法无天，仗势欺人。

想到这里，包拯的心情十分复杂。包拯望了望那楚楚可怜的贤儿媳，急忙叫她站起来，让董夫人和她一起去后堂。

崔氏见包拯没有讲情的余地，就说："公爹如果不宽恕舅爷，就让儿媳代舅爷领罪吧！"

包拯说："舅爷对你好，对我也好，这些咱们都应该记住。但他犯了法，我如果不秉公执法，老百姓会怎么想呢？其他官员又怎能为民申冤呢？至于你要代舅爷领罪，我向来不主张这么做。法不罚无罪之人，何人犯法何人当。儿媳，不要再说了，快和你母亲歇息去吧。"

崔氏还想苦苦哀求，但她见包拯铁面无私，定要秉公执法，也就无可奈何了。

包拯安顿好董夫人和儿媳，来到大堂。

在一片威武声中，包拯升堂审案。舅舅来到大堂，一脸怒气。他见包拯坐在堂上，冲上去就要打，衙役急忙拉住了他。他立而不跪，昂首挺胸。包拯问罪，他不但不招，反而大闹公堂，骂包拯是个无情无义的小人。

包拯一听，勃然大怒，猛拍惊堂木，厉声喝道："大胆罪犯，自己不认罪，反敢辱骂本官。来人，拉下去重打四十大板！"

包拯一声令下，衙役们急忙上前将舅舅拉下大堂，打起板子来。听见堂下的板子声，包拯坐在大堂上，心里不禁隐隐作痛。

在包拯坐堂审问舅舅的时候，与舅舅一起横行霸道的乡绅都在府衙门外等候消息，探听动静。他们都想看一看包拯究竟是怎样处置他舅舅的。

当这些人听说包拯重打舅舅时，不禁面面相觑，心里害怕起来。他们交头接耳地说："原以为包黑子会袒护我们呢，想不到他竟这样无情无义。他对舅舅尚且如此，何况对我们了！"说完，一个个灰溜溜地逃走了。

当天，包拯便按朝廷法律处理了舅舅。

包拯亲自审理舅舅的消息不胫而走，在庐州震动很大。官员们都敬重包拯秉公执法，铁面无私；土豪劣绅怕挨那四十大板，更怕坐牢判刑，再也不敢为非作歹了；合肥县令亲自到州衙向包公赔罪，并感谢他把合肥县治理得井然有序；老百姓欢天喜地，都夸包拯是一个秉公执法、为民除害的青天大老爷。

范仲淹拜师

范仲淹（989—1052），字希文，苏州吴县人，北宋著名的政治家、军事家和文学家。做过枢密副使，参知政事，既是个文臣，又是个武将。他在幼年时期就立下大志，为了实现自己的远大抱负，他虚心学习，不耻下问，昼夜诵读诗书。成名后仍然保持谦虚的襟怀。

范仲淹在浙江桐庐做官时，因为十分敬仰崇拜严子陵，他特地为严子陵建造了一座祠堂。严子陵是东汉初年人，跟刘秀是同学。刘秀做了皇帝以后，就召严子陵到京城去做谏议大夫，他不肯，隐居在富春山。相传严子陵经常在富春江边上钓鱼，因此祠堂就造在富春江边，范仲淹为严子陵写了一篇记，其中有一首赞颂严子陵的诗，诗中写道："云山苍苍，江水泱泱，先生之德，山高水长。"诗写成以后，范仲淹就把这首诗拿给至交好友李泰伯看，并让他提出批评意见。李泰伯读后，再三叹服，然而觉得意犹未尽，他站起来说："先生的诗是一首好诗，先生的文章一旦传出去，必定闻名于天下，我想冒昧地改动一个字，使它白璧无瑕。不知先生意下如何？"当时，范仲淹已是大名鼎鼎的政治家、军事家和文学家，给这样一个人提意见，李泰伯实在有点儿诚惶诚恐。

范仲淹听后，肃然起敬，马上站了起来，拱手说道："是哪一个字，快请说出来。"李泰伯说：'山''江水'等词句，从内容上说，十分宏伟开阔，博大奔放；从用词上说，极有气派，又与严子陵的居住环境吻合，白璧无瑕、韵味无穷，然而下面用一个'德'字接着似乎显得局促狭隘且浅白，换个'风'字怎么样？"

范仲淹此时似乎屏住了呼吸，聚精会神地听着，频频点头，连声称"妙"，说罢又低低吟诵一遍："云山苍苍，江水泱泱，先生之风，山高水长。"果然味道与"德"字大不相同，改用"风"字既包含了"德"的含义，又有"风传千里""风流千古"的韵味，因此更能反映严子陵的高风亮节，反映出他对严子陵的崇高敬仰。想到这里，范仲淹对李泰伯佩服不已，嘴里说着："太好了，太好了，真是高见。"说着就要跪下来拜谢李泰伯，李泰伯一见，慌忙扶起范仲淹，说"不必，不必"。

范仲淹虚心听取别人的修改意见，写文章常常字斟句酌，因此才创作出"先天下之忧而忧，后天下之乐而乐"（《岳阳楼记》)那样千古传诵的名句。

方腊、宋江起义

北宋末年，土地兼并十分严重。宋徽宗赵佶只追求朝欢暮乐、爱色贪杯。他为在宫殿林苑中布置各种奇花异石供其玩赏，特派宠臣朱勔等在苏州设立一个"应奉局"，到江东各地专门搜集花石竹木和珍异物品，送到京都汴梁（今开封），每十船组成一纲，称"花石纲"。哪个民家有一块较别致的石头或一株少见的花木，"应奉局"的恶棍们就闯进去用黄纸一贴，这就算是赵宋"皇家"的了。启运时如花木高大，就拆墙破屋，趁机抢掠，之后扬长而去。"花石之扰"使运河两岸的大批农民倾家荡产，加之苛捐杂税多如牛毛，逼得百姓妻离子散，加上连年灾荒，饿死的百姓尸体遍地。这样的世道，劳动人民要活命，只有起来造反！

方腊是睦州青溪县（今浙江淳安）碣村地主家里的佣工。当他看到"应奉局"对青溪人民苛酷勒索，每年索取的漆就达千万斤，花石竹木更多，极为愤怒，决心组织大家起来反抗。方腊以摩尼教为掩护，秘密地发动百姓。

摩尼教是由波斯人摩尼创立的，唐代时传入中国，成为民间的一种秘密宗教。因为这个教宣传通过斗争，光明一定能战胜黑暗，所以在中国又叫"明教"。入教的人要吃素食，断荤酒，人们又称之为"食菜事魔教"。由于摩尼教主张"是法平等，无有高下"，同教的人都称"一家"，提倡大家聚财帮助贫穷教友，因此得到贫苦农民的敬仰。

1120 年 11 月的一个晚上，方腊在漆园召集一百多个教徒聚会。他站起来激动地向大家说："天下国家本同一理。如今我们老百姓整年劳苦耕织，得到一点粟帛，却被皇帝官老爷全部拿去挥霍掉。而且稍不如意，就要鞭打，甚至随便处死。你们能甘心忍受么？"大家齐声说："不能！"

方腊又揭露统治者说："如今赋税繁重，官吏侵渔，我们单靠农桑不够过日子，就只好依靠漆楮竹木，可又被他们抢走，一点不给留。皇帝和官老爷们声色犬马，土木祭祀，甲兵花石挥霍以外，每年还要给西、北两敌银绢几百万。这也是我们老百姓的膏血啊！我们整年勤劳，老婆孩子还是受冻挨饿，吃不到一顿饱饭。我们大家该怎么办？"大家激愤地说："听你的命令！"

方腊继续说："东南的老百姓长期被剥削，太苦了。近年花石的骚扰更无法忍受。大家如能仗义而起，四方必然闻风响应。十天半月，可以集聚万余人。我们一举攻下江南各郡，守住江南，减免徭役和赋税，有十年时间，就能统一全国。"

方腊领导的农民大起义爆发了。11月初，起义军建立政权，方腊自称"圣公"，立年号"乐"，建置将帅分为六等，以头扎各色头巾作标志。11月底，农民军打下青溪县城。12月初又攻取睦州，然后分兵两路：一路向杭州方面进军；一路穿过千里岗山和天目山之间的峡谷，进入歙州（今安徽歙县），逼近宣州（今安徽宣城）。

农民军所到之处，"见官吏、公使皆杀之"。对恶霸土豪坚决镇压，焚烧他们的院宅，把他们的财产分给贫苦的农民。

方腊起义军的纪律严明，每到一处，老百姓都像接待亲人一样烧水煮饭，给伤员换药、喂水。

义军每从一地出发，人们依依送行。浙江桐乡县乌镇的"哭送亭"，传说就是当年人民送起义军由秀州退军的地方。

由于农民军和百姓一条心，在政治上无视"君臣上下"，在经济上"凡物用之无间，不分你我"，所以发展迅速，作战顺利。三个月时间，"永乐"大旗已飘扬在睦、歙、杭（今浙江杭州）、处（今浙江丽水）、婺（今浙江金华）、衢（今浙江衢县）等六州五十二县。

方腊起义军的迅猛发展，吓坏了宋徽宗为首的统治集团。他们派童贯率领十五万官兵镇压。

在杭州战役中，起义军同十倍于己的敌人搏斗，无一人投降。在帮源洞战役中，起义军七万人战斗到最后一刻。方腊不幸被俘，于 1121 年在汴京就义。各地农民军坚持斗争到 1122 年 3 月，沉重地打击了宋王朝的统治。

1119 年（宣和元年），在河北路（今黄河以北的河北省、山东省、河南省一带）以宋江率领三十六将为首的农民起义军，很快发展成相当大规模的队伍，官军数万人不敢抵抗。宋江的才能过人，三十六个将领武功超群。《宣和遗事》记载三十六将的名字，如"智多星吴加亮""青面兽杨志""豹子头林冲""铁天王晁盖""行者武松""浪子燕青""小旋风柴进""金枪手徐宁"等等。宋江起义军活动在山东梁山泊一带。东平府（郓州知府）侯蒙奉命前往梁山泊招安宋江，未等到任他就病死了。

宋江的起义军在转移南下的途中，受到了沂州（今山东临沂）知州蒋圆的伏兵袭击。1121 年，宋江带领农民起义军到淮阳（今江苏邳县以南）活动。由于官兵的追击，农民起义军边战边走，在沭阳县又受到县尉王师心的官兵打击。不久，海州知州张叔夜又设伏兵，捕捉了宋江，三十六个将领投降了宋朝，而且被封了官，农民起义军失败了。

长期以来流传宋江起义的民间传说，由于《水浒传》小说的渲染，三十六将变成一百零八将，宋江起义的故事到元末明初以后，几乎家喻户晓了。宋江领导的农民起义虽然规模不大，时间不长，影响却十分深远。

岳 家 军

北宋统治者在与金朝联合反辽过程中，暴露了腐朽无能的真面目。金灭辽以后，就开始向北宋进攻。1125年10月，金以北宋收纳金的降将张觳为借口，发兵南下。第二年1月，金兵打到宋都汴京（开封）周围。

当时，金兵只有六万，长驱直入，粮饷不继；而宋朝各地援军到达京城附近的就有二十多万。朝廷内部以宰相李纲为首的主战派，团结军民，多次打败了金军的围攻。在这样有利的条件下，宋徽宗胆小如鼠，慌慌张张把皇冠扔给他的儿子赵桓，即宋钦宗，逃到商丘躲了起来。宋钦宗更是贪生怕死，不敢抵抗金军，接受了割地赔款的屈辱条件，称金皇帝为"伯父"，把亲王、宰相送到金营做人质，罢免了主战派李纲、宗泽等人的官职。

1126年8月，金兵再次南侵。9月，攻陷太原。11月，到达黄河北岸，看到守河宋军有十几万人，金军不敢轻易过河。晚上，金军集中战鼓，敲了一夜，吓得宋军全部溃败。金军顺利渡过黄河，攻下汴京（开封），俘虏了徽宗和钦宗。

305

历史上称此事件为"靖康之耻"。北宋灭亡了。金以原北宋宰相张邦昌为傀儡皇帝，号称楚政权，妄图统治中原。张邦昌伪政权只存在二十九天，就垮台了。

钦宗的弟弟康王赵构，于1127年在南京（今河南商丘）做了皇帝，即宋高宗。后来，又迁都临安（今杭州），历史上称为南宋。

当时中原人民深受金朝统治集团的迫害。凡金兵所过之处，房屋尽毁、田园荒芜、尸体满路，男人被削去头发，被迫为他们担运掠夺的物品，女人被奸淫杀伤。人民不甘心受金兵的欺凌，纷纷组织武装抵抗。

太行山区王彦领导的起义军在脸上刺"赤心报国，誓杀金贼"八字，表达抗金的决心。迫于人民的压力，加上怕金人再次南下剥夺了刚刚到手的皇位，宋高宗才不得不起用抗战派李纲、宗泽、岳飞等人。

抗战派主张收复河北土地，积极抗金；而以高宗为首的投降派担心抗战胜利了钦宗回来夺去皇位，便尽力破坏抗战，主张妥协。抗战将领中，岳飞统帅的岳家军的功绩最显著。

岳飞（1103—1142），字鹏举，出身佃农家庭，当过大地主的庄客。家境虽苦，但他从小在母亲的教育下，刻苦学习，读过《左传》和《孙子兵法》，又学得一身好武艺。他目睹金兵的残暴，立志献身抗金事业，年轻时就参加了抗金游击战争，后来投宗泽部队，担任一名军官。

1129 年 6 月，金兵再次南侵。宋高宗吓破了胆，急忙给金写信，甘当儿皇帝，金却不理，继续进兵，高宗只好南逃。就在高宗狼狈奔逃时，岳飞在广德（今安徽）、建康（今南京市）等地屡败金兵，于 1130 年收复了江南重镇建康，金军被迫北撤。

岳飞军队纪律严明，处处爱护人民，享有"冻死不拆屋，饿死不掳掠"的声誉。岳飞和士兵同甘苦，经常替病号调汤熬药；将士远征，经常慰问家属；对牺牲者，抚养他们遗下的子女。他善于用人，作战前共同讨论方略，深受军民拥护，他所带领的兵士被称作"岳家军"。"岳家军"作战顽强，百战百胜，即使敌人倾注最大的兵力，也无法动摇他们的营垒。因此，在金军中流传着："撼山易，撼岳家军难！"的赞语。

一次，岳飞领一百名骑兵与金兵遭遇。他对部下说："敌兵虽多，却不知我军的虚实，应趁其立脚未定迎头痛击。"于是，他首先冲进敌阵，斩获一名将领。其他士兵看到对方无头领，更加勇敢搏斗，获得全胜。岳家军就这样在战斗中不断壮大。

在襄阳战役中，伪齐大将李成勾结金兵参战。岳飞看了阵势，笑道："步兵需险阻，骑兵需平地。李成把骑兵排在江边（汉水），步兵置平地，虽有十万人也不怕。"他举鞭命令："步兵长枪攻敌骑兵，骑兵攻敌步兵。"战斗开始，敌军战马纷纷被长枪刺死。后面的士兵要逃，又自相推拥，落于江中。平

307

地上的步兵被骑兵冲杀践踏，死者不计其数。岳飞大败李成，收复了襄阳、郎、隋、唐、邓、信阳等六州。32岁的岳飞已身为大帅，统领了上万人的独立的精锐部队。而在大好形势下，高宗却接受金的"归还河南地"，以新黄河为界的"和谈"条件。岳飞对此怒火万丈，上表斥骂秦桧投降主张，表达自己"唾手燕云，总欲复仇而报国"的壮志。他一面派人连络李宝、梁兴等农民义军，一面加强部队训练。

1140年5月，金统治者又大举南侵。在民族生死存亡的紧要关头，岳飞不顾投降派秦桧的百般阻挠，挺身而出，亲自率兵北上收复颖昌、郑州、洛阳，一直攻到黄河边。金统帅完颜兀术气急败坏地进行反扑，拿出最精锐的"铁浮图"和"拐子马"一万五千人。双方在郾城进行了一场大战。"铁浮图"是用重铠全副武装的步兵，"拐子马"是左右翼相配合的骑兵。岳飞命步兵用绳索把刀捆在长柄上，伏入敌阵，敌骑兵冲来就持刀专砍马腿，马倒人也倒。兀术大败，叹道："从我起兵以来，没有受到今天这样的挫败！"岳家军取得抗金战争中的重大胜利。

金的许多将领都秘密派人和岳飞联系，准备投降。黄河南岸的金兵，多半扔弃武器赶忙渡河。

宋军将士斗志昂扬，军营里笑声不绝，禁酒七年的岳飞抑制不住内心的兴奋，对部下说："直捣黄龙府，和大家痛饮胜利酒！"

投降派对岳飞的抗金斗争百般破坏，不拨给他们军械粮食。由于岳家军在人民的支援下连打胜仗，致使中原地区士气大震。金兀术准备弃汴京逃跑，开封的收复，已指日可待。

但是，南宋朝廷内的投降派宋高宗和秦桧急召岳飞撤兵。回来后，岳飞被解除兵权。

不久，39 岁的岳飞和他的儿子岳云便以"莫须有"的罪名，被秦桧所害。

宋代盛行的新儒学

在北宋和南宋时期，理学成为占统治地位的哲学思想。什么是"理学"呢？当时"理学"又叫"道学"，或者叫新儒学，是儒家思想体系的变种，是对汉唐以来儒家经典训诂章句之学的发展，讲求义理，由注释走向思辨，是一种维护封建统治的唯心主义理论。

"理学"分为两大派，一是"程朱学派"，一是"陆王学派"。"程朱学派"以北宋的程颢、程颐和南宋的朱熹为代表人物，属于客观唯心主义者。"陆王学派"以南宋的陆九渊和明朝的王阳明为代表人物，属于主观唯心主义者。

周敦颐是北宋理学的创始人。他的学生"二程"是宋代理学的奠基者。在政治上，他们反对王安石变法，属于司马光集团。在思想上，他们颠倒物质和精神的主从关系，认为"理是本体""理在气先"，主张精神决定物质。他们用理学思想来维护封建统治，麻痹劳动人民。比如，程颢说："父、子、君、臣，天下之定理。"程颐说："君、臣、父、子，常理不易。"这就是让人们安于现状，永远受封建统治阶段剥削和压迫，不能改变那种不合理的制度。程颐还提出"饿死事小，失节事大"的封建伦理规条，反对妇女死了丈夫后改嫁，限制妇女的婚姻自由。有个叫陈师中的妹夫死了，朱熹急忙写信叫他设法规劝其妹守节，信中说："生为节妇，斯亦人伦之美事。"

朱熹是宋代理学集大成者。他综合吸收先秦以来各种唯心主义哲学论点，建立了一套庞杂而较为完备的唯心主义哲学体系。朱熹认为宇宙间充满"理"和"气"（"理"指观念、思想，"气"指物质），"理在先，气在后"，就是精神先于物质。

世上万事万物都由"理"派生。"理"既离开具体事物而独立存在，又存在于每一事物中，好比天上月亮只有一个，但所有江湖水面都有月亮影子一样。他所说的"理"，实际上是指"三纲五常"的封建伦理纲常。朱熹曾明白地说过："宇宙之间——理而已，其张之为三纲，其纪之为五常。"他把"三纲五常"说成是天理的体现，叫人们绝对服从。这就是理学思想的政治实质。

朱熹还把一切违反封建统治秩序、反对地主阶级剥削和压迫的言行，说成是"万恶"的"人欲"。他抛出"存天理，灭人欲"的反动理论，主张必须"革尽人欲"以"尽天理"。这就是要强迫人们的思想必须以"三纲五常"为标准，放弃最起码的生活需要和物质欲望，即使饿死，也不能违反三纲五常，不能有什么"越规"行为。

朱熹学识渊博，一生写下很多宣扬这种理学的书，后人把他的著作编成《朱子全书》。朱熹的理学思想在我国封建时代影响是很深的。他在中国文化学术史上占有重要地位。

南宋陆九渊，号象山，和朱熹是同时代人。他提出"宇宙便是吾心，吾心即是宇宙"，把宇宙是物质的存在说成是人心的体现，说客观世界是主观精神所创造的。他认为世间所以"乱"，是人们不明"本心"的缘故。在方法论上，他主张只要"格心"（探究思想），就能达到"天下归心"。由于他认为"心"是世界本体，所以人们把他的学说称之为"心学"。明代王阳明（王守仁）从哲学上发展了陆九渊的"心学"，形成很有影响的一个学派。从思想史的发展来看，后人又把宋代和明代理学合称为"宋明理学"。

"理学"派别尽管不同，但都是为封建地主阶级服务的。南宋理宗赵昀即位后，读了朱熹的书，大发感慨地说："朕读之不释手，恨不与之同时！"于是，他追封朱熹为"太师"，下令把朱熹的牌位抬进孔庙，供奉起来。可见，朱熹的"理学"思想是多么投合封建统治者的心意！

"理学"是加强封建统治的思想工具。地主阶级打着"灭人欲"的旗号，施行杀人勾当。朱熹做湖南安抚使时，血腥镇压农民起义，抓了几千人坐牢。当宋宁宗赵扩登位时，朱熹抢在皇帝颁发"大赦"诏书之前，拉出"囚徒"十八人杀掉。他为了报私仇，对一个无辜妓女严蕊强加罪名，重刑折磨。朱熹口喊"仁义""道德"，却公开霸占人家的"祖业"之地。他为葬其母，强行挖掉别人"父母之坟"。他制定婚娶条例"正风俗"，自己却引诱两个尼姑作宠妾。可见，朱熹一类理学家倡导的"忠孝节义""三纲五常"，是欺骗老百姓的。人们把这类伪君子称作"假道学先生"，不是没有理由的。

在宋朝，曾有一些具有朴素唯物主义的思想家如陈亮、叶适、吕祖谦等人，反对朱熹等唯心主义理学家。他们用书信往来、上书皇帝、讲学赋诗等形式，揭露和批判理学观点，斗争十分激烈。

文天祥浩然正气

  文天祥（1236—1283），字宋瑞，又字履善，号文山，庐陵（今江西吉安）人。他从小就喜欢读书，尤其爱读忠臣烈士的传记，这些传记给他很大的教育。他21岁时考中了状元。

  文天祥所处时期，正是蒙古统治者向南方不断进犯的时期。面对强悍的蒙古铁骑，文天祥力主抗元。在元军攻陷襄、樊二城，沿江东下，直逼京城临安的危急关头，文天祥在江西变卖家产充做军费，组织义军入卫临安。元军很快打到临安附近，南宋朝廷中的官员纷纷逃跑。这时，文天祥任右丞相，去元军营中谈判，不料被元军扣留。在押往北方的路上，文天祥乘元军不备，在镇江逃脱，他历尽艰难险恶，走扬州，过高邮，经泰州，渡海到了福建，和张世杰、陆秀夫等联合起来继续抗元。接着，他又到江西一带，招兵买马，并收复了一些州县。可是，双方力量实在相差太远了，不久他就被元军打败，在海丰附近的五坡岭被俘。

  元将张弘范看见文天祥，连忙上前相迎，文天祥却转过身体，以脊背相对。张弘范恬不知耻地说："文丞相，你的为人，我一向敬佩。古人说，识时务者为俊杰，只要你写一封信给张世杰，叫他投降，那么，你还可以当丞相。"

"无耻！"

"文丞相，刚者易折啊！"

"宁折不弯！"

张弘范"嗖"地抽出寒光逼人的宝剑说："你硬还是我的剑硬？"文天祥神色坦然，大步向剑尖撞去。张弘范吓得连连退步，祈求地说："文丞相，何必轻生呢？你给张世杰写封信吧！"

文天祥站住，说："拿纸笔来！"

张弘范以为劝降成功，喜形于色，赶紧递过纸笔，只见文天祥挥笔写道：

人生自古谁无死，留取丹心照汗青。

写完，文天祥冷笑一声说："你拿去吧。我兵败被俘，再不能捍卫父母之邦，已深感无地自容。怎能写信去叫别人背叛国家呢？只有你这样的软骨头，才甘心做元军的奴才！"

315

元军灭掉南宋后，张弘范又向文天祥劝降说："现在宋朝已亡，你的责任尽到了，如果你投降元朝，仍然可以做宰相。"文天祥气愤地说："国家灭亡不能救，我已死有余辜，怎么还敢苟且偷生呢？"他决心以死报国。

元朝统治者看到劝说无用，就把文天祥上了刑具，关在一间阴暗潮湿的监牢里。那里一年到头透不进阳光，冬天冷得像冰窖，夏天臭气熏天，蚊虫成群。就在这样的牢房里，文天祥被关了四年，受尽了各种各样的苦难和折磨，但丝毫没有动摇他一死报国的决心。在这里，他写了许多诗篇，《正气歌》就是其中最著名的一篇。这首五言长诗表达了文天祥反抗元朝统治的思想感情，同时歌颂了春秋战国以来许多忠君爱国的勇士，他决心要向他们学习，保持自己的浩然正气，决不贪生怕死，屈膝投降。

元朝统治者看到文天祥不肯投降，还是不死心。最后，元朝皇帝忽必烈决定亲自劝降。见到忽必烈，文天祥不肯下跪，忽必烈的左右强行要他下跪，文天祥坚立不动，从容地说："宋朝已经灭亡了，我应当赶快死！"忽必烈劝诱说："你只要用对待宋朝的心来对待我，我就封你做宰相。"文天祥仍不理睬。忽必烈又说："你如果不愿做宰相，就请你做别的官，怎么样？"文天祥斩钉截铁地说："我只求一死就够了！"

1283 年 1 月，文天祥被押赴刑场。临刑前，元朝官员问他说："你有什么话说，告诉皇帝，还可以免死。"他回答："死就死，还有什么话可说！"他又问身旁的人："哪一边是南方？"身旁的人告诉了他。他没有忘记南方的祖国。向南方下拜说："我能够报国的机会，也已经完了。"说完，从容就义，年仅 47 岁。

文天祥遇害后，文夫人在收殓他的遗体时，发现他的衣袋里写着下面一段赞词："孔曰成仁，孟曰取义，惟其义尽，所以仁至。读圣贤书，所学何事，而今而后，庶几无愧！"

文夫人向文天祥的遗体致哀，含着眼泪默念："夫君，你的死，重于泰山；我一定把你的遗言传给子子孙孙……"

成吉思汗

蒙古族是我国北方的一个游牧民族。12世纪时，在蒙古高原上散居着蒙古族的许多部落。他们有的以打猎为生，有的以放牧为生，也有的开始经营农业。后来，由于生产力的发展，氏族制"没有主子，不分尊卑、好坏和上下"的情况改变了，形成了阶级对立的社会。

当时，金朝对蒙古族野蛮地统治着，给蒙古族人民造成深重的灾难。蒙古族的统一和安定成为客观要求。

大约在1155年的时候，斡难河畔乞颜部落的首领也速该的帐幕里，降生了一个孩子，名为铁木真。当他9岁时，就到翁吉剌部的岳父家里。不幸，他的父亲也速该被人毒死。铁木真一家开始过着渔猎生活。当他成年以后，成为一个能征善战的青年。他率众打败前来侵袭的部落，壮大了自己的势力，不少蒙古贵族投奔他。铁木真被推戴为"合罕"。又经过几年的征战，他统一了全蒙古各部落。1206年，铁木真51岁的时候，在斡难河畔的库里尔台大会上，被各部首领推举为全蒙古的大汗，尊称"成吉思汗"（大海或强大之意）。

成吉思汗建立了蒙古国家。他把护卫军扩充到一万人，成为一支主力部队。他实行领户分封制度，把居民按十户、百户、千户和万户划分，按等级赐给开国功臣，分别做万户长、千户长、百户长、十户长，形成行政与军事合一的统治机构。他成立了司法部门，颁行了法典"大札撒"，即《蒙古习惯法》。他又命令留居乃蛮部的维吾尔人塔塔统阿，用维吾尔字母拼成蒙古国书。从此，蒙古族有了通行的文字。蒙古国家制度也完善起来。

13世纪的蒙古贵族，发动了连续不断的征服战争。在欧亚大陆先后形成了四大汗国，就是钦察汗国、察合台汗国、窝阔台汗国和伊利汗国，在中国境内，成吉思汗在1205至1209年，发动三次对西夏的进攻，扫除了对金朝作战的牵制力量。

1211年，成吉思汗亲率大军向金朝进攻。他的骑兵部队从紫荆关、居庸关两路突进华北地区，会师于中都（北京）城外。前军伸入黄河北岸，一路焚掠九十余城。1214年，金朝统治者以献金帛、童男童女和马匹为条件，向蒙古贵族求和。蒙古军队退出居庸关。

第二年，成吉思汗以金朝首都由燕京迁到汴京（开封）是缺乏和议诚意为借口，又发兵南下。蒙古军队很快攻占中都和华北其他地区。1227年，成吉思汗在灭西夏政权前夕，病死在六盘山上。

1229年，成吉思汗的三子窝阔台即汗位。他利用宋和金的矛盾，采取了"联宋击金"的战略。他率蒙古军队从南宋的统治区内通过，绕过金朝的军事重镇潼关，一举攻占了汴京。金哀宗逃到蔡州（今河南汝南县）。1234年，南宋和蒙古联合攻破蔡州，金哀宗自杀，金朝灭亡了。蒙古贵族占领了黄河流域。

蒙古和南宋原来约定，黄河以南地区归南宋。但金灭亡后，蒙古贵族背信弃约，向前往收复洛阳的宋军发动了突然袭击，蒙宋战争揭开了序幕。在南宋军民奋勇抵抗下，蒙古军队在最初阶段没有多大进展。

1251年，窝阔台汗死，他的侄子蒙哥继承汗位。蒙哥汗改变了进攻南宋的战略，命兀良哈台率军由四川西部渡金沙江攻占云南，灭大理，回师北上进攻湖南，命忽必烈率军渡河南下，围攻鄂州，蒙哥亲率大军进攻四川。他预计从南、西、北三面向宋朝进行战略包围。但是，由于各地南宋军民的抵抗，南路军在潭州（今长沙）受挫，北路军在鄂州被阻，蒙哥汗在钓鱼山战役中中流矢而死。这次围攻战失败了。

忽必烈听到蒙哥汗死去的消息，急忙同意南宋宰相贾似道的议和条件，带兵回开平夺取汗位。1260年，忽必烈取得了汗位。第二年，蒙古发动了对南宋的全面进攻。在襄阳、樊城战役中，南宋军民坚守城池，奋勇抵抗五年之久。当粮尽援绝，向京城求救时，贾似道置之不理，每天与妻妾斗蟋蟀取乐。这两个军事重镇陷落了。

1271年，忽必烈改国号为元。1275年，元兵进攻扬州，南宋守将李庭芝、姜才带领全城军民坚决抵抗。第二年，元军攻陷临安，俘走南宋恭帝和太后。宋端宗即位，重新建立南宋政权。1278 年，11 岁的宋端宗病死。8 岁的赵昺即位为新皇帝。1279 年，宋元决战，宋军战败。眼见元军冲来，宰相陆秀夫背起小皇帝赵昺跳海自尽，南宋最后灭亡了。忽必烈，史称元世祖。

黄 道 婆

元朝出现了一位女纺织革新家黄道婆。她对我国棉纺织业的发展，做出了巨大贡献。

黄道婆出生在一个穷苦农民的家庭里，家住松江乌泥泾（今上海县华泾镇）。她的生卒年代和身世没有详细记载，大约生活在 13 世纪中叶的南宋末期和元朝初期。她的真名字也没有留下来，后人称她为黄道婆或黄婆婆。

黄道婆生活的时期，正是植棉业传到江南的时候。棉花自印度传入我国，经过南、北两路：南路，经过南洋的国家，传入现在的云南，约在公元 1 至 2 世纪之间的东汉时期。云南的少数民族哀牢人当时生产出一种名叫"白叠花布"的纺织品。这是我国植棉、织布的最早记录。北路，传入西域（现在的新疆），约在公元 5 至 6 世纪的南北朝时期。

上海地区的植棉业，是由南路传进的。首先传入乌泥泾，种植在一块名叫"八千亩"的地方。随着棉织技术逐渐被人掌握，棉织品很受百姓欢迎。聪明的黄道婆很小就学会纺织技术。不过当时乌泥泾的棉纺织技术，是非常落后的。

黄道婆从小受尽苦难生活的熬煎，被迫给人家做童养媳。

在她 18 岁那年，再也不能忍受这种牛马般的生活，决心逃跑。有一天夜里，黄道婆在茅草屋上挖了个洞，逃到黄浦江边，悄悄躲在一艘即将远航的海船中。这样，她一直漂流到远离故乡的海南岛崖州（今海南省三亚市境内），当地黎族人民看她只身度日，都热情地帮助她，并教她棉纺织技术。

黎族地区自 11 世纪(北宋中期)以后，就已大量种植棉花，棉纺织业也有所发展。在南宋周去非所著《岭外代答》一书中，介绍纺织情况："取其茸絮，以铁筋碾去其子，即以手握茸就纺，不烦缉绩，以之为布最为坚善。"当时生产的棉织品种类很多。赵汝适在《诸蕃志》中记载黎族："妇人不事蚕桑，惟织吉贝（棉花）花被、缦布、黎幕。"光是往南宋都城临安（杭州）"进贡"的，就不下二十多种，还能织出坚厚的兜罗棉、番布、吉布等多种棉纺织品，其中被染成各种颜色的"黎单"（宽幅床单）、"黎饰"（幕布）等，更为精美，远销内地。在这样的环境中，黄道婆虚心向黎族姐妹学习，很快就掌握了全套操作技术，成为技术高超的纺织能手。

黄道婆一直在崖州生活了三十多年。在她 50 岁时，搭乘顺路的船重返乌泥泾。

这时候，元朝已代替了宋朝。江南地区的生产逐渐恢复，经济有了好转。但是，乌泥泾的棉纺织技术仍处于落后状态。随着人们对棉布需求量的日益增加，急待解决的问题就是生产工具的改进，生产技术的提高。

正在这时，黄道婆从崖州回来了。

黄道婆在黎人织布技术的基础上，发明创造了从乳籽、弹花到纺棉织布全过程的新生产工具，确立了一套较完整的生产工序。

第一道工序：乳棉去籽。原来人们一直用手剖去籽的方法，手指极易疲乏，工作效率很低。黄道婆创造了乳棉搅车，用四块木板装成大框，上面树立两根木柱，高度在 1.5 尺左右，柱头镶在一根方木下面，柱的中央装着两个曲柄转轴，利用两轴间相互辗轧，将棉籽从棉絮内排挤出来。

第二道工序：弹花。用 4 尺多长，强而有力的绳弦竹弓替换了原来 1.4 尺长、弹力轻微的线弦小竹弓。用弹椎敲击弓弦开棉，代替指拨弦弹花，保证了成纱质量。

第三道工序：纺棉。她创造了一种三个纺锭的脚踏纺车，比原来手摇一个纺锭的纺车劳动强度减轻了，生产效率提高数倍。

第四道工序：整经和织布。她改进了原先所使用的投梭织布机，能织出各种美丽的棉布。

此外，在"崖州被"启发下，又发明了织宽幅被褥等多种棉织品，并能织上许多好看的图案。

这些革新在当时来说是最先进的。因此黄道婆的纺织技术得到普遍传播。乌泥泾靠棉织为生的增到千余家。"乌泥泾被"闻名全国各地。我国人民就是从那时开始普遍穿棉布衣服的。

黄道婆热心地教当地妇女"错纱配色""综线挈花"，深受尊敬。她在人民心中留下了不可磨灭的印象。她去世后，当地人民怀着悲痛的心情埋葬了她。后人为了纪念她，又给她立过祠。直到现在，当地人还用歌谣歌颂着她。黄道婆对纺织技术的革新和推广，反映了我国古代各族人民生产经验的交流，具体地说明了劳动群众创造了古代社会的文明。

红巾军起义

1351—1363 年，爆发了一次声势浩大的元末农民大起义。这支起义军首先在河北永年县白鹿庄起事。因为他们规定头裹红巾为号，所以叫"红巾军"。红巾军起义，是元朝阶级矛盾的总爆发。

元朝后期，以蒙古贵族为主的统治阶级，对各族特别是汉族人民的掠夺和奴役十分残酷。他们疯狂地兼并土地，把广阔的良田变成牧场，如大臣伯彦得赏赐土地就达两万顷。大地主"广占土地，驱役佃户"，农民失去土地沦为奴婢。

官府横征暴敛，苛捐杂税名目繁多，全国税额比元初增加二十倍。元朝统治阶级挥霍无度，到处搜罗民间美女，天天供佛炼丹。宗教开支高达政府全部收入的三分之二，仅供佛饮食一项，全年就用面粉 43.95 万斤，油 7.9 万斤，蜜 2.73 万斤，每月宰羊万头。政府财政入不敷出，滥发货币，祸国殃民。加上黄河连年失修，多次决口，民不聊生，出现了"饿死已满路，生者与鬼邻"的悲惨局面。反抗的烈火在人民心中燃起。社会上流传着"一日三遍打，不反待如何。"的歌谣。

在这种情况下，刘福通利用白莲教暗暗串通穷人。有一次，元朝政府强征农民十五万人挖掘黄河河道。监督挖河的官吏乘机克扣河工"食钱"。河工挨饿受冻，群情激愤。刘福通派了几百名教徒作民夫，在工地活动，传布"石人一只眼，挑动黄河天下反。"的歌谣，暗中凿了个一只眼睛的石头人埋在工地。民工挖出后，反抗的烈火顿时燃起。

1351 年 4 月，在韩山童、刘福通领导下，三千人在河北永年县白鹿庄准备起义。因事前泄密，遭到敌人破坏，韩山童牺牲。刘福通突围后把起义群众组织起来。起义者以红巾裹头，一鼓作气占领颍州（今安徽阜阳）、罗山（今河南罗山县）、上蔡（今河南上蔡县）、真阳（今河南正阳县）、确山（今河南确山县）等地。当时社会上流传着这样一首诗："天遣魔军杀不平，不平人杀不平人，不平人杀不平者，杀尽不平方太平。"它反映了元朝统治下的阶级对立和民族压迫的社会现实，表达了被压迫的广大农民的政治理想。

红巾军所到之处，开仓散米，赈济贫民，深得人民拥护。群众纷纷加入红巾军，队伍迅速扩大到几十万人。在红巾军的影响下，全国各地农民纷起响应。人数较多的有萧县（今安徽萧县西北）的芝麻李部、蕲水（今湖北浠水）的徐寿辉部、南阳的布王三部、荆樊的孟海马部、濠州（今安徽凤阳东）的郭子兴部等。以吴天保为首的瑶族人民起义，也加入红巾军。

为推翻元朝的反动统治，起义军提出以"明"斗"暗"（"明"指起义军；"暗"指元朝统治）的口号，鼓舞百姓同封建官府作斗争。1355年，刘福通率军攻下亳州，立韩林儿为"小明王"，国号称"大宋"，年号为"龙凤"，建立了农民革命政权。此后，刘福通分兵三路北伐。东路由毛贵率领，经山东攻入河北，直逼元大都；中路由关先生、破头潘等率领，攻向山西、河北一带，经大同直捣元上都（今内蒙古多伦西北），放火烧毁"富夸塞北"的蒙古皇宫，继续转战辽东各地；西路由白不信、李喜喜率领，直趋关中，攻下兴元（今陕西南郑县）、凤翔（今陕西凤翔县），转战四川、甘肃、宁夏各地。农民起义军节节胜利，出现"官府四散躲，红军府上坐"的大好形势。

在三路大军转战各地的同时，刘福通率部于1358年5月又攻克汴梁，定为国都。在红巾军沉重的打击下，元朝危在旦夕。

元朝统治者如热锅上的蚂蚁，惊慌失措，先派遣的回军、汉军溃败后，又派御史大夫也先帖木耳带兵镇压，结果又大败而归，军资兵器几乎丢光。元朝统治者搜罗一切反动力量，孤注一掷，从各处向红巾军扑来。

红巾军奋勇抗击官兵和地主武装的进逼。由于兵力分散，三路大军流动作战，没有巩固的根据地，又缺乏周密的作战计划，往往使所占之地得而复失。正当红巾军与元朝军队进行殊死斗争的关键时刻，义军领袖刘福通遇难。中原地区的红巾军被地主武装镇压下去。1363年，红巾军建立的韩宋政权结束了。在南方，朱元璋的起义军发展迅速。

1368年，元朝在各地农民军打击下灭亡了，朱元璋建立明朝。

元末红巾军起义是中国历史上重大的事件。农民军坚持斗争十三年，历经"大小数百战"，波及大半个中国，对瓦解和推翻元朝的统治起了决定性作用。

卷八 明

明朝是中国历史上承元朝、下启清朝的朝代，是以汉族为主推翻蒙古族统治者而建立起来的汉族复兴王朝，也是中国历史上最后一个由汉族建立的君主制王朝。1368年，朱元璋称帝，国号大明，年号洪武，建立了明朝。明朝共有二十位皇帝，明朝疆域达1100多万平方公里（后期约五百七十万平方公里），明朝的领土除囊括清朝时期所谓内地十八省的范围，还包括今天的东北地区、新疆东部、西藏、缅甸北部、西伯利亚东部和越南北部等地。最强盛时，影响力更是波及非洲东岸和整个亚洲。1662年，郑成功打败荷兰殖民者收复台湾，首次在台湾岛设立行政机构——府两县（东宁府，下辖天兴、万年两县），正式管理台湾全岛，台湾收归中国版图。

明朝初年国力强盛，经洪武、建文、永乐三朝励精图治，至明宣宗的近百年间，明朝北进蒙古高原，南征安南，伐锡兰，羁绊马来诸岛族。明初天下大治，"洪武之治""永乐盛世""仁宣之治"一个接一个，一派盛世景象。至明英宗幼年即位时，朝中有"三杨"杨涛、杨士奇、杨荣主持政局，"海内清平，万邦来朝"。四十二年后，宦官王振开始擅权，1449年发生震惊天下的土木堡之变，永乐以来的军事优势遭到破坏，并使国力大损，景泰帝果断任用于谦击败瓦剌，取得北京保卫战的胜利。后又经历景泰、天顺两朝经营恢复，国力有所回升，到明中叶孝宗弘治时期再次大治，此时政治清明，民生安康，历史上称此时期为"弘治中兴"。正德朝开始逐渐中衰，至嘉靖时推行新政，政治国力一度有所恢复，但因嘉靖末年君臣矛盾突出，又开始逐渐中衰，社会矛盾萌发。至隆庆年间，徐阶、高拱等人推行新政，罢海禁，册封俺达等人，史称"隆庆新政"。到万历朝时，在著名内阁首辅张居正的辅政之下实行改革，再度中兴，此时期海内清平，又先后平定甘肃、贵州判乱，并为援救朝鲜击败侵朝日军，史称"万历中兴"。此时期明朝经济文化极其发达，后世计当时朝廷岁收，明朝的经济规模世界第一。唯至万历朝中期开始，皇帝怠政，官员更加腐化，地主阶级到处搜刮民脂民膏，导致江南民变的发生。万历末年，关外建州女真极乱，明朝开始走向衰亡。天启年间，中官黄门集团的专政加快了这一进程的发展。至崇祯年间，因为连年灾害，明廷因财政破产，无力镇抚，人民纷纷揭竿而起，后金的军队也突破长城防线，五入关内。崇祯十七年（1644 年），李自成率军攻克北京，崇祯帝自缢，同年清军入关。在南方一些明朝大臣拥立明朝宗室建立政权，史称南明。1662 年，吴三桂将永历帝绞杀于云南昆明，南明灭亡。台湾郑氏政权继续沿用永历年号，1683年清朝派施琅进攻台湾，郑氏投降，监国宁靖王朱术桂自杀殉国。

明朝早期君主集权强化，皇帝大权独揽。宣德以后，皇权开始削弱，权力在内阁与宦官之间争夺。在中国历史上，明朝的经济文化发展到了发达阶段，明朝的农业、手工业中，商品经济因素日益增加，生产中雇佣劳动开始向规模化、组织化发展。明朝无论是铁、造船、建筑等重工业，还是丝绸、纺织、瓷器、印刷等轻工业，在世界都是遥遥领先，工业产量占全世界的三分之二以上，比农业产量在全世界所占比例还要高得多。明朝民间的工业不断壮大，而官营工业却不断萎缩。

明朝末期，随着耶稣会传教士传播教义的同时，也大量传入了西方的科学技术，从此开始了"西学东渐"，涌现出了徐光启、宋应星、徐霞客、冯梦龙等一大批科学家。

明朝的文化事业非常发达，《西游记》《水浒传》《三国演义》《金瓶梅》"三言""二拍"都出于明朝。"明四家"、山水画大师董其昌等也成为中国艺术成就的杰出代表。

和尚做皇帝

明朝开国皇帝朱元璋（1328—1398），安徽凤阳人，出身于贫苦农民家庭，小时候给地主家放过牛羊。17岁那年，家乡发生严重灾荒和瘟疫，父母与长兄相继死去。朱元璋孤苦伶仃，不得已投身到皇觉寺当了和尚。不到两个月，寺里的住持因年荒无粮，把徒弟们都遣散了。朱元璋无处栖身，只好外出作游方僧，沿途乞讨、化缘度日。就这样，他在外面流浪了整整七年，周游了安徽、河南的许多地方，了解到社会下层群众的生活现状和要求，也受到了白莲教宣传的影响。

1351年，红巾军农民起义爆发了。朱元璋参加了红巾军，在郭子兴部下当了一名九夫长。他作战英勇机智，善于随机应变，深受赏识。郭子兴把养女嫁给他，并把他作为自己的亲信。后来郭子兴病死，朱元璋就成为这支队伍的统帅，这时他已是红巾军的重要将领之一。开始，他能接受红巾军主帅的领导。到1356年，朱元璋打过长江，占据了南京，自称吴国公。这时，他已在事实上建立了一个独立政权。1364年，朱元璋改称吴王，设左右丞相，增设文武百官。从此他抛弃了农民起义的目的，积极建立地主阶级的封建专制政权。

随着朱元璋势力的不断发展壮大，一些地主阶级的学者和社会名流向他靠拢，并为其出谋划策。如元末"结寨自保"的冯国用，劝他攻取南京作为根据地，提倡仁义，收服人心；儒生李善长劝他效法刘邦；元池州学正朱升建议他"高筑墙，广积粮，缓称王"，即巩固根据地，努力发展农业生产，缩小被攻击的目标。朱元璋采纳了这些意见。从此以后，他经常"访问贤才"，许以高官厚禄，还特筑"礼宾馆"，接待四方贤士，如刘基、宋濂等，备受礼遇。朱元璋对他们非常宠信，几乎言听计从。

地主阶级知识分子对朱元璋的影响越来越大。于是，朱元璋与农民阶级的距离也就越来越远，最后终于转变到农民阶级的对立地位上去。

1366年，朱元璋在"平周榜"中公开提出："驱逐胡虏，恢复中华，立纲陈纪，救济斯民"的进军口号，表示要推翻元朝蒙古族贵族的统治，重新建立封建政权。这就从根本上改变了农民反封建斗争的方向。一场轰轰烈烈的元末农民战争，被朱元璋利用为改朝换代的工具。

1368年7月，朱元璋的北伐军在徐达的指挥下，长驱北上。元顺帝率后妃、太子和一部分蒙古大臣向漠北逃遁。8月，北伐军攻克元大都，结束了元朝的统治。这一年，朱元璋正式由吴王改称皇帝，又定国号为"大明"，改元洪武，定都南京，成了地主阶级的总代表。他就是历史上的明太祖。

明王朝建立后，朱元璋为了巩固地主阶级政权，防止人民群众起来造反，于1397年正式颁行《大明律》，明文规定，对"谋反大逆"的起义者，不分首从，一律凌迟处死；甚至对只造了一些不利于封建统治的舆论，即所谓"造妖言"者，也要治以死罪；凡是逃亡山泽的农民，不听"追唤"，为首者"处绞"，抗拒者全体"处斩"。朱元璋还颁布《大诰》，向人民宣传过去的严刑案件，威吓人民，规定"户户有此一本"，要"臣民熟观为戒"。为了限制人民的行动，实行了里甲制度，规定民户每十户为一甲，一百一十户为一里，选其中十户地主富户为里长、甲首。里甲内民户要互相作保，有事外出，必须邻里互知。在关津要隘设卡哨，盘查行人，出门要有"路引"。

明政府还把所属居民强行编组为民户、军户、匠户（手工业者）和灶户（制盐户）四种，分别进行户口登记，因用黄边纸做封面，故称"赋役黄册"。以便实行赋役剥削。明政府丈量土地，编绘土地册，详细记载每乡每户的土地数量和位置，画成图册。因所绘的田亩形状像鱼鳞，定名叫"鱼鳞图册"，作为征收赋税的依据。两册是政府征税派役的基本依据。从此，广大人民群众又被套上了沉重的封建枷锁。

农夫做大官

刘崧,字子高,原名楚,江西泰和县农夫。这个普通的农夫,谁也没有想到,后来竟当上了北平的按察司副使,这似乎是个很奇怪的事情。

明洪武三年,一天傍晚,在田地里收庄稼的农夫陆陆续续从地里走出来,拖着一身的疲惫,回家吃晚饭。这时,村里静悄悄的,偶尔传来一声鸡叫或犬吠,整个村庄,被雾霭与炊烟笼罩,给人恬静与沉稳的感觉。当然,不管是恬静,或是沉稳,都与辛勤的劳作有着直接的关系。

有一个名字叫刘楚的农夫,收罢庄稼回到家。他怎么也没想到,官使却已经在他家恭候多时了。

奇怪,官使在这个叫刘楚的普通农民家"恭候"他?怎么可能?该不是弄错了,走错门、找错人了吧?

事实上,官使既没有走错门,更没有找错人。官使是来通知刘楚,让他进京,皇上要召见他。

刘楚被选荐入京,改名为刘崧。他在奉天殿朝见过明太祖后,起初被授官兵部职方司郎中,但不久就改任为北平按察司副使。

刘楚所以被举荐，原因是"经明行修"，他不但经、史、子、集样样精通，而且还是江西著名才子、"西江派"诗人的代表人物。

刘崧赴任，一不带家眷，二不要随从，只有一名小童相随，收拾起简单的行李就上了路。等他到达任所，他又把小童遣还，独自一人，留住在官署内。

刘崧到底是个怎样的人？他在生活上为什么要这样俭朴？这是个谜。

刘崧自幼读书以勤奋著称。做官之后，读书的初衷仍旧不改，在勤于政事的同时，读书一天都没有懈怠过。

明朝建国之初，北方经济、文化破坏甚重，亟待恢复。刘崧在安定民心、发展生产、振兴教育等方面起了很大作用。他白天忙于公务，晚上读书写作，"孤灯一榻，读书不辍"。五更天色未明，便衣冠而起。

刘崧天性廉慎，一床旧被，盖了十多年，还不肯换，直到被老鼠咬得不成样子，才肯换一床新的，旧被面缝补之后，又留给孩子改做了衣服。他的官做得很大，却很少注意自己的衣食住行，精力大都放到公务上去了。

刘崧的事迹介绍到这里，他上任之初时做法的谜底，终于可以揭开了，他本就是这样一个俭朴的人。

在北平为官十载，公事之暇，他对北平风土人情、沿革历史作了考察，撰成《北平志》《北平事迹》，还有诗文多卷。其实，刘崧的书卷气，不但对从政有好处，而且对于加强自身的修养也是有百益而无一害的。但从政者书生气太浓，对个人往往没有好处。

刘崧为人书生气颇重，很不讨上司喜欢。丞相胡惟庸很讨厌他，找机会将他免了官职，罚去运粮做工。刘崧是做惯了农活的，并不以为然。不久，胡惟庸被杀，刘崧又升任了礼部侍郎。

这一年，谨身殿遭到雷击，明太祖以天灾命群臣上言政事得失。刘崧上书大谈修德行仁。这与明太祖诛杀功臣的所作所为格格不入，于是明太祖便以年迈为由，让他致仕还乡了。

第二年春天，国子监缺官，想起刘崧在北平兴学重教的政绩，明太祖又传旨征拜刘崧为国子司业（国子监副长官），这时的刘崧，年老多病，但是朝廷只要有召，绝对是义不容辞。刘崧勉力入朝，承担了教导诸生的工作。这一切其实都只是忘我的尽责，不是他当时的身体状况所能承受的。这样的工作，刘崧很快就病倒了。尽管疾病发作，他仍坚持训导诸生，直到生命的最后一刻。

史书上记载，刘崧临终前，身边官员问他还有什么话要讲，他说道:"天子遣崧教国子,将责以成功,而遽死乎!"临死,仍旧想的是事业,而对于自己的事、自己家里的事,连一个字都没提。

后世史家对刘崧勤于国事、鞠躬尽瘁的精神,评价很高。但他给后人留下的最深刻的启示是:人不但要有追求理想的精神,还要有能力,哪怕是遇到艰难与坎坷,只要靠自身的能力克服了,就会有理想的结果。

徐达凯旋不取财宝

　　徐达，字天德，濠州（今安徽凤阳）钟离永年乡人，是明太祖朱元璋的同乡，他二十余岁时便投奔了朱元璋的队伍。徐达担任将领以后，统帅百万大军，南征北战，对削平群雄、推翻元朝、统一全国做出了重大贡献，从而深受明太祖朱元璋的器重和信任，被誉为"开国第一功臣"。

　　徐达虽然战功累累，却从不居功自傲。明王朝建立后，为了防御元朝残余势力的骚扰，他仍旧每年春天挂帅出征，保卫国土。冬天班师回朝后，便交还将印，回到家里过着十分俭朴的生活。朱元璋见此情景，感到很过意不去，想把自己过去当吴王时住的房子赐给徐达，便对他说："徐达兄打了几十年仗，建立了盖世奇功，却从来没有好好地休息过。我把过去住过的房子赏赐给你，让你好好地享几年清福吧！"但徐达坚决推辞，拒不接受，朱元璋无奈，便请徐达到这所房子里饮酒，并借机把他灌醉，差众人将徐达抬到床上去睡觉，给他盖上被子，想用这个办法来强迫徐达接受这所房子。徐达酒醒之后，大吃一惊，连忙跳下床，走下台阶，俯身伏地，磕头呼喊："我犯了死罪，我犯了死罪！"朱元璋见他这样谦恭，也就不再勉强他了。于是下令在这所房子的前面，另外给徐达建造了一所住宅，并在住宅的前面立了一座高大牌坊，上面刻着"大功坊"三个字。徐达这种谦恭的美德，深受朱元璋的赞赏。朱元璋对左右大臣称赞说："受命出征，成功凯旋，不骄不傲，不爱女色，不取财宝，公正无私，像日月一样光明正大的，只有大将军徐达一人！"洪武十八年二月，徐达在南京病逝。朱元璋追封他为中山王，把他葬在南京钟山之北，并把他的塑像摆放在功臣庙里，以表彰他为明朝所建立的卓越功勋。

朱棣建造北京城

北京是一座古老的名城。早在战国时期，七雄之一的燕国就在这里建都。后来的辽、金政权，曾称这里为南京和中都。元朝把都城迁到这里，改称大都。从明成祖朱棣由南京迁都开始，才有"北京"这个名称。

朱棣为何迁都北京呢？这与当时政治形势有密切关系。明初，朱元璋建都应天府（今江苏南京），他考虑应对退居漠北的元朝势力卷土重来的威胁问题，决定以开封为北京，弥补京师位于江南，鞭长莫及的弱点。为了控制天下，他大量屠戮帮他打江山的功臣，同时把自己的儿子分封各地为王，授以军政重权。他原以为以此使朱家天下稳固，不料诸王称雄，威胁皇权。1398 年，朱元璋病死。因皇太子朱标早死，皇位传给皇太孙朱允炆，改元建文。建文帝即位后，为了加强皇权，计划削藩，逐步解除诸王的实权。

朱棣是朱元璋第四个儿子，"智勇有大略，能推诚任人"。他自洪武三年封为燕王后，驻守北平。北平战略地位十分重要，"左环沧海，右拥太行，北枕居庸，南襟河济"，既是沃野千里的天府之国，又有"控四夷，制天下"的山川形势。朱棣在这里苦心经营,威震四方。他对建文帝"削藩"采取积极应战的对策。朱棣乘朝贺改元之机,亲赴京师探听底细,并将儿子留下为人质。他回北平后暗地里抓紧练兵,表面却伪装病重,请求皇帝允许儿子回家探望。建文帝将计就计,允准朱棣儿子回北平,同时加强战备。

1399年,建文帝接到燕王谋反的举报,立即下诏,围攻燕王府。燕王朱棣乘机起兵反抗,称"靖难军"。双方经过四年战争,燕王的军队获胜,攻入应天府。建文帝自焚而死。历史上称这场皇位争夺战为"靖难之变"。

1402年,朱棣在应天府做了皇帝。第二年,改元永乐,以北平为北京。从此,北京的政治地位发生重大变化。1406年,朱棣决定迁都,下诏修建北京宫殿,到1420年建成。这是明朝首次大规模修建北京城。后来嘉靖年间又一次改建,在南城增建外城。北京城分为外城、内城和宫城。外城城周四十五里,有九个门,即丽阳门(后改正阳门)、文明门(后改崇文门)、顺城门(后改宣武门)、齐化门(后改朝阳门)、东直门、平则门(后改阜成门),彰仪门(后改西直门)、安定门、德胜门。内城即皇城,城周十八里多,有六个门,即大明门、东安门、西安门、北安门、长安左门和长安右门。宫城即紫禁城,城周六里多,有十二个门,中为午门、左掖门、右掖门,西为西华门、西上北门、西上南门;东为东华门、东上南门、东上北门,北为北安门、北上东门、北上西门。由午门至皇城之间有端门、承天门(天安门)。门前有金水桥、华表和石狮子,构成巍峨壮丽的景观。

　　紫禁城建在北京城的南北中轴线上，占着城市的中心部分。前左侧是太庙，前右侧是社稷坛。太庙是皇帝祭祀祖先的地方。社稷坛是为皇帝祭祀土地神和五谷神而设的。

　　另有天坛、地坛、朝日坛和夕月坛，分布城内。紫禁城占地面积达七十二万多平方米，内有九千多间殿堂楼阁，建筑面积约十五万平方米。周围环有高十米的城墙和宽五十二米的护城河。城墙四角有风格绮丽的角楼。

　　宫殿的布局又有"外朝"和"内廷"之分。外朝以三大殿为中心。天殿（后改皇极殿、太和殿）俗称金銮殿。殿中的金漆雕龙"宝座"是封建皇权的象征。这里是皇帝举行大典的场所。华盖殿（后改中极殿、中和殿）是皇帝小憩、接受大臣朝拜和大典前阅览奏章的场所。谨身殿（后称建极殿、保和殿）是每年除夕和元宵节，皇帝宴请王公贵族和文武大臣的场所。两翼有文华殿和武英殿相对。

　　三大殿后面是内廷，中轴线上的乾清宫、交泰殿、坤宁宫及东西六宫，是皇帝、后妃、太监和宫女日常居住的地方。坤宁宫北有宫后苑，即御花园，布置着亭台楼阁、山石树木、花池盆景，严整紧凑，古雅富丽。宫墙北面的煤山（景山）有五个山峰，是用挖护城河的土堆成的。主峰又是内城的中心点，标示君权的显要地位。

　　北京城是劳动人民修造的都城。这些建筑群，集中体现我国古典建筑艺术的独特风格，充分反映了我国古代劳动人民的智慧和创造才能。传说当年明朝皇帝朱棣限令三个月内修成九梁十八柱的角楼。工匠们从未见过，万分焦急。有个木匠到街上散心，恰好碰见一位老人，挑着编制精巧的蝈蝈笼子，一数正是九梁十八柱。皇宫角楼仿照蝈蝈笼子修成了。这个故事说明劳动人民具有创造才智。为了建造皇宫，明初动用三十万工匠和上百万民工。被驱进山林砍伐木材，开采石料的民工，"入山一千，出山五百"，木材都是从四川、贵州、云南、广西等南方原始森林采伐的，运到北京要付出多少代价！石料大多采自北京房山等地，重达万斤、数十万斤的石块往北京运该有多么困难！工匠和民工们想出办法：冬季用水浇成冰道，夏季用滚木铺成轮道。为建造豪华的宫殿、奇异的园林，劳动人民不知流了多少血和汗。至于宫殿里精雕细刻的陈设，装潢典雅富丽的图案，无不显现劳动群众巧夺天工的才能。

郑和下西洋

我国的造船业和海上航行，具有悠久的历史。在唐代，许多外国商人从海道来我国经商，大都搭乘比较安全的中国海船。到宋代，我国的航海人员开始把罗盘针使用到商船上，这就给远洋航行创造了良好的条件。13 世纪初，我国已使用十樯十帆的大海船。明朝初年，随着中央集权的加强，国内得到相对的安定，封建社会的商品经济迅速发展起来。为了发展对外关系，扩大贸易往来，明政府先后派出庞大的船队，多次到"西洋"各国。统率这个船队的人，便是我国历史上著名的航海家郑和。

郑和，本姓马，云南人，回族，自幼入宫，改姓郑，为宫内太监。从 1405 年到 1433 年，曾奉命先后七次出使南洋，进行大规模的远洋航行，总共到过南洋、印度洋的三十多个国家和地区。最南到爪哇，西北到波斯湾和红海，最西到非洲东海岸。这真是历史上的空前壮举，比哥伦布发现新航路的航行早半个世纪以上，可以说得上是世界航海家的先导。

1405 年 7 月，郑和率领由六十二艘大海船组成的远洋舰队，由江苏刘家港出发，第一次出使南洋。船上有水手、书记、医生、翻译等共两万七千八百余人。最大的船，长四十多丈，宽十八丈，可容纳一千人。船上有航海图、罗盘针。当时使用的罗盘针分许多方位，划分若干度数。按照一定的方向和度数航行，就可以测出船行的远近。这种罗盘针夜间还兼看星辰，能观星定向，充分显示了我国造船业和航海业的先进技术及劳动人民的伟大智慧。

郑和船队给所经过的国家带去大量的中国瓷器、铜器、铁器、金银和各种精美的丝绸、罗纱、锦绮等丝织品。同时也换回了亚非各国的许多特产，如胡椒、象牙、宝石、染料、药材、硫磺、香料、椰子以及长颈鹿、狮子、驼鸟、金钱豹等稀贵动物，广泛地促进了我国与亚非国家的经济交流。

郑和船队每到一地，都以友好的态度，交流所带货物，进行平等贸易。他们还了解当地的风俗习惯，尊重当地人民。如在印度古里，依照当地习惯，交易时在众人面前拍掌为定，"或贵或贱，再不悔改"，给那里人民留下了良好的印象。他们的船队到斯里兰卡时，还把大批金银供器、彩妆、织锦、宝蟠等，施舍给岛上的寺院，并建立石碑留念。郑和的船队受到各国人民的欢迎。如婆罗洲人民，"凡见中国人去其国，甚为爱敬，有醉者则扶归家寝宿，以礼待之，如故旧。"直到今天，索马里、坦桑尼亚等国，还把当地出土的明代瓷器，作为同中国人民传统友谊的象征。在东南亚一些国家，如印度尼西亚的爪哇有地名叫三宝垄、三宝庙；泰国有三宝庙和三宝塔（因郑和叫三宝太监而得名）；印度的古里和柯枝都建有纪念碑。这些都是我国与亚非国家传统友好关系的历史见证。

在郑和航海的过程中，每经过一处地方，都做了精密的航行记录，这就是有名的《郑和航海图》。在这部地图中，关于航行的方向、航程的远近、停泊的处所以及暗礁险滩，都有详细的记载。此外，在航行过程中，还积累对于海上风向、气候和潮汐等自然变化的知识。从郑和船队往返的日期中可以看出，他们利用季候风进行海上航行。每次出洋总是在冬季或初春时刻，因为这时风向大都是从大陆向海洋方向吹去；而归国则是在夏季或初秋，因为这时风向大都是从海上吹向大陆。这说明中国人民在那时就已经掌握了某些自然规律。

随同郑和出使的马欢、费信、巩珍等人，都各自把他们的海外见闻整理成著作。马欢著《瀛涯胜览》，费信著《星槎胜览》，巩珍著《西洋番国志》，记载了所到各国的情况，增进了中国人民对亚非许多国家人民的生活、风俗习惯以及生产等各方面的了解，丰富了中国人民的世界知识。

郑和下"西洋"之后，所经诸国都纷纷派遣使节前来中国修好通商。渤泥（加里曼丹）、菲律宾、马来亚等国的国王还亲自到中国来进行友好访问，促进了中国与亚非国家的经济文化交流。

土木堡之役

早在英宗皇帝继位之初，盘踞在西北边疆的瓦剌部族强盛起来，不断向明朝进犯。正统十四年七月，瓦剌太师也先带领数万大军向大同等处进犯。明英宗朱祁镇在宦官头子王振的怂恿下，于7月15日下诏御驾亲征。

兵部侍郎于谦和兵部尚书邝野等人都不同意英宗亲临战场，多次谏诤，主张派将讨伐。可是英宗听信王振的煽惑，以为自己亲统五十万大军，可以一战获胜，使举国上下都赞佩他的文才武略。因此竟下令再谏者以煽动军心论处，斩首示众。

英宗急于取胜，于下诏后的第二天，便仓促上路。来不及准备好军队必需的粮草辎重，便按照王振的主意，给每三名军士发驴一头，炒麦三斗，战靴两双，自带棉衣。军官把总以上和随驾出征的一百多名文武大臣，都分别给予更多的赏赐。

这样，这支臃肿庞大的部队，于16日出发，17日到达龙虎台，19日到达居庸关，23日抵达宣府。

这时，前方阳和失陷，大同危急的警报像雪片似的飞入宣府。随驾大臣都感到英宗亲临战地，非常危险，一致请求英宗不要再向前走了，在宣府驻扎指挥。

宦官头子王振大怒，把在场的大臣当面痛骂一顿，又罚兵部尚书邝野和户部尚书王佐在门外的草地上跪了一天。

8月1日，王振指挥五十万大军进入大同。由于离开京城时携带的军粮不足，在急行军中又遇到狂风暴雨，部队疲惫不堪，很多军士不等走到大同就倒毙在路边，部队一片混乱。

王振本来不会打仗，他以为大军一到就会把瓦剌骑兵吓走。不料瓦剌太师也先根本不把昏庸无能的英宗和王振放在眼里，反而加紧了进攻。王振的心腹宦官郭敬看到事情不好，悄悄建议撤兵。王振这时也慌了手脚，急忙下令向蔚州撤退。

蔚州是王振的老家，几年来他已经用搜刮的巨款在蔚州建起了高大的府第，想把皇帝请到自己家里住几天，以显示荣耀。

他原来是蔚州的一个无赖，后来犯罪充军，明成祖篡位之后重用宦官，扩大宦官队伍，他便趁机自阉，混入宫廷。

英宗朱祁镇九岁就做了皇帝，是王振抱大的，因此做了皇帝之后对王振百依百顺，使王振逐渐窃取了国家权力。到了朱祁镇16岁的时候，太皇太后病死，王振在宫中更加无所忌惮，竟公然把明太祖朱元璋用铁铸造的"内臣不得干预政事"的大牌从宫中移出，代替英宗处理朝政。现在，朱祁镇已经23岁了，可是仍然事事听从王振摆布。王振提出亲征，他就随着王振离开北京。王振下令撤军，他又随着王振离开大同。

可是人马出城走了四十里之后，王振忽然想到五十万大军到达蔚州缺少粮食，难免不损坏自己地里的庄稼，于是又改变了主意，下令改道向宣府撤去。

这时正是秋高气爽，天气干旱、庄稼晒米的季节。五十万人马断了粮草，饥饿难耐，互相拥挤践踏，兵部尚书邝野也被争路的兵士从马上挤下，摔成重伤。

瓦剌太师也先听闻明军溃退，急率两万精骑越过长城，向明军扑来。

王振派恭顺伯吴克忠和都督吴克勤率兵三万，在鸡鸣山下迎战。可是由于明军疲弱不堪，人无斗志，被也先派出的前锋部将伯颜帖木儿带领的两千骑兵一冲，就溃败下来，吴克忠、吴克勤兄弟当场阵亡。

王振又派成国公朱勇和永顺伯薛绶，带兵三万在路上列阵堵截，也被也先击溃，朱勇、薛绶战死，全军覆没。

这两支人马虽然都战败了，可是几万明军将士却用自己的生命和鲜血，为英宗和大军的撤退赢得了时间。如果没有意外变故，不等也先大军赶到，英宗就可以退到怀来县了。

但是在行至距离怀来县城只有二十里的土木堡时，王振检查自己的辎重，发现还有一千多车财物落在后边没有到达。这些财物都是他在这次出征途中勒索搜刮来的，他怕大军急撤之后落入也先之手，便下令全部人马在土木堡就地扎营等候。

这时，明军不仅粮草断绝，陷入饥饿状态，更主要的是土木堡附近地势较高，干燥无水。将士们经过长途跋涉，天气又十分燥热，都渴得嘴唇开裂，咽喉冒火。不少兵士为了取水，就地掘井，可是一连掘了几处两丈多深的大井，也没有得到一滴水。又有很多兵士在掘井过程中昏死过去。

被王振蒙在鼓里的英宗，把自己的行宫设在土木堡高处的狼山上。他看到将士们丢盔弃甲、狼狈不堪地卧倒在地上，心里还很不高兴，指着漫山遍野不成队伍的兵士说："朕欲身先士卒，驱除边患，保境安民，无奈兵娇将堕，都不肯出力，深负朕意！"

他本想让王振派人去杀几个躺在地上的兵士，以整顿军容，振作士气。可是看到一群群拼命掘井的将士，不禁大惑不解，皱着眉头向王振问道："这些军士在干什么，为什么不好好歇息，待命进发？"

王振笑道："这些军士是按照老臣的布置，在为也先的骑兵挖掘陷阱。"

"嗯，先生布置，甚为妥当。"英宗点点头，深为满意。为了表示对王振的尊重，他总是叫王振作先生。朝中的很多王公大臣，也都讨好地管王振叫"翁父"。

王振怕其他大臣泄露无水的底细，连忙请英宗进帐休息，用自备的清水喝茶去了。

而这时有兵士在十五里外发现了一条小河，但等他们跑回来带着装水器具赶到河边，恰好也先的前锋伯颜帖木儿的骑兵也到了，经过一场混战，明军在河边留下无数尸体，仅有的一点希望又被瓦剌的骑兵掐断了。

等英宗知道了几十万大军陷入无水的处境，竟非常奇怪地指着自己面前的茶碗问道："既然无水，怎么不改用奶茶？"

站在英宗身旁的几位大臣，见王振和英宗寸步不离，都面面相觑，不敢多话。

兵部尚书邝野得知也先的两万骑兵已经开始向明军迂回包抄，心里非常惊慌，唯恐英宗有失，天下震动，两次奏请英宗先退入怀来，但都被王振从中阻隔，压下不报。邝野见形势危急，拼命闯进行宫，要当面启奏。王振派人拦住，破口大骂："腐儒无知，懂得什么军事，再胡说八道煽动军心，立即斩首！"

邝野气得胡须乱抖，不顾性命地说道："为了国家的安危，现在死也吓不倒我！"

然而不等他说完，就被王振喝令武士拉出行宫。邝野在行宫门外，和几位老臣抱头痛哭。他们根本不知道，王振是要留住英宗，迫使将士死战，来保住自己的财物。

傍晚，瓦剌大军开始合围。

第二天拂晓，也先亲自率领瓦剌骑兵从麻谷口向土木堡发起冲击。都指挥使郭懋等人拼死力战，以重大的伤亡代价，暂时挡住了瓦剌的进攻。

到了15日清晨，也先派人讲和。英宗和王振喜出望外，急忙派人去和也先商定议和条款，无条件接受也先提出的各项要求，并让内阁学士曹鼐起草文书，送到瓦剌军营。

王振见也先答应撤围退兵，信以为真，立即传令移营就水。明军几十万将士接到命令，顾不得整顿兵甲器帐，争先恐后地跳出壕堑，向河边飞奔。也先见明军大乱，立即出动两万铁骑，从四面向明军合击。精锐的瓦剌骑兵，像冲入密集的羊群一样，用长矛大刀，把明军成片砍倒。土木堡和狼山脚下，顿时变成了一片血海。瓦剌骑兵的喊杀声，明军被杀的惨叫声，山崩地裂，令人发指。

几十万明军和一百多名大臣，绝大多数在来不及抵抗的情况下，就被瓦剌骑兵砍倒了。护卫将军樊忠，见明军全线崩溃，束手被杀，气得须发倒竖，一把揪住王振，愤怒地喊道："五十万大军毁于一旦，我要为天下屈死的冤魂，打死你这个奸贼！"

他一锤把王振的头颅打碎，保护英宗上马突围。可是也先带领的骑兵旋风似的扑来，樊忠抵挡不住，很快力尽被杀。

英宗见大势已去，尽管心里怕得要死，但想到自己毕竟是大国皇帝，不能失去尊严，便不顾身边将士的劝阻，毅然下马，在草地上盘膝向南而坐，等待被俘。

一队瓦剌骑兵在伯颜帖木儿的率领下，冲到英宗身边，杀散了护卫，轻而易举地便将英宗捉去了。

明代的特务统治

明朝中叶，封建统治者更加贪婪、残暴和腐朽。最有名的荒淫无耻的皇帝明武宗朱厚照，就是一个罪恶的典型。他大建皇庄，霸占大量土地，逼得老百姓倾家荡产，卖儿卖女，怨声载道。他举行一次婚礼，就耗费黄金 8 520 两，白银 533 842 两，而当时国家一年收入白银才 150 多万两。他除修造宫殿院阁之外，又造密室，日夜淫乐。除了在宫内挥霍外，他四处巡游，到处抢掠妇女、财物，在社会上造成了一片恐怖气氛。一听皇帝出巡，老百姓赶紧关门闭户，有的急忙给未嫁的女儿找个丈夫。

明朝皇帝还对人民进行特务统治，锦衣卫和东厂西厂就是主要的特务机构。

锦衣卫，是皇帝的私人卫队"上十二卫"中的一卫。它与别的卫队不同，直接贴近皇帝。锦衣卫为了便于保护皇帝，有权直接逮捕、审问任何人。锦衣卫成为明朝一个巨大的特务机关，和另一个特务机关"厂"，并称"厂卫"。

锦衣卫的长官叫指挥使，由皇帝的亲信担任，地位比其他卫的长官要高得多。他下面管辖十七个所，分别设置官校。

官的名目有千户、百户、总旗、小旗等。校是校尉力士，由民间壮丁中经过挑选的人来担任。

锦衣卫在明初有五百人，到明中叶达到六万多人，再加上收买的流氓无赖做特务帮凶，直接与间接的特务有十五六万人之多。他们仰仗皇帝授予的特权，一切刑狱案件直接处理，不经过政府司法部门。

锦衣卫的官校以四处侦察为由，无恶不作。他们处理案件，往往望风扑影，栽赃陷害。把人抓到以后，先带到空庙里毒打一番，叫作"打桩"。然后，把被抓的人家产抄劫一空。东西少的就由小头目自己独吞，东西多就与上司瓜分。屈打成招以后，再把人送到司法部门定罪。即使抓错了，司法部门也不敢平反。有的校尉仗势欺人，任意诬陷好人；有的被收买，为人报仇；有的受贿以后，把主犯改为胁从，用旁人来抵罪。他们随便抓人，经常在深夜搜查民户，搞得人心恐惧，寝食不安。

锦衣卫从明初到明末，前后二百六十年，屠杀了无数平民百姓，陷害了许多善良的群众，制造了数不尽的冤狱，是明代的人间地狱。

和锦衣卫并称的是"厂"。"厂"分东厂和西厂；都是负责侦缉和刑狱的特务机关。东厂永乐十八年设在东安门北。西厂是成化十三年开设的。此外，又设内行厂监管东西两厂的活动，是专门负责侦察特务活动的。可以说，内行厂是特务之中的特务机关。

主持东厂的是掌印太监，他的官衔全称是"钦差总督东厂官校办事太监"，简称为"提督东厂"。内部人称他为"督主"或"厂公"。他手下有一个掌刑千户和一个理刑百户。下设掌班、领班、司房四十多人。直接执行侦察的是役长和番役。役长有一百多人，叫"档头"。番役有一千多人，又叫"干事"。他们骄横跋扈，兴风作浪，上至官府，下至民间，到处伸手。京城各地，大事小情，都要奏闻。甚至半夜里宫门关了，也可以从门缝里把报告塞进去。门里面的人接到后，立刻送给皇帝。东厂番役虽有一千多人，仍然不够用，就把一些流氓无赖找来做特务外围，帮他们打探。这样一来，老百姓更是苦上加苦了。

西厂先后成立两次，特务要比东厂多一倍。明武宗时，令亲信太监刘瑾掌司礼监，邱聚、谷大用提督东西厂两厂，提督都是刘瑾的部下，互相争功，彼此竞赛。这一下子可叫老百姓遭了殃。特务遍布，闹得日夜不安。老百姓只要看见骑着高头大马、穿着华丽衣服、操着京师口音的人，就吓得纷纷躲藏起来。地方官一听这个风声，也就赶紧前去贿赂，谁也不敢问明来由。这就给地痞流氓冒充特务、乘机敲诈钱财开了方便之门。全国人民简直都不敢大声出气了。

大特务头子刘瑾，经常在皇帝面前诬陷朝臣，排斥异己。

357

凡是不依附他的官员，找个借口，就打下台去，甚至借机杀害。他可以假传圣旨，为所欲为。还有个叫魏忠贤的宦官头子，干预朝政，培植党羽，成了代理皇帝。明朝特务统治的黑暗，难以尽述。

文笔遍天下，不与富贵人

文征明，长洲人。父亲文林曾任温州知府。文征明自幼好学，曾学文于吴宽，学书于李应祯，学画于沈周。这三位都是他父亲的至交。文征明又与祝允明、唐寅、徐祯卿三人切磋学问，名声越来越大了。父亲文林去世后，官民筹集千金送给文征明作葬金。这年文征明16岁，他把千金都退回去了。于是，官民修了一座却金亭，以资纪念。

文征明为人刚正不阿，不喜金钱。一天，巡抚俞谏见文征明穿着一套破旧的衣服，不由得心生怜悯之情，便想赠金银给他，于是指着他穿的蓝衫说："都破旧成这个样子了！"文征明佯装不懂，说："这是雨淋的。"俞谏见他这样说，便不敢提赠金之事了。宁王朱宸濠发动叛乱之前，因仰慕文征明大名，曾派人带着一封信及重礼去聘请他。他推辞说有病，不肯赴王府。

文征明为了济世救民，也想像父亲那样出来做官。但他考取功名一直不顺利。明清时代，凡是经过考试，被录取进入府学、州学或县学的，通称生员，即秀才。一直考到嘉靖元年，文征明都53岁了，仍未考中。

54 岁那年，文征明受工部尚书李充嗣的推荐，经过吏部考核，做了翰林院待诏。

这时，文征明的书画已负盛名，向他求书求画的人很多，因而受到翰林院同僚的嫉妒和排挤。这使文征明心中总是郁郁寡欢，进京第二年，就上书申请辞职了。三年间，他一共三次请辞，最后终于获准了。

57 岁时，文征明出京，乘舟南下，像小鸟飞出笼子一样，到苏州定居。

当初，文林担任温州知府时，曾慧眼识才，提拔过张璁。张璁得势，曾委婉地奉劝文征明依附他，文征明谢绝了。

文林的挚友杨一清入朝辅政后，只有文征明一个人是最后向他祝贺的。杨一清着急地问他说："你不知道令尊是我的挚友吗？"文征明正色道："先君虽然去世三十余年了，但他向我提过的每一个字我都不敢忘掉，我实在不知道相公与先君是挚友啊。"杨一清一听这话，面有惭色。接着，杨一清与张璁商量，想给文征明升官。这时，文征明请辞更加强烈，才终于获得批准。

回苏州后，文征明致力于诗文书画，不再追求仕进，整日以翰墨自慰。晚年声誉卓著，号称文笔遍天下。

文征明是吴门画派创始人之一，是明代中期最著名的画家和大书法家。他与唐伯虎、祝枝山、徐祯卿并称江南四大才子，也称吴门四才子。他与沈周、唐伯虎、仇英合称"明四家"。他的名气极大，向他购求书画的人几乎踏破了他家的门槛。但文征明是一位刚正不阿、不慕富贵的人。他厌恶铜臭味，虽然文笔遍天下，却不与富贵人。富贵人想得到他的一片纸都是难的，他尤其不肯给王府及太监作书画，他常说："这是应该禁止的。"

周、徽诸王为了得到他的书画，曾派人赠给他名贵的宝物。文征明不肯启封，派人退了回去。外国使者路过苏州时，只能向他的住处遥拜，因不能登门亲睹丰采而深感遗憾。

文征明的名气太大了，因而署他名字的赝品很多。对此，心胸博大的文征明从不过问。

嘉靖三十八年，文征明去世，享年90岁。

戚继光抗倭

我国的东邻日本，在 14 世纪时长期处于南北分裂的局面。因内战失败而丧失军职的南朝武士，流亡在海岛上，成为无业的"浪人"。他们伙同不法商人，经常出没于明朝沿海地区，时而走私，时而抢劫，历史上把他们叫作"倭寇"。到 15 世纪后期，日本国内兼并战争不断发生。各地封建藩侯和寺院大地主为了加强自己的经济力量，也支持境内的浪人和商人渡海来中国掠夺，甚至自己也假"入贡"之名，从事海盗活动。这就更加助长了倭寇的气焰。

倭寇对中国沿海的骚扰，从明初就开始了。那时明朝国力强盛，海防巩固，倭寇为患尚小。15 世纪中叶至 16 世纪中叶，明朝政治腐败，全国各地不断爆发农民起义。明朝统治者忙于镇压国内人民的斗争，放松了沿海的防务，有些官员甚至纵容和私通倭寇，致使倭寇的活动更为嚣张。

1523 年，日本有两个封建主同时派遣"贡使"来宁波"通贡"，实际是与中国进行贸易，因为争取货物，双方发生武装冲突。这些人在宁波、绍兴一带大肆焚掠，打死沿海居民和官员。明政府采取消极的办法，停止对日本的贸易。但是，日本浪人和不法商人仍不断来中国沿海走私和抢劫。他们与中国官员、奸商、土豪、海盗、山贼互相勾结，更加肆无忌惮地登陆侵扰，倭寇为患越来越重。

1553年，倭寇在明朝奸商勾引下，乘船数百艘，大规模地骚扰江浙地区，占据上海县城数月，烧杀奸淫，抢掠财物，城内房屋几乎全被焚毁，当地居民惨遭蹂躏。三四年间，江浙吏民死于倭寇之患者，不下数十万人。东南沿海地区经济遭到严重摧残。沿海居民对倭寇恨入骨髓，明朝政府也发觉倭患的深重。但是，由于明朝政府腐朽昏聩，官吏纵敌养奸，以及明朝军队素质低劣等等原因，御倭战争始终未能奏效，倭患有增无减。直到戚继光被调到浙江御倭前线，才使局面得到根本好转。

戚继光（1528—1588），字元敬，山东登州（今山东蓬莱）人。出身于将门家庭，武艺出众，韬略娴熟，治军严明。17岁就接替父亲做了登州卫指挥佥事。1556年，升为参将，派往宁波、绍兴、台州三府镇守。这是倭寇经常出没的地方，地理位置十分重要。戚继光到任后，指挥有方，连战皆捷，给倭寇以沉重打击。但他同时也看到明军的腐败，平时缺乏训练，纪律松弛，不听指挥。当地官军平日骄横嗜利，专事欺压平民百姓；战时临阵畏缩，害怕在短兵相接时作白刃交锋。戚继光决定招募一支新军，剔除那些浮滑的小市民、纪律松散的城市流氓无产者、当兵吃粮遇敌辄逃的"兵油子"等。经上司批准，他在义乌县经过严格挑选，着重从农民和矿工中选出三千人，组成一支精干队伍。他们战斗勇敢，以一当百，纪律严明，对百姓秋毫无犯，人们称为"戚家军"。

戚继光还根据江南水域多、道路曲折的地理特点，以及倭寇狡诈，善设伏、好短兵相接等作战惯技，创造一种有名的"鸳鸯阵"法，以十二人组成一个作战小队，长短兵器相配合，指挥灵活，变化自如。

1561年，倭寇船只数百艘，大举进犯浙江台州，戚继光率军迎敌。他鼓舞士气，勉励战士杀贼保民，对部下申明：不要争割敌人首级，不要贪恋敌人辎重，不要轻易杀害胁从的人。经过一个多月的战斗，在当地人民协助下，消灭倭寇五六千人，使侵犯台州的倭寇遭到覆灭性的打击，巩固了浙江海防。

1562年，倭寇大举窜犯福建沿海。戚继光奉命前往剿捕。"戚家军"斗志高昂，大获全胜，收复了被倭寇占据三年之久的横屿。接着，又向南挺进，乘胜直捣牛田、径趋林墩，摧毁倭寇盘踞的最后两个巢穴。

戚继光离开福建后，又新到倭船数十艘，倭寇近万人，攻占兴化府城等地，福建沿海地区再次惨遭荼毒。1563年，戚继光率领"戚家军"再次入福建，与俞大猷、刘显配合，一举收复平海卫和兴化城。1564年，"戚家军"又以少胜多，大破倭寇于仙游城下。福建境内倭寇基本被肃清。

东南沿海各地的倭患基本上消除了。戚继光和"戚家军"为保卫祖国海防前线，保护沿海居民生命财产安全，立下了不朽的功勋。人民尊他为民族英雄，永远记住他对祖国、对人民的卓越贡献。至今浙江、福建等地还流传着许多有关"戚家军"英勇杀敌的故事。

张居正改革

明朝中叶，贵族大地主兼并土地的情况相当严重。在江南，有的大地主占田七万顷。在朝廷，大学士徐阶一家就占田二十四万亩。全国应纳税的土地，约有一半为大地主所隐占，拒不缴税，严重地影响了国家收入。贵族大地主疯狂地掠夺土地，封建剥削的进一步加剧，激起了社会矛盾的尖锐化。接二连三地发生了邓茂七、刘通、兰廷瑞以及刘六、刘七等领导的农民起义。明王朝处于危机四伏的境地。

怎样才能将封建统治维持下去呢？地主阶级一些当权人物认为，必须改革政治，寻求一条自救的道路。在这样的形势下，张居正的改革措施得到了推行。

张居正是湖广江陵人，明朝中期著名的政治家。在明神宗万历年间，连续十年担任内阁首辅（宰相），曾发起了一场革新运动。

首先，整顿吏治，加强中央集权制。张居正创制了"考成法"，严格考察各级官吏贯彻朝廷诏旨情况，要求定期向内阁报告地方政事，提高内阁实权；罢免因循守旧、反对变革的顽固派官吏，选用并提拔支持变法的新生力量，为推行新法做了组织准备。

其次，清丈土地，推行"一条鞭法"。1528年，张居正下令清丈全国土地。经过三年，查出贵族大地主隐瞒的土地达三百二十万顷之多。大部分土地恢复了税收，增加了国家的财政收入。这一措施，对隐瞒田地的大地主是一个打击。

在清丈土地的基础上，针对田赋、徭役制度存在的积弊，张居正又通令全国实行"一条鞭法"。这是海瑞在浙江淳安和江西兴国实行过的赋役制度。

明朝初年的赋税制度十分繁杂。当时的赋税以粮为主，银绢为辅，分夏秋两季征收。此外，还规定农民要服各种徭役，并交纳特殊的土贡等等。"一条鞭法"就是把各州县的田赋、徭役以及其他杂征合为一条，合并征收银两，按亩折算缴纳，大大简化了征收手续。实行这种办法，使没有土地的农民可以解除劳役负担；有田的农民能够用较多的时间耕种土地，对于发展农业生产起了一定的作用。同时，把徭役改为征收银两，农民获得了较大的人身自由，比较容易离开土地，这就给城市手工业提供了更多的劳动力来源。没有土地的工商业者可以不纳丁银，这对工商业的发展也有积极作用。

"一条鞭法"的推行，使明政府的财政收入有了显著的增加，经济状况也有不少改善。国库储备的粮食多达一千三百多万石，可供五六年食用，比起嘉靖年间国库存粮不够一年用的情况，是个很大的进步。张居正在军事上也采取了一些改革措施。他派戚继光等将领防守北方，积极练兵，屯田生产，修筑工事，坚决抵御北方一些少数民族的侵扰。此外，还采取了裁减冗员，整顿驿站，治理黄河、淮河等措施，也都取得了一些成绩。

经过上述改革，强化了中央集权的封建国家机器，基本上实现了"法之必行""言之必效"。在经济上，增加了国库的收入，缓和了财政危机。在国防上增强了反侵略的能力，多次打退北方鞑靼贵族的侵犯。当然，张居正倡导改革是为了巩固明朝的封建统治，因而不可能触动地主阶级的根本利益，只能作些修修补补的改良，挽救不了封建社会必然灭亡的历史总趋势。

张居正的改革在一定程度上限制了大官僚和大地主的既得利益，因而遭到他们的疯狂反抗。从清丈土地开始，许多贵族大地主百般阻挠。有些在朝的守旧大官僚公开张贴传单，攻击改革运动。他们像司马光攻击王安石一样，说张居正也是"三不足"者。那些腐朽的顽固势力纠合在一起诬陷张居正。张居正的父亲去世了，为了坚持改革，不使刚刚开始的变法运动半途而废，他没有回家守丧。反对他的人如获至宝，利用这件事进行攻击，说张居正违背了"万古纲常"，企图把他从朝廷中赶走。

1582 年 6 月，张居正病死。一些改革的反对派重新麇集，疯狂地进行反攻倒算。他们攻击张居正改革"务为烦碎"，清丈土地是"增税害民"，实行"一条鞭法"是乱了"祖制"。他们下令撤销了张居正死后特加的官爵和封号，进而查抄家产。张居正的长子被逼自杀，其他家属也惨遭迫害。代表大地主、大贵族势力的封建顽固派又掌了权，劳动人民生活更为痛苦，民变兵变迭起，农民的抗租斗争和武装起义不断发生。

巾帼名将秦良玉

在我国明代，曾出现了一位貌秀艺高的女英雄，她就是四川苗族人秦良玉。

秦良玉的父亲秦葵，是位富有爱国思想的人。他喜欢谈论兵事，注重培养孩子们的文韬武略。因此，秦良玉从小就受到父亲爱国思想的熏陶，并且同哥哥和弟弟一起随父学习经史，研读兵法，操练武功。年轻时的秦良玉，已是弓马娴熟，文武兼备，显露出非凡的才能。父亲很喜欢她，对亲友说："遗憾的是良玉不是男儿，她的兄弟都赶不上她。"可是后来的事实却出乎父亲的预料，秦良玉竟成为了率领千军万马的巾帼英雄。

秦良玉到了出嫁的年龄，她不顾传统束缚，嫁给了汉族人马千乘。马千乘担任石砫宣抚使，是统兵的将领。两人感情深厚，形影不离。秦良玉勉励丈夫说："现在天下多事，石砫又位于楚、黔交界之处，不能不加强设防。男儿应当为国立功。"马千乘很敬重秦良玉，治军用兵的事都同她商议。马千乘每次出征，秦良玉都与丈夫同行，并肩作战，并屡立战功。

后来，丈夫马千乘被人诬陷，冤死于狱中。不久，冤案得以昭雪，朝廷命令秦良玉接替丈夫职务，统领部众。秦良玉化悲痛为力量，卸去裙钗，着上戎装，走上了为国家南征北战的道路，成为威震敌胆的女将军。

当时，我国东北地区的满族力量日益强大。1621 年，努尔哈赤率军向明朝辽东守军发动大规模进攻，逼近沈阳。明朝廷急忙征调全国各地的军队增援辽东守军。秦良玉接到出征命令后，立即派哥哥秦邦屏和弟弟秦民屏率领一部分兵马先行，自己统率主力一千人随后出发。

这时，在辽东战场上，先行到达的其他明军还没来得及休息就投入了战斗，虽经拼死搏斗，终因寡不敌众，纷纷向浑河退守。就在这紧要关头，秦氏兄弟与周敦吉率领的军队赶到，虽然人数不多，但是毅然抢渡浑河，在桥北扎下营寨。未等立住脚跟，清兵就满山遍野地掩杀过来。战斗异常激烈，双方伤亡惨重。经过这一场浴血奋战，避免了明军全线崩溃的厄运。

驻守到冬天，由于朝廷的军饷接济不上，不少士兵还没有穿上棉衣。秦良玉慷慨解囊，拿出自己的钱财为士兵赶制了棉衣。待战事平静，秦良玉奉命率军回到四川。

1629 年，清兵越过长城，再向明朝大举进攻，并很快逼近北京。北京城中一片惊慌。崇祯皇帝一方面组织现有军队加强防守，另一方面下令全国各地军队火速赴京勤王。这时秦良玉已年过半百，得到命令，立即与侄儿秦翼明率本部人马日夜兼程北上。

这时，明军主帅阵亡，明军退守北京近郊，无力再战。在此紧要关头，秦良玉率军赶到，没有休息，立即向围城的敌人冲杀过去。先到的几路明军见秦良玉部队的将士无所畏惧、英勇杀敌的情景，深受感动，也都挥戈投入战斗。清军被杀得人仰马翻，节节败退。明军迅速收复了宛平、遵化等四城，解除了清兵对北京的威胁。

崇祯皇帝在宫中接见秦良玉，赞扬她的爱国精神，向她赐酒慰劳，还赋诗一首相赠。诗中说：

> 凭将箕帚扫虏胡，一派欢声动地呼。
>
> 试看他年麟阁上，丹青先画美人图。
>
> 蜀锦征袍手剪成，桃花马上请长缨。
>
> 世间多少奇男子，谁肯沙场万里行？

秦良玉卫国抗敌的英勇事迹，鼓舞着千万女子投身到民族解放的斗争中。效忠祖国是不受性别限制的。

明末李自成起义

1644 年 3 月 19 日，一支农民起义队伍浩浩荡荡地开进了北京城。他们军容整齐，军纪严明，对老百姓秋毫无犯。这就是李自成领导的农民革命武装。

李自成，1606 年出生在陕西省米脂县的一个贫苦农民家庭。当时正是明朝末期，阶级矛盾日益尖锐，天灾人祸不断发生。连续多年闹灾荒，土地都被皇亲贵族、地主豪绅霸占了。千百万农民身上无衣，口中无食，受着统治阶级残酷的剥削和压迫。

李自成从小就因欠债被迫给姓艾的地主牧羊。21 岁那年，他打伤了地主，逃到银川当了一名驿卒。当时，全国到处都有农民起义爆发。1630 年，张献忠在陕西米脂十八寨起义，自称"八大王"。李自成也杀死贪官造了反，在他舅舅高迎祥领导的起义军中当"闯将"。1635 年，明朝派洪承畴出陕西，朱大典出山东，两面夹击起义军。各路义军十三家七十二营的首领在河南荥阳县共商对敌之策。李自成提出联合作战、分兵出击的方案，得到大家的支持。

高迎祥是明末农民战争早期的一位杰出领袖。1636 年，他不幸被俘，英勇就义。起义军把"闯王"这个英雄称号推让给屡建战功、声望很高的李自成。

从此，李自成做了"闯王"。李自成领导着起义军继续和明朝作战，把自己的一生献给了农民革命事业，成为我国历史上一位杰出的农民革命领袖。

李自成领导的起义军英勇善战，南征北讨，声威大震，使腐朽的明朝统治阶级闻风丧胆。他们每到一处，都是砸官府、开粮仓，对官僚、地主坚决镇压，把粮食和财物分给劳动人民。他常向人们宣传："我们杀掉欺压穷人的贵族地主，就是要解除你们的心头之恨。"因此，李自成很受群众欢迎。当时在民间广泛流传这样的歌谣："盼闯王，迎闯王，闯王来了不纳粮。""朝求升，暮求合，近来贫汉难存活，早早开门迎闯王，管叫大小都欢悦。"

"闯王"领导的起义军，经历了艰难曲折的过程。1637年，李自成起义军中了敌人埋伏，队伍被打散。李自成、刘宗敏等十几个人被迫隐伏在商洛山中。但他并不灰心，同将士们白天耕田练武，晚上读书思考，吸取历史上各次农民起义成功和失败的经验教训，研究斗争策略，总结自己的斗争经验。1639年，他率众出山，又受挫折，被困于鱼腹山中。后来，李自成只率五十骑突围，闯入河南。

1641年，李自成提出了"均田免粮"的革命纲领。均田就是把土地分给农民；免粮就是取消封建的赋税剥削，把农民从封建压迫下解放出来。

李自成还特别注意农民军的自身建设。他规定：战士不准收藏白金；缴获物品归公；行军不住民房，自带帐篷宿营；损坏庄稼，严厉处罚；"公平交易""平买平卖"；不滥杀人，不奸淫妇女。他提出"杀一人如杀我父，淫一妇如淫我母"的口号。

李自成本人作风民主，上下平等，大的决策都和部下讨论决定。平日生活简朴，粗茶淡饭，食无兼味，每天早晨只喝小米粥，与战士同甘苦，始终保持劳动人民本色。这些正符合被剥削、被压迫劳苦大众的愿望，对部下是极大的鼓舞。1643年，李自成在人民的拥护下做了"新顺王"，在襄阳正式建立了革命政权。同年10月，攻下西北陕、甘、宁地区作为根据地。第二年春天，革命政权中心迁到西安，"闯王"改称"大顺王"，年号"永昌"，还颁布了新的历书，铸造"永昌"钱币，平抑物价，招抚流亡，镇压地主豪绅，废除"八股文"，选拔官员接管地方政权。这时，李自成的起义军已经是雄兵百万了，开始向明王朝发动了总攻击。

起义军取得了节节胜利，消灭了大量的明朝官军，迅速攻下太原、大同、宣府、居庸关、昌平。1644年3月17日，起义军包围了明朝统治集团的老巢——北京。19日，李自成军队胜利开进了北京。那些骑在人民头上的地主老爷，都失去了往日的威风，一个个狼狈逃窜。他们的总头子——崇祯皇帝，吊死在煤山（今景山）的一棵树上。统治中国二百七十六年之久的明王朝，被李自成领导的伟大农民革命推翻了。起义军取得了决定性胜利。

农民军进了北京城，内部发生很大变化。许多将领犯了严重错误，有的将领被胜利冲昏头脑，产生骄傲自满、麻痹轻敌的思想，忽视了地主阶级疯狂反扑的危险。有的进城后开始蜕化，不能抵制金钱酒色的侵蚀，逐渐丧失了原来的革命意志。也有些士兵，以为革命已到尽头，盼望回家务农。特别是混进革命队伍的地主阶级分子乘机破坏，胜利果实被满族贵族和汉族地主官僚篡夺了。1644 年 5 月，原明朝山海关守将吴三桂引清兵入关占领北京。李自成退出北京，继续在河南、山西、陕西一带战斗。

1645 年 4 月，李自成在通山县九宫山带着二十八人上山察看地形，遭到地主武装袭击，李自成壮烈牺牲，当时只有 39 岁。之后大顺军继续战斗了十九年。

李自成领导的农民革命失败了，但它的伟大历史功绩将永载史册。明末农民战争，为我国人民革命斗争史写下了光辉的一页。

卷九　清

当明末农民起义军胜利进军之时，崛起于东北的满洲贵族改金为清，皇太极称帝，统一东北。顺治元年世祖入关，定都北京。

清朝是中国历史上最后一个封建王朝，也是中国历史上第二个由少数民族（满族）建立并统治中国全境的封建王朝。入关后二十年时间里，清朝先后灭亡大顺、大西和南明等政权，康熙二十三年（1683）收复台湾，最后统一全国。清王朝的疆域北至恰克图，南至海南岛、南沙群岛，西至葱岭，东至外兴安岭、库页岛，已经成为一个幅员广阔、国势强大的统一的封建国家。清王朝的建立和疆域的巩固，无论是对防止西方殖民主义者的入侵或促进国内各族人民经济、文化的联系和发展，在客观上都有积极的意义。

清朝的人口数也是历代封建王朝中最多的，清末时达到四亿以上。清朝开疆拓土，鼎盛时领土达一千三百多万平方千米。清初为缓和阶级矛盾，实行奖励垦荒、减免捐税的政策，内地和边疆的社会经济都有所发展。至 18 世纪中叶，封建经济发展到一个新的高峰，史称"康乾盛世"。于是中央集权专制体制更加严密，国力强大，秩序稳定，成为亚洲最强大的封建国家。康熙年间，统一了台湾，并与俄国签订《尼布楚条约》，划定了中俄东段边界；乾隆中叶，平定准噶尔、"回部"，统一了新疆。这不仅解决了中国历史上游牧民族和农耕民族之间旷日持久的冲突，而且采取了一系列政策，发展边疆地区的经济、文化和交通，巩固了中国多民族国家的统一，奠定了现代中国的版图，增强了中华民族的团结力和凝聚力。在文化上，康乾时期编纂了几部集大成之作，像《四库全书》《古今图书集成》等，对整理和总结中国历史文化遗产做出了重大贡献。

清朝从乾隆末年开始有衰落的现象，政治日渐腐败。嘉庆帝和道光帝也失去了早期君主锐意进取的精神，掌政风格日趋保守。官场中，结党营私、相互倾轧、卖官鬻爵、贿赂成风。军队里，装备陈旧、操练不勤、营务废弛、纪律败坏。财政上，国库日益亏空、入不敷出。阶级矛盾激化，相继爆发白莲教和天理教等农民起义。

道光二十年（1840）英国发动对华鸦片战争，此后，清王朝与西方列强签订了一系列丧权辱国的不平等条约，割地赔款，开放通商口岸，中国逐步沦为半殖民地半封建社会。香港为英国所占，台湾为日本所占，乌苏里江以东黑龙江以北为沙俄所占。清政府在取得一系列辉煌成就的同时，它的发展并没有逾越中国传统封建专制主义体制的框架。明代后期的君权有一定的松懈，而清朝又把封建专制推向了最高峰。清朝初期大力推行圈地恶政，极大破坏了中原地区的经济；

仍然以农业立国，重农抑商，制约资本主义萌芽的发展。思想上提倡纲常礼教，制造了多起文字狱，加强对文人思想控制；在编撰古籍时又大肆销毁古籍；剃发易服，一定程度上割裂了汉族的文化传统；统治者轻视科技、盲目自大、闭关锁国，此时的中国已落后于世界发展的先进潮流。为挽救自身命运，统治阶级内部进行了一系列改革，如洋务运动、戊戌变法、预备立宪等。试图通过自上而下的变革，使中国走上富强独立的道路，但都以失败而告终。

　　1911年10月，武昌起义爆发，各省随后纷纷宣布独立，清朝的统治开始走向瓦解。清政府任命北洋新军统帅袁世凯为内阁总理大臣，成立内阁并统领清军。但他一面以武力压迫革命军，一面与革命党人谈判。清帝于1912年2月12日正式退位，并在退位诏书中宣布"即由袁世凯以全权组织临时共和政府"，标志着中国两千多年的封建君主专制制度的正式结束。

八旗制度

16 世纪末，居住在我国东北地区的女真族，势力逐渐发展起来。

女真族是我国历史上的古老民族之一。明朝初年，女真族分为建州女真、海西女真、东海女真三大部，居住在白山黑水之间。其中建州部生产发展较快，主要过着农耕生活，已经处于奴隶制社会阶段。东海部生产较落后，以捕鱼射猎为主，因此被称为"野人女真"。

明朝在洪武年间设立了辽东都指挥使司。在女真族聚集区设立建州卫，行使统治权。永乐元年设立建州卫军民指挥使司，并任命女真族贵族为指挥使，加强对女真各部的统治。

在经济上，明朝政府在女真各部设立了马市、木市等，与女真族进行贸易。明朝的官吏和商人，以布、绢、米、盐和铁制工具，如锅、犁之类，换取女真人的马、牛、羊等牲畜以及木材、人参、貂皮、木耳、蘑菇等土特产品。通过贸易，汉族的大批生产工具与生活必需品输入女真各部。虽然在交换中官吏及商人从中牟取大利，但也繁荣了女真各部的经济生活。尤其是关内先进生产工具的输入，在客观上促进了女真族生产的发展和生产力水平的提高。

　　随着女真族各部政治和经济的发展，统一逐渐成为当时各部人民的共同要求。当时女真"各部蜂起，皆称王争长，互相战杀，甚至骨肉相残，强凌弱、众暴寡"。在斗争中，逐渐形成了几个强大集团。其中以努尔哈赤为首的建州部最为强大。

　　努尔哈赤属于建州部斡朵里氏族的爱新觉罗家族。其祖先猛哥帖木儿曾被明政府任命为建州左卫指挥。努尔哈赤的祖父、父亲都是明朝的世袭官吏。努尔哈赤就是世袭其祖父任指挥使的。1589年，明政府任命努尔哈赤为都督金事。之后他又被封为龙虎将军，数次被召到北京，很受明政府的重视。

　　努尔哈赤于1583年起兵，仅用六年时间就统一了建州五部。接着，他又统一了长白山等六部，此后又征服了海西四部。到1625年，终于统一了女真各部。为适应政治统治需要，努尔哈赤创立了兵民一体的社会组织形式——八旗制。按规定"凡隶属于旗者，皆可以为兵"。开始，设四旗，旗分黄、红、蓝、白四色。随着队伍的扩大，又增设四旗，将黄、白、蓝三色旗镶以红边，将红旗镶以白边，合为八旗。每三百人设牛录额真（佐领）一人，五牛录设甲喇额真（参领）一人，五甲喇设固山额真（都统）一人。固山，满语"旗"的意思，所以八固山的制度，也叫八旗制度。固山额真为一旗中最高的首领，统率着一旗官兵。八旗各级首领都由贵族充任。旗中不仅有满族人，而且也有蒙古族和汉族人。随着努尔哈赤统一事业的发展，蒙古族和汉族人数逐步增多。后来到皇太极时，又增加蒙古八旗和汉军八旗，其组织形式同满洲八旗是一致的，合一起为二十四旗。

1616年，努尔哈赤在赫图阿拉（今辽宁新宾县）建立了后金政权，制定了法规、官制及文字，并停止了向明朝政府纳贡。1618年，大举攻明。1619年，在萨尔浒（抚顺东南）以集中优势兵力各个击破的办法大败明兵。1621年，迁都沈阳。当时，明朝封建统治阶级腐败，宦官专政，赋税徭役连年加重。明朝的"文武边官，欺诳壅蔽"。东北各族人民深受其害，努尔哈赤乘机率兵南下。明朝军队作战无能，屡遭失败。努尔哈赤接连占领了辽东地区的大小七十余城。

1626年，努尔哈赤死去。他的儿子皇太极继位，即清太宗。皇太极改女真为"满洲"，尊沈阳为盛京，仿明朝制度设立六部。1636年又设内阁形式的内三院（国史院、弘文院、秘书院），改国号为清，正式建立封建君主制的清王朝。清政权为了巩固和加强对整个东北地区的统治，和明朝一样，采取设官镇守的办法，并继续占领长城以北从宁夏到黑龙江的广大地区，从东西北三面对明朝形成军事包围。在此期间，女真的社会经济进一步发展。八旗的人口大部从赫图阿拉迁到辽沈，并在这里分得大量土地。为了适应生产的发展，清政府把原来俘虏的奴隶"编为民户"，让他们分屯别居。对于辽沈地区无地农民采取按丁授田垦荒的办法，政府向他们征收十分之一租赋，开始推行封建生产方式。

1644 年，清军占领了北京。清朝的皇帝福临（年号为顺治）从盛京迁至北京。至此，满族贵族由地方统治者变为全国的多民族统治者。

卷九

清

郑成功收复台湾

台湾是中国的第一大岛屿，岛上土地肥沃，物产丰富。自古以来，中国劳动人民就在岛上生活。他们用勤劳的双手开发和建设这美丽的宝岛。1624 年，荷兰殖民主义者侵入台湾，修筑了赤嵌城。他们对岛上居民进行残酷的掠夺和野蛮的殖民统治，因而激起了中国人民的无比愤怒。郑成功收复台湾，就是在群众支持下进行的。

郑成功是福建省南安县人，出生在荷兰殖民者侵占台湾那一年。他在少年时代，亲眼看到荷兰侵略者对中国沿海居民进行掠夺和烧杀，对侵略者十分憎恨。

1644 年，李自成农民起义军推翻明朝统治。满族统治者和汉族地主官僚相勾结，篡夺了农民起义的胜利成果，建立了清朝政权。

1646 年，清军占领福建。这时，郑成功组织福建、广东的群众在南澳起义，进行了长期的抗清斗争。

1659 年，郑成功从返回大陆的爱国通事何廷斌那里了解到荷兰殖民者在台湾的苛政和暴行，便决心驱逐荷兰殖民者，收复祖国的神圣领土。

1661 年 4 月 21 日，郑成功亲自率领将士二万五千人，分乘战船几百艘，由金门出发，攻打澎湖。4 月 30 日黎明，在台南的鹿耳门登陆。鹿耳门地势十分险要，外围有几十里的浅沙滩。荷兰殖民者在这里沿水边设置了许多炮台。郑成功不顾地形险峻和敌人的严密防守，亲率船队迂回前进，直趋台湾北港。他的队伍在距赤嵌城北约十里的地方，迅速登陆。台湾人民争先恐后前来迎接，提水担饭，协助运输。郑成功部队在台湾人民大力支持下，士气更为高涨。荷兰海军司令官彼特尔倚仗着精良的火器负隅顽抗，妄想阻止郑成功的军队。郑成功军队冒着敌人的炮火勇猛向前，打得荷兰殖民者弃械而逃。

　　郑成功登陆后，立即通令荷兰侵略军投降。但荷兰殖民者表示愿意献出十万两银子犒赏郑成功的军队，请求退兵。面对这种卑鄙的收买引诱，郑成功严词拒绝。接着，郑成功连续打败敌人多次反扑。5 月初攻下赤嵌城，迅速控制台湾全境，迫使荷兰殖民者退守热兰遮城。

　　但是，龟缩在热兰遮城的荷兰侵台"总督"科业特，倚仗粮草充足，妄想固守该城，等待海外援助。荷兰舰队也屡次从海上进行反扑。郑成功率领英勇的水师，在台湾人民的密切配合下，同荷兰侵略军展开激烈的海战。荷兰舰队在浅水处行动笨拙，而郑成功的小型战船却转动灵活。郑成功军队在海战中，给了荷兰侵略军以毁灭性的打击。1662 年 2 月，荷兰殖民者被迫在投降书上签了字。荷兰在台湾的所谓"总督"科业特和他的残兵败将狼狈地从台湾撤走。被荷兰殖民者侵占了三十八年的台湾，终于又回到了祖国的怀抱。

郑成功收复台湾后，将赤嵌城改名为安平城，赤嵌楼改名为承天府，并建立了同祖国大陆一样的郡县制度。为了发展农业生产，郑成功实行了"屯田法"。士兵一面生产，一面练兵。几年后，做到了"野无旷土，军有余粮"。当时，台湾的高山族人民，在荷兰殖民者奴役下，生活十分贫困，生产极端落后。郑成功在那里推广了先进的农业生产技术，将大陆上汉族地区的先进生产方法介绍给台湾人民。从此，高山族也同大陆一样，使用牛耕和铁犁种田。郑成功对开发祖国的宝岛，加强中华各民族的团结，起了积极作用。郑成功是我国历史上一位伟大的民族英雄。

八大山人轶事

　　八大山人是清初著名画家，姓朱，名耷，本是明朝宗室。崇祯十七年，明朝亡国时，他还不到 20 岁，是诸生。在清政府严酷捕杀朱明王朝宗族的政治氛围下，他只好隐身书画；又唯恐不能自保，于是弃家出走，隐遁在江西南昌附近的奉新山中，落发当了和尚，一住就是二十年。

　　他习字练画，终日不辍，竟自成一家。他的行书、楷书学王献之，狂草怪癖，推陈出新，别具一格，把晋唐风格超技之处汇于一炉。又特别擅长画山水、花鸟、竹木，尤其喜欢画水墨芭蕉、怪石、芦雁等，挥笔倏然而就，颇有逸气，因此当时人争先恐后藏其墨宝。

　　他的画以简略取胜，偶有精密的，尤称绝妙。这和他的人品、思想有关。他以隐逸为高，为人襟怀浩大，慷慨任侠，落拓不羁，啸歌山泽市井。因此他的画才能做到形象简括，笔墨不多却落落有奇气。

　　他喜饮酒，即使是贫士或者是市井中屠宰、卖货主人邀请他喝酒，他也不避贫贱，欣然前往，而且必定一醉方休。

醉后必挥洒笔墨，淋漓成书成画。他常在僧舍寄寓，小和尚们向他要画，拉袖子牵衣襟的，他也不在意，仍坦然处之。那些寒士朋友向他要画，他也从不推辞。只是那些高官显宦要得他一字一画却是难上加难，即使出重金也不能买他的"一石""一竹"。据说有一次一个很有身份的人拿了很多钱，还带了绫绢来求他的画。他举着白色绫绢说："这东西可以做袜子。"所以有钱人想得到他的画，反而得到穷苦读书人、山僧或者市井贩夫走卒手中去买。

临川县令胡亦堂知道八大山人名气大，就把他请到自己的官衙中，住了一年多，没想到他的精神一天不如一天，竟然像得了疯病一样，大笑大哭。

有时整天坐在屋里哭泣。一天晚上，忽然把自己身上的和尚装束全部撕碎了，一把火烧掉，绕着城跑。有时又一个人戴顶布帽子，拖着一领长袍子，假装发狂，在市集中乱走，后面跟着一大群小孩哗然讪笑，他也不在意。大概是他心志郁结，自己无法排遣、解脱，就采取这种方法抒散一下吧！世人不理解他，把他看成狂士，也有的人能窥其胸中一二，所以称他为"高人"，但是谁又能真正理解他呢？

他的书画落款"八大山人"四个字写得就像"哭笑"两个字一样，大概他的字和画都寓之于哭笑之中吧。

有一天，他在自己住室的门上，写了一个大大的"哑"字，从此不发一言，与人不交一语。但是从此更好哭，也更好喝酒。有人请他喝酒，他就缩着脖子拍手大笑，笑声沙哑。有时又和别人做藏物游戏，赌胜时又哑然大笑，赌输了就用拳头砸着对方的后背大笑，笑到最后就大哭，确是"狂士"。

清初"三先生"

明末清初，出现了三位杰出的思想大师。这就是梨洲先生黄宗羲、亭林先生顾炎武、船山先生王夫之，被人们尊称为清初"三先生"。他们是伟大的爱国者，学识渊博的理论家，具有民主主义启蒙思想的先进人物，是开创一代新风气的文化巨人。

黄宗羲（1610—1695），字太冲，号南雷，晚年自称梨洲老人，学者称他梨洲先生。浙江余姚县黄竹浦人。他的父亲黄尊素是明末东林党人，积极反对宦官魏忠贤专权。黄宗羲很早从父亲与东林党人的交往中，得知朝廷官员中有清流和浊流的区别。后来，他父亲及东林党人受魏忠贤陷害入狱，临别时嘱咐他："学者不可不通知史事，可读《献征录》。"《献征录》是明代学者焦竑写的一部传记书，记录了明初洪武到嘉靖年间的名人事迹。从此以后，黄宗羲努力研究史书，读二十一史，"迟明而起，鸡鸣方已"，坚持不懈。

魏忠贤被明朝皇帝下令处死后，年仅19岁的黄宗羲，孤身进京替父报仇，闻名天下。黄宗羲回南方后，加入"复社"。

这是明末江南士大夫的民间组织，主张改良政治，是具有浓厚政治色彩的文学团体。黄宗羲和复社名士结交朋友，切磋学问，增长见识。明朝灭亡以后，黄宗羲在家乡组织义军抗清。南明灭亡后，黄宗羲回乡著书立说，拒绝出山做官。

黄宗羲一生共编撰约两千万字的著作，最重要的有《明夷待访录》《明儒学案》《宋元学案》等。他生前将自己的著作编成《南雷文案》，后人重编为《黄梨洲文集》《黄梨洲全集》《黄宗羲全集》行世。

黄宗羲是伟大的思想家。他在封建时代敢于批判君主制度，说"为天下之大害者，君而已矣"。他认为做官应该"为天下，非为君也；为万民，非为一姓也"。他深刻地批判理学脱离实际的风气，强调求实精神。他对学术思想史的研究具有开创性。在他的著作里充满着爱国热情。

顾炎武（1613—1682），原名绛，字宁人，因故居园林名叫"亭林"，人们尊称他亭林先生，江苏昆山人。顾炎武生于仕宦家庭，从少年时代起，有条件博览群书，先后读过《左传》《国语》《战国策》《史记》《资治通鉴》及历代史籍和方舆地志。他14岁考中秀才，加入"复社"，结识许多朋友。明朝灭亡后，他投笔从戎，在苏州一带参加抗清斗争。后来南明灭亡，顾炎武离乡北游。他在二十五年之间，足迹遍及山东、河北、山西、陕西等省，行万里路，读万卷书。他在艰难的条件下从事著述。康熙年间议修《明史》,招聘顾炎武,他坚决拒绝,宁死不从,表达对清朝民族压迫的抗议。

顾炎武一生写了许多著作,如果摞起来几乎有一人高,可谓著作等身。现在能见到的有《天下郡国利病书》《音学五书》等近八十种。后人编辑过《亭林文集》《顾炎武全集》。最著名的《日知录》,是他积累三十多年学术研究的心得笔记。书中征引的图书文献达一百七十九种之多,对经史诗文、名物训诂、典章制度、天文地理,考证翔实,兼寓针砭,多独创之见,是一部具有很高学术价值的著作。顾炎武引古筹今,提倡实学,强调经世致用,反对理学家的空谈。他从总结历史上的典章制度得失入手,潜心寻求治世良策。"天下兴亡,匹夫有责",是他爱国思想的倾吐,也是垂训后世的名言。顾炎武开创一代朴实致用的学风,被后人尊为清学的开山大师。

王夫之(1619—1692),字而农,号姜斋,晚年隐居湘西的石船山(今湖南衡阳县曲兰),人称船山先生,湖南衡阳人。王夫之出身书香门第,从小阅读四书五经、诸子百家、汉赋唐诗,留心时务,名重乡里,24 岁考中举人。明朝灭亡后,王夫之在衡山投身于抗清斗争。

他在 40 岁后避居不出,毕力著述。他曾改名易服,扮成傜人,流落荒山野岭。他最后隐居石船山下的"湘西草堂",著书立说,研读经史文集,著《周易外传》《尚书引义》《黄书》《读通鉴论》《宋论》《思问录》等书百余种，四百余卷。后人编辑《王船山诗文集》《王船山全集》。

王夫之的思想博大精深。他对古代哲学思想进行了总结性的研究，建立了古典哲学中最完备的理论体系，成为独树一帜的思想大师。他批判了宋明理学家"理在气先"和"心外无物"的唯心主义观点，提出"理在气中"，"气"是世界万物之源的唯物主义一元论。他认为天地间事物是不断运动的，"静即含动，动不舍静"。他发现事物本身存在阴阳对立，互相渗透，互相转化，明确地指出变化日新的发展观点。王夫之批判朱熹的"知先行后"和王守仁的"知行合一"观点，提出"行先知后"的唯物主义认识论。在历史观方面，王夫之对流传已久的"五德终始说"（金、木、水、火、土）和"三统循环论"（黑统、白统、赤统）进行了批判，提出了"势、理、天合一"的历史哲学。从而他将古代历史理论提到一个新的高度。他认为历史发展是有规律的，历史发展的趋势是不可抗拒的。这些思想在当时可以说无不闪烁着理性主义的光辉。

清初三先生是 17 世纪的时代巨人。他们达到思想领域光辉的高峰，在于具有高尚的情操、惊人的毅力、严谨的治学态度和广博的学识基础。他们走过的道路告诉我们：历史上伟大的成功者，都具备百折不回的精神。

罪 己 诏

嘉庆十八年，嘉庆皇帝下了罪己诏，这是为什么呢？

原来，王聪儿牺牲十五年后，河南滑县人李文成又组织了著名的直、鲁、豫三省的天理教反清大起义。

李文成，河南滑县东北五里谢家庄人，是位世代相传的泥水匠兼木工。

嘉庆年间，直、鲁、豫三省几乎是无官不贪、无吏不暴，地主利用种种特权拖欠钱粮，地方官吏就将亏空全部加在广大农民头上，不管他们死活。

嘉庆十六年至十八年，直、鲁、豫三省发生了严重的自然灾害。广大农民吃草根树皮度日，把树叶都吃光了。

嘉庆十八年，李文成于九月七日率天理教徒起义。

天理教是白莲教的一个支派。明末清初，白莲教在统治阶级的残酷镇压下，开始向处于社会底层的农民和兵士传教收徒，形成了很多支派，如荣华会、红阳教、白阳教、大乘教和八卦教等。

李文成起义后，占领了滑县。李文成在城内扎下大营，建立政权，自称天王，以牛亮臣为军师，宋元成为大元帅，秦学曾为提调兵马总先锋，并在北门外挂起招军旗，积极吸收穷苦百姓加入起义队伍。

接着，起义军攻占了道口、桃源，与滑县形成掎角之势。

九月初八日，李文成又派于克敬北攻浚县。起义迅猛发展，仅长垣至滑县交界处，起义军的营寨连绵十余里不绝，士众不下十几万，旌旗蔽日，鼓角震天。

直、鲁、豫三省起义的消息传到北京，嘉庆皇帝立即派直隶总督温承惠为钦差大臣，带兵由北面堵截；河南巡抚高杞紧防西南两路。不久，嘉庆皇帝又令大同镇总兵张绩前往山外扼要处所驻扎，徐州镇总兵沈洪带兵迅速由东南迎头北上，并力兜围，两江总督百龄带兵驻扎徐州，防止起义军向江南逃跑。

9月17日，嘉庆帝又调陕甘总督那彦成任钦差大臣，负责全面指挥；同时把能征善战的固原提督杨遇春和清军官兵约二万余人调到河南。此后不久，又派托津为监军，驻守直隶开州督战。

这样，逐渐形成了对起义军的严密军事包围圈。

从九月下旬，清军开始向直、鲁两省的起义军发动进攻。由于起义队伍过于分散，又不懂得集中兵力对付敌人，结果从十月初至十一月初，在清军三次攻势之下，丢失了一个又一个据点。至此，山东、直隶地区的起义军主力基本被消灭，余部大多退往滑、浚一带。起义军的地盘就只剩下河南滑县、道口、桃源三个据点，双方最后的决战即将开始。

这时，清军发现李文成藏在一座碉楼里。清将杨芳率众登楼，妄想活捉李文成以邀功。在这最后时刻，李文成奋力抵抗。

李文成在凶狠的敌人面前威武不屈，视死如归。他神色坚毅，目光炯炯，高呼道："李文成在此，绝不投降！"

最后，李文成壮烈自焚。剩下的战士互相拥抱，让烈火吞没了自己的身躯，显示了他们为推翻清朝统治而英勇献身的大无畏精神。

李文成的妻子张氏表现得十分英勇。她和年仅 12 岁的女儿挥刀巷战，击杀多名清兵，力竭后母女俩双双自缢，为除暴抗恶献出了生命。

李文成领导的天理教起义，虽然历时三个月就失败了，但却极大地打击了清朝的反动统治。嘉庆皇帝下了"罪己诏"，惊呼这次起义是"汉、唐、宋、明未有之事"。

太平天国运动

鸦片战争后，中国社会的阶级矛盾不断激化。

从 1841 年到 1850 年，规模较大的农民起义就有一百多次。这些连绵不断的农民起义，汇聚成一次伟大的革命，即洪秀全领导的太平天国运动。

洪秀全（1814—1864），广东花县人，中农家庭出身。他 7 岁读书，16 岁因家境贫困被迫失学。从 18 岁起，担任本村塾师，几次去广州参加科举考试，都未考中。沿途，他目睹鸦片战争前后外国列强的侵略和清政府的腐败无能，特别是两广地区风起云涌的农民运动，给他很大的触动。他决心发动农民起义，推翻清政府。

一次，他在广州应试时，得到一部《劝世良言》。这是传教士梁发编印的宣传基督教义的小册子。1843 年，洪秀全利用基督教义的词句，创立了"拜上帝会"。1844 年初，洪秀全和冯云山去广西贵县，向群众宣传，发展了不少贫苦人入会。

这年冬天，洪秀全回到家乡，用了两年的时间，写出《原道救世歌》《原道醒世训》《原道觉世训》等著作，系统地阐发了他的主张。这期间，冯云山在广西桂平县紫荆山区，传播革命思想，发展群众两三千人。1847年8月，洪秀全来到紫荆山，与冯云山会合。他们在紫荆山制订了《十款天条》，作为会众共同遵守的准则和纪律，建立了洪秀全、冯云山、杨秀清、萧朝贵、韦昌辉和石达开参加的领导核心。

同时，在金田村和陆茵村建立了炼铁炉，"明打犁耙，暗打刀枪"，赶制武器。经过长期的准备，武装起义的条件逐渐成熟。1850年7月，洪秀全下令向金田村团营集中。洪秀全把两万多名男女老幼，以军为单位，编成师、旅、卒、两，建立男女分住、生活一律平等的制度。

在1851年1月11日，洪秀全38岁生日那天，著名的金田村起义爆发了。洪秀全宣布建立太平天国，称会众为太平军。天地会首领罗大纲、苏三娘等率部前来会合，太平军壮大了力量。

清朝政府闻讯，急忙调兵遣将围攻桂平山区。洪秀全领导太平军迎击敌人。3月23日，太平军打到武宣东乡，洪秀全称天王，建立前、后、左、右、中五军主将制度。9月，罗大纲率陆路大军攻克了永安城。太平军在永安停留了半年，进行了军队的建设。洪秀全颁布了《太平条规》，规定了太平军的严明纪律。而且，封王建制，完善了农民革命政权。封杨秀清为东王，萧朝贵为西王，冯云山为南王，韦昌辉为北王，石达开为翼王，诸王受东王节制。另外，秦日纲为天官正丞相，胡以晃为春官正丞相，罗大纲为总制。太平天国在永安还颁行了《天历》，实行了以"太平天国"为名号的新纪年。

1852年春，太平军从永安突围直趋湖南。在进攻全州时，南王冯云山不幸中炮牺牲，这是太平天国一个重大损失。6月，太平军攻占道州，扩大了队伍。8月，太平军攻克嘉禾、蓝山、桂阳、郴州等地。9月，进攻长沙，萧朝贵阵亡。10月，洪秀全闻讯，亲率大军进攻长沙，久攻不克，转攻益阳、岳州。太平军在岳州建立了一支水师，增强了战斗力。12月，太平军攻占汉阳、汉口，并于1853年1月，胜利占领武昌城。当地人民欢迎太平军，"爆竹之声，满城不绝"。许多百姓争先贡献金银、钱米、鸡鸭、茶叶，支援太平军。这时太平军扩大到50万人。

1853年2月，太平军在洪秀全率领下分水陆两军，由武汉出发，直捣南京。水师由秦日纲、罗大纲、赖汉英率领，陆军由胡以晃、李开芳、林凤祥率领，千军万马沿江两岸，长驱直入，势如破竹。太平军连续攻占九江、安庆、芜湖等军事重镇，直逼南京城下。

清朝两江总督陆建瀛，陷于太平军的重重包围之中。3月19日，在当地群众支援下，太平军胜利地攻占了南京外城，杀死陆建瀛。第二天，攻破内城，杀死清江宁将军祥厚。3月29日，洪秀全攻入南京城，改南京为天京，定为太平天国的都城，建立了与清政府相对抗的农民革命政权。

火烧圆明园

英国继第一次鸦片战争后，又借口"亚罗"号事件，于 1856 年 10 月向中国发动了第二次鸦片战争。

"亚罗"号是中国的船，船的主人叫苏亚成。他曾经在香港购买过一张登记证，因为期满，所以没有挂英国国旗。10 月 8 日，"亚罗"号船从厦门开往广州，停泊在黄埔。广东水师千总梁定国接到一份报告，说有几名海盗藏在这条船上，于是逮捕了船上十二名中国水手。

这时，英国驻广东领事巴夏礼蛮横无理地加以干涉，硬说"亚罗"号是英国船，中国人上船捕人是违反了中英条约，并且说广东水师曾扯下船上悬挂的英国国旗，这是对英国的侮辱。广东水师在中国船上捕人，完全是中国的内政，根本与英国毫无关系。英国人之所以这样制造事端，是为了编造理由，发动侵略战争。为此目的，巴夏礼在英国大使包令的指使下，向清政府提出了"有礼貌地送还被捕水手；书面道歉；保证以后尊敬英国国旗"的三项无理要求，限令 48 小时答复。同时，巴夏礼亲自到包令那里接受指示，决定借此机会向清政府发动武装进攻。

10月22日，英国军舰在海军头目西马糜各厘的指挥下，闯入省河，占领了沿江炮台，用大炮袭击广州城。两广总督叶名琛，一面假作镇静地说"必无事，日暮自走耳"，一面下令水师"不可放炮还击"。10月29日，英军乘机入城，烧杀抢劫。无比愤怒的广州人民奋起反抗，烧毁了城郊十三行和英美各国使馆，打烂了英国侵略者在陆地上的一切据点，迫使他们全部逃回船上，退出广州。

1857年春，"亚罗"号事件的消息传到伦敦。英国政府立即召开内阁会议，强行通过了扩大侵略战争的提案，并且任命额尔金为全权大使，率一支侵略军前来中国。同时还向法、美、沙俄政府发出照会，提议联合出兵。

法国政府如获至宝，借口天主教神甫马赖被杀，任命葛罗为全权大使，并派一支侵略军队开往中国。美俄两国认为这是一个不可失去的机会，也派出了全权大使，同英、法密切配合，从中渔利。

1857年秋，英、法、美、俄四国强盗会集在香港，阴谋策划"联合行动"。当英法作好一切战争准备之后，于12月12日向叶名琛发出最后通牒，要求入城修改条约，赔偿损失，限十日答复。如果不照办，立即命令水陆两军攻城。叶名琛对英法的侵略行动根本没有准备，却说："此事我确有把握，可保其无事，大约过十五日便可了结。"英法军乘清军不备，于12月29日发动了"极端不正义的战争"。

英法侵略军轰炸和抢掠广州后，又继续北上进犯白河口。

他们认为天津靠近北京，又是水上枢纽，只要控制了天津，就能迫使清政府就范。英法打着这样的算盘，于1858年5月20日对大沽发动了进攻。美俄的舰艇也赶来为英法助威壮胆。直隶总督谭廷襄和一些大官僚早就逃得无影无踪了。英法侵略军得以横行无阻，直扑天津近郊。清政府惊恐万状，急忙派大学士桂良、吏部尚书花沙纳为全权大臣赴天津求和，表示投降。1858年元月26日和27日，清政府分别和英法两国签订了《天津条约》。这时，美俄两个强盗浑水摸鱼，以"调停"有功，也强迫清政府分别签订了《天津条约》。

外国侵略者得寸进尺。《天津条约》签订后，英法并不甘心，又以去北京换约为名，于1859年继续北上，先后占领大沽口和天津。1860年9月21日，当英法侵略军对离通州城西门八里的入京要道"八里桥"发动进攻时，咸丰皇帝吓破了胆，带着后妃和一些亲王、官员慌慌忙忙地逃到热河去了。英法侵略者没有费多大的力气就占领了北京城。在沙俄公使伊格纳切夫的"调停"下，清政府和英法分别签订了《北京条约》。同时，沙俄以"调停"有功，强迫清政府签订了中俄《北京条约》。中国丧失了更多的主权，进一步陷入半殖民地的深渊。

1860年，英法侵略军占领北京后，烧杀抢掠，无恶不作，并把当时闻名于世的圆明园焚毁了。

圆明园位于北京市郊西北十里处，建于明代。到了清朝乾隆皇帝时，征集全国名匠开始大规模的扩建，花了无数的钱财，驱使成千上万的民工夜以继日地劳动。此后，又经过一百五十多年的经营，圆明园成了一座世界上最宏伟最美丽的人工花园。清朝各代皇帝每到盛夏就来到这里避暑，所以也称"夏宫"。

全园由圆明园、万春园、长春园组成，其中圆明园最大，所以统称圆明园。

此外还有很多属园，分布在圆明园的东、西、南三面，其中有香山的静宜园，玉泉山的静明园、清漪园（后来的颐和园就是在这个基础上建筑起来的）等园林。这些园都以圆明园为中心，周围连绵三十多里。

圆明园是中国劳动人民智慧和血汗的结晶，也是中国人民建筑艺术和文化的典范。园内建筑中有庄严宏伟的宫殿，也有轻巧玲珑的楼阁亭台、曲径回廊，有象征热闹街市的"买卖街"，也有象征农村景色的"山村"。园中风景优美，有很多景物都是仿照杭州西湖的平湖秋月、雷峰夕照，海宁的安澜园，苏州的狮子林等各地名胜风景建造的。漫步园中，有如游历祖国的大江南北、长城内外；还有很多景物是仿照古代诗人画家的诗情画意建造的，例如蓬莱瑶台、武陵春色等。这些精心设计的建筑，显得非常壮丽和谐。

圆明园不仅建筑宏伟，风景优美，而且这里面还收藏了无数珍贵的历史文物，既有历史书画，也有金银珠宝、铜器瓷器，可以说是世界上一座最大的博物馆。

可是，这座用中国人民的血汗堆积起来的圆明园，在第二次鸦片战争中，却遭到英法侵略者的彻底破坏。

1860 年 10 月，英法联军占领北京后，对圆明园进行了毁灭性的洗劫。

法国侵略军首先闯进圆明园。他们空手而进，满载而出。每个法国士兵口袋里都有价值三四万法郎的财宝。有一名团指挥官劫掠的珍珠和金钢石，就值八十万法郎以上。经过这一次洗劫，在法国军营里，堆积着各种各样的钟表，五光十色的绸缎和许多珍贵的艺术品，价值达三千万法郎。

英国侵略者也不示弱，强盗头子格兰特还发布命令，军官可以分批入园抢劫，上午去一半，下午去一半。他们进到皇帝的宫殿后，谁也不知道该拿什么东西，为了金子将银子丢下，为了镶有珠玉的钟表和宝石，又把金子丢下。他们把能搬走的金银珠宝，精美的丝绸，珍贵文物和各种艺术品完全搬走了。那些瓷器和珐琅瓶，因为太大不能搬走就打得粉碎。

垂帘听政

　　慈禧太后是晚清历史舞台上政治人物中的主要角色。她从 1861 年发动北京政变，开始垂帘听政，夺取清朝最高权力起，统治中国长达四十八年之久。这是清朝在政治上最腐败的历史时期。

　　慈禧太后本姓叶赫那拉氏，是满洲八旗中镶蓝旗人。她的父亲惠征，做过安徽地方官员，后来革职回京，挂冠归林，逍遥度日。慈禧在家时称兰姑娘，17 岁时被选入宫，做了咸丰皇帝的妃子，初封懿贵人。那拉氏以"心思敏慧，精娴文艺"博得咸丰皇帝的宠爱，晋升懿嫔。咸丰皇帝嫔妃众多，只有那拉氏生了一个儿子。母以子贵，那拉氏被晋封为懿妃；过了两年，又升为懿贵妃。在皇帝的女眷中，这是仅次于皇后的封号。那拉氏初通文墨，随着地位的显赫，有时代替皇帝批阅奏章、参与朝政，政治野心也渐露端倪。

　　1860 年 8 月，英法联军攻陷天津，威胁京师。9 月，咸丰皇帝逃往热河"行宫"。慈安皇后住在避暑山庄"烟波致爽"殿东暖阁，后称"东太后"；慈禧住西暖阁，后称"西太后"。第二年 8 月，皇帝病死在那里。那拉氏的儿子载淳年仅 5 岁，继承了皇位，改元祺祥，由肃顺等八个大臣"赞襄政务"，掌握朝政。

在北京，恭亲王奕䜣曾以留守全权大臣的资格，主持与英法联军谈判订约事务。另有大学士桂良、户部左侍郎文祥等与奕䜣结成一股政治力量，并与外国侵略者建立了密切的联系。这样一来，清朝宫廷出现热河派与北京派两股政治势力。北京派是受英法侵略者支持和鼓励的，但在朝廷中却未能掌握实权。那拉氏的处境与奕䜣有许多共同点。于是，争权夺利的共同目标使他们联合起来，向八大臣挑战。那拉氏通过太监安德海和侍卫荣禄与在北京的奕䜣取得联系。奕䜣又趁赶赴热河奔丧之机，与那拉氏"密谈约一时许方出"。奕䜣便先回北京布置政变去了。

奕䜣刚离开热河，御史董元醇就上疏，奏请皇太后"垂帘听政"，同时要求"增加亲王一二人辅政"。显然，这是那拉氏、奕䜣精心安排的。年仅 26 岁的那拉氏，竟向一伙元老重臣展开了政治攻势，争权的斗争公开化了。

顾命八大臣"拟旨痛驳"，以"国朝圣圣相承，从无母后听政之例"回击那拉氏一伙。那拉氏扣住两个文件不发，八大臣就以"搁车"（停止办公）对抗，迫使那拉氏让步。但掌握京津一带兵权的胜保，此时倒向北派。这就使热河派失去了军事支柱，决定了覆灭的命运。

9 月中旬，胜保带领禁卫军在热河集结。下旬，护送咸丰皇帝的梓宫回銮。肃顺等打算途中杀掉那拉氏母子，由于荣禄的保护,未能达到目的。9月29日,那拉氏母子到京以后,立即宣布肃顺、载垣、端华等不法罪状,予以逮捕。几天以后,下令载垣、端华自尽,肃顺斩首于市,其余五个大臣有的革职,有的流放,被一网打尽。那拉氏一伙发动的宫廷政变成功了。

东西两宫太后"垂帘听政"。东宫尊称慈安太后,西宫尊称慈禧太后,改元同治。恭亲王奕䜣被任命为议政王大臣,仍兼管总理各国事务衙门,在军机处领班,掌握了清政府的实权。近代中国从此进入以西太后为代表的反动统治时期。

北京政变之后,英国侵略者高兴地说:"这个令人感觉满意的结果全是几个月来私人交际所造成的。"从此,英国政府改变了对华政策,由对太平天国运动持观望、"中立政策",改为积极帮助清政府镇压农民运动的政策。1861年的北京政变,为中外反动势力的勾结铺设了道路。

百日维新

1898 年，资产阶级维新派发动了一次变法运动。由于这次变法运动仅仅进行了一百零三天，所以历史上称它为"百日维新"。这一年是农历戊戌年，所以也称"戊戌变法"。

戊戌变法是以康有为为首的资产阶级维新派领导的。

康有为（1858—1927），广东南海人，出身于官僚地主家庭，从小受封建教育。后来，他阅读一些外国书籍的译本，了解一些西方资产阶级的社会政治制度，接受了西方资产阶级的社会政治学说，认识到要救国只有维新，要维新只有向外国学习。

1888 年，康有为趁着到北京应试的机会，上书皇帝，要求变法。但他的《上皇帝书》被顽固派大臣扣下，没有送到皇帝手中。

1895 年 3 月，康有为又到北京参加会试。正赶上甲午战败，李鸿章在日本谈判签订《马关条约》。消息传到北京，立即引起全国人民的愤怒和反对。康有为看到群情激昂，便连夜起草了长达万余言的《上皇帝书》，并邀集十八省到京应试的举人开会讨论，先后有一千三百多人在上面签名，这就是历史上有名的"公车上书"。

康有为在这次《上皇帝书》中，提出了"拒和、迁都、练兵、变法"等四项主张，即：拒绝在《马关条约》上签字；把首都迁到长安（今陕西西安），准备作战；训练陆海军，增强国防，保卫国家安全；更重要的是变法维新，改革政治，使中国富强起来。

这份《上皇帝书》虽然由于顽固守旧官僚的阻挠，没有把它送到光绪皇帝手里。但"公车上书"的内容却很快传播开来，轰动了整个北京城，康有为也因此扩大了名声。

此后，康有为、梁启超、严复等维新派到处组织学会，创办报纸，宣传变法主张。资产阶级维新运动有了很大发展，赞成变法的人越来越多。

1897年冬，德国侵占胶州湾，其他帝国主义国家也竞相效仿。中国面临被瓜分的危险。康有为见形势危急，再次上书皇帝。他提出：如果再不变法，不但国家危亡，就是皇帝想做个普通老百姓都做不成了。

康有为这次上书打动了光绪皇帝载沣。可是，光绪皇帝并没有实权，一切大权都掌握在慈禧太后（也称西太后）手里。当时，光绪皇帝与慈禧太后的矛盾很大。光绪皇帝为了保住自己的皇位，也为了通过变法夺取实权，不做亡国之君，决心支持维新派变法。

1898年6月11日，光绪皇帝下令正式宣布变法。他召见康有为商议变法步骤，接着任用康有为、谭嗣同等人，主持变法事务。从 6 月 11 日起,光绪皇帝发布了许多变法的命令。

其中主要是:设立矿务铁路总局、农工商总局,保护和奖励农工商业,鼓励创办报纸,给予一定的言论出版自由,官员和百姓都可以上书皇帝;裁撤一部分无用的衙门和官员;废除八股,改革考试制度,在北京设立大学堂,大力提倡西学,奖励新著作和新发明。

这些改革,表面上轰轰烈烈,实际上并没有触及封建制度的根本,也大多没有施行。即使这样,以慈禧太后为首的顽固派也丝毫不能容忍,竟然提出"宁可亡国,不可变法",极力破坏变法运动。慈禧太后同顽固官僚荣禄加紧密谋策划,终于在 9 月 21 日发动了政变,把光绪皇帝囚禁起来,废除了全部变法命令,逮捕维新派。谭嗣同、林旭、杨锐、刘光第、杨深秀、康广仁等六人被杀害。康有为、梁启超逃亡国外。历时一百零三天的资产阶级变法运动,在顽固派的血腥镇压下,彻底失败了。

戊戌变法的失败证明:改良主义道路在中国是根本行不通的,要改变中国社会的半殖民地半封建状况,唯一的出路是革命。但是,戊戌变法在历史上是具有进步意义的。

八国联军施暴行

1900 年，当人类刚刚迈入 20 世纪的时候，苦难的中国又遭到了一场史无前例的大灾难。这就是八国联军侵华战争，八国联军用枪炮逼迫清政府签订了丧权辱国的《辛丑条约》。通过《辛丑条约》，帝国主义列强对中国进行了又一次骇人听闻的掠夺，并使清朝的都城置于帝国主义的武装控制下，中国完全陷入了半殖民地半封建社会的深渊。

1900 年 7 月 14 日，八国联军攻陷天津，对天津大肆洗劫。一个月后，八国联军又于 8 月 14 日攻占北京。随后就在北京城内疯狂屠杀义和团民众，仅在庄王府一处就屠杀一千七百多人。

这些侵略军时而横行街头，时而流窜巷口，时而夺门闯入民家，无恶不作，凶暴肆虐，不论什么时候，也不论什么地方，凡是遇到中国人就枪击。例如：一队法军胁迫一批逃难的百姓走进一条死胡同，然后用机关枪扫射达十五分钟，直至一人不留为止。皇城之内，常有一家十几口被拉出以连环枪杀。以致出现横尸满地，人皆踏尸而行的惨景。在皇城以外，屠戮情状更为凄惨，百家之中，保全的不过十室。当时有人用诗句记下这些惨状："京内尸积遍地，腐肉白骨路横。"这是对八国联军在北京所施暴行的真实记录。

在侵略军的血腥屠杀下，无数中国人被逼上了自殒的绝路。有的闭门自焚，有的全家自殉。据不完全统计，当时王公职官阵亡将校640人，阖家引火自焚、仰药以殉、投井而殁者1798人。普通百姓死难人数之多，便可想象，与此同时，八国联军还对北京的官邸府院、寺庙民宅、城垣宫苑，乃至档案图书等进行焚烧和破坏，以致把殿宇巍峨、金碧辉煌的北京城变为处处颓垣断壁的荒城。

在烧杀破坏的同时，八国联军还大肆进行劫掠。八国联军总司令部下令，特许侵略军在北京抢劫三日，实际上公开抢劫了八天。参与抢劫的除侵略军的军官、士兵外，外交官、传教士，甚至部分侨民也加入了抢劫的行列之中。直到八国联军撤出北京，这种野蛮行为才终止。皇宫、颐和园、三海、坛庙、陵寝、王公府第、各部衙署，直至店铺民房，无一例外地遭到侵略者的抢劫。典章册籍、珍本图籍、稀世文物、字画碑帖等珍奇国宝，甚至妇女的簪花、耳佩首饰，无一不遭到抢劫。事后，经内务府清点，仅在宫内丢失秘籍、古版善本图书就有二十多种，丢失宝物两千余件。其实宫内被劫的各种宝物珍藏的数目，是无法查实的；至于宫外以至民居、商号、店铺所受的损失，其详细数字永远也不能查清。

各国侵略者通过对北京的大洗劫，掠夺了无数赃物。除了一部分上交本国政府（如日本仅银两一项，交给中央金库的就有192.8571万两，占总数的66.7%；英军抢劫了北京喇嘛庙中最好的古钟以及数十尊精美的古铜佛像，寄给英国女王；德军和法军把瓜分古观象台的古天文仪，给自己国家博物馆保存）外，其余赃物都归掠夺者所私有。他们将其中的一部分或自己带回，或托别人带回，或者寄回。俄军司令利涅维奇从北京带走十大箱贵重物品；法军司令福里将四十箱贵重物品寄回本国；日本联队长栗屋大佐从中国带走的行李有三十一件之多。1902年2月，在他家还搜查出应该上交而未上交政府的五百两、一百两、五十两及一两的银元宝共八十个，银块大小二十七块，还有许多珍贵文物。其余无法带走的赃物，侵略强盗竟然厚颜无耻地到处公开设摊兜售。据目击者说，在市场上拍卖之物以瓷器、玉石、古玩、古铜器为最多；其次则为丝货、绣货、皮货、铜瓶、红漆物品及银器、元宝等。上等精美物品，无所不有，而且价钱低廉。这些物品都落入各国商人手中，辗转流往国外。

早在北京陷落之前，慈禧太后为了勾结帝国主义以对付义和团，就任命李鸿章为议和全权大臣，从广东进京与列强谈判。8月24日，慈禧发布上谕，命李鸿章会同庆亲王奕劻迅速办理"和局"。慈禧太后为求得帝国主义列强对她的"宽恕"，于9月7日发布"剿匪"上谕，正式宣布"痛剿"义和团。9 月 25 日，又宣布惩办放任义和团的载漪、载勋、刚毅、赵舒翘等亲贵重臣，并加派亲英国和日本的刘坤一、张之洞参与谈判。12 月 24 日，十一个国家（除武装入侵的八国外，还有比利时、西班牙、荷兰）联合提出《议和大纲》十二条。逃亡在西安的慈禧太后见"大纲"并未把自己当作"祸首"惩办，喜出望外，马上表示"立即照准"。慈禧太后这一系列做法，就是向帝国主义列强表示"悔过"。帝国主义各国终于决定，仍然让她继续维持这个"懦弱"的清朝政府。

实际上，议和谈判活动不是在奕劻、李鸿章与列强代表之间，而是在帝国主义列强之间进行的。仅就"惩凶""赔款"等问题，列强之间就争吵了近一年，直到基本上满足了各自利益要求之后，在 1901 年 9 月 7 日，奕劻和李鸿章才代表清政府与英、法、日、俄、德、美、意、奥、西、比、荷十一国的代表在最后议定书上签字。因为这一年是农历辛丑年，所以议定书被称为《辛丑条约》。

《辛丑条约》正约十二款，附件十九个。主要内容包括：

一、中国向各国赔偿白银四亿五千万两，分三十九年付清，加上年息四厘，共达九亿八千二百万两。此外，还有地方赔款两千万两，总数超过十亿两。这项赔款史称"庚子赔款"。条约规定，清政府以"关余""盐余"和"常关税"作为担保。

二、准许各国在北京以及北京到山海关的铁路沿线的十二个战略要地派兵驻扎；大沽炮台以及从大沽到北京沿线的炮台，一律削平；天津周围二十里之内不准中国军队驻扎。帝国主义侵略军由此完全控制了京津地区。

三、北京东交民巷一带辟为"使馆区"，各国可在使馆区内驻兵，而中国人一概不准在界内居住。使馆区成为事实上的"国中之国"。

义和团运动

1900 年，以山东、直隶为中心，爆发了一次以农民为主体的反帝爱国运动。这是中国人民反侵略、反瓜分斗争的发展，是近代史上第二次革命高潮的主要标志。这次反帝斗争是以"义和团"的组织形式出现的。

义和团，原来名字叫"义和拳"，是以练习拳棒著称的民间组织。最初在山东一带秘密地从事反清活动。后来，由于帝国主义侵略的加剧，民族矛盾日益激化，"义和拳"便公开地反对帝国主义侵略者。

参加"义和拳"的基本群众是农民，还有手工业者、城市贫民、水陆运输工人、小商贩等。不少妇女也加入这个组织，叫"红灯照"。据说她们穿红衣，戴红帽，提红灯，拿红枪，英姿飒爽，和男子一样上阵杀敌。当时流传这样的口号："红灯照，义和团，亲兄妹，闹得欢，一个心，杀洋官"，反映了义和团的反帝爱国思想。

义和团是有组织的。基层组织叫"坛"，首领叫老祖师、大师兄、二师兄，下面还有总办、统领、打探、巡营、前敌、催阵、哨队等等名目。作战时，十人为一班，设十长；十班为一个大队，设百长。各有不同的旗帜为标志，各班用三角小旗，各大队用方形大旗，全军用锯齿形大旗，以示区别。

义和团没有形成统一的领导核心。著名的领导人物有朱红灯、本明和尚、张德成、李来中、王德成、曹福田、林黑儿等。

义和团是首先在山东兴起的。为什么山东成为义和团革命运动的摇篮呢？因为甲午中日战争后，帝国主义瓜分中国，山东首当其冲。德国、日本、英国几个帝国主义国家在这儿互相争夺。他们抢地盘、修铁路、开矿山，划分势力范围。再加上清政府的官吏横征暴敛，贪污中饱，使大批农民破产失业。黄河连年决口，山东大部分地区受灾。处于饥寒交迫境地的山东人民，只有起来反抗压迫者，才有生路。

义和团斗争的矛头，首先指向帝国主义侵略者。他们高呼："还我江山还我权，刀山火海爷敢钻，哪怕皇上服了外，不杀洋人誓不完。"清朝政府对于义和团群众，恨不得一下子消除干净，多次命令山东巡抚张汝梅进行武装镇压。但屠杀政策更激起了义和团群众的义愤，革命的烈火越烧越旺。1899年3月，清政府撤了张汝梅的职，改派毓贤为山东巡抚。毓贤原任山东曹州知府。他曾在一年内屠杀大刀会群众二千多人。清政府提拔这样一个杀人凶手做山东巡抚，很明显，就是要更残酷地镇压义和团。毓贤施展镇压、恐吓的手段，但也无济于事。参加义和团的群众越来越多。

当时，帝国主义各国驻北京的公使十分恐慌。首先由美国公使康格出面，要求清政府撤换山东巡抚，并且指名要袁世凯接任。清政府遵照洋主子的意旨，马上派遣袁世凯率领新建陆军前去山东，企图把义和团斩尽杀绝。可是，义和团不仅没有被"剿除"净尽，反而以侵略者预想不到的速度，发展得更加强大了。从山东到直隶，从城市到乡村，到处都有义和团在活动。各地义和团汇集成一股强大的革命洪流。

1900年5月下旬，帝国主义的军舰闯入了大沽口。接着法、俄、德、日、意、奥八个帝国主义国家勾结在一起，组成"八国联军"，义和团进入北京后，驻北京的各国公使急忙发电报给天津的各国领事，命令增派军队前往北京"救援"。各国领事和侵略军头目当即决定，由英国侵华舰队司令西摩尔率领联军两千名，从天津向北京进犯。这伙侵略强盗沿路奸淫烧杀，到处抢劫。同时，还有两列载运侵略军的火车，先后开到了落垡和廊坊。这时，义和团从四面八方赶来，扒了铁路，拆了桥梁，使外国强盗前进不可，后退不得。一天夜里，义和团到落垡袭击侵略军。这群外国强盗在火车里凭借手里的洋枪洋炮，向义和团轰击，使义和团靠近不了火车。义和团设法从附近村子的地主家弄来七支"大抬杆"，装足了犁铧碎铁和火药，对准火车猛"轰"。他们和敌人一直打到天亮。侵略者的火车起火了，这些强盗再也支撑不住，乱作一团，慌忙逃命。义和团趁势举着大刀长矛冲上前去，杀得敌人狼哭鬼叫，尸体满地。

6月12日，义和团又突袭廊坊车站。三百多名义和团战士奋不顾身地扑向侵略军乘坐的火车，把敌人杀个措手不及，纷纷抱头逃命。从廊坊去北京的铁路和桥梁，全部被义和团拆毁。西摩尔被困在廊坊，粮草、弹药即将用光，便决定退回杨村，企图由北运河乘船去北京。6月18日，正当侵略军撤离廊坊时，又遭到义和团的猛烈攻击。义和团战士手举大刀长矛，直冲敌阵，杀死侵略军五十多人，杀伤无数。义和团乘胜发起总攻。侵略军慌忙向天津败退，直到6月22日才退到天津郊区西沽。

西摩尔原以为凭靠手里的洋枪大炮，很快就可以打败义和团，用不上几个小时，就能够打进北京城。可是，在义和团的阻击下，走了四天，才行进了一百三十华里。并且，在落垡、廊坊又被打得丢盔弃甲，尝到了中国人民铁拳的滋味。后来，西摩尔在谈到这次战斗时还心有余悸地说："假如义和团所用的武器是近代化武器，我率领的联军，也定会全军覆灭。"

义和团的英雄们，在中华民族面临被瓜分危机的紧要关头，英勇不屈，坚持战斗，和外国侵略者血战到底，震撼了世界。虽然在清朝卖国政府和帝国主义联合镇压下，义和团最后失败了，但他们用铁拳教训了帝国主义侵略者，粉碎了他们瓜分中国的阴谋，也沉重地打击了清政府，显示了中国人民不甘屈服于帝国主义的顽强的反抗精神。

孙中山创立同盟会

中国杰出的民主主义革命家孙中山，是在民族危机空前严重的时刻，开始革命活动的。

孙中山于 1866 年出生在广东省香山县（今中山市）翠亨村一个农民家庭。少年时期，他常听老人讲述太平天国运动的故事，很崇敬洪秀全。

1878 年，他去檀香山同经营农牧业的哥哥一起生活，并在那里上学，1883 年，孙中山回国，在香港读书。

此后几年，他先后在广州、香港的西医专门学校学习。1892 年夏，孙中山在香港西医书院毕业后，在澳门、广州开业行医。在读书期间，他接受了资产阶级教育，逐渐产生向西方寻找真理、改革中国政治的思想。

甲午中日战争时，孙中山曾幻想得到汉族大官僚李鸿章的支持，写了《上李鸿章书》，恳求清政府变法自救，未果。此后他意识到只有用革命的暴力，才能推翻清朝的反动统治。于是摆脱改良思想的影响，走上了革命道路。

1894 年秋，孙中山到檀香山宣传革命，联合二十多个经营小农场、小商店的华侨，组成了中国第一个资产阶级民主革命团体兴中会。1895年春，他回到香港，建立了兴中会总部，提出了"驱除鞑虏，恢复中国，创立合众政府"的口号。这表明兴中会开始确立推翻清政府、建立资产阶级共和国的斗争目标。

兴中会成立后，孙中山在广州、香港联络会党，准备在广州举行武装起义。由于事前被叛徒告密，起义计划未得实现。起义失败后，孙中山逃亡国外，往返于欧美各国和日本，考察资本主义各国的社会政治情况，继续在留学生中宣传革命思想。

当时，中国正处在空前严重的民族危机形势下。孙中山的革命宣传，在知识分子中间产生了较大影响。当时的问题，是如何把进步分子联合起来，组成统一的革命政党，把革命不断推向前进。

1905年7月，孙中山由欧洲回到日本，同黄兴、宋教仁等商议组建革命政党的问题。孙中山的主张得到黄兴以及各革命团体的赞成。7月30日，孙中山、黄兴等在东京召开筹备会议，会上决定以兴中会和华兴会作基础，联合光复会等革命团体，组成中国同盟会。

8月13日，中国留学生在东京召开欢迎孙中山大会。到会千余人，会场内外，讲台上下，挤得水泄不通。孙中山在讲演中痛斥改良派散布的"中国只可君主立宪，不可民主共和"的谬论，使人们认清了改良道路的错误，更加相信革命道路的正确，极大地鼓舞了革命派的斗志。

1905 年 8 月 20 日，孙中山和各革命团体的代表在东京召开大会，正式成立了统一的革命组织——"中国革命同盟会"。大家推举孙中山为总理，确定以孙中山提出的"驱除鞑虏、恢复中华、建立民国、平均地权"为同盟会的政治纲领。同盟会的成立，标志着中国第一个统一资产阶级革命政党的正式诞生。

同盟会成立不久，在东京创办了自己的机关报《民报》。孙中山在《民报》发刊词中，进一步阐释了同盟会的十六字纲领，把它概括为"民族""民权""民生"三大主义。这就是资产阶级民主革命时期的旧三民主义。"民族主义"，中心内容就是"驱除鞑虏，恢复中华"；"民权主义"的中心内容是"建立民国"；"民生主义"的中心内容是"平均地权"。上面这十六个字，三大主义，就是孙中山领导辛亥革命的指导思想。

但是，由于时代和阶级的局限，同盟会的纲领有严重的缺陷。例如，民族主义只局限于反对满洲贵族和封建皇帝，没有正面提出摆脱帝国主义压迫、争取民族解放的反帝口号。以"平均地权"为宗旨的民生主义，具体办法是核定全国地价，现有的地价归原主所有，革命后增长的地价归国家所有，根本没有触动土地私有制，更没有满足无地农民的要求。"民权主义"的实现也不是依靠广大群众。

　　尽管如此，在当时封建专制主义统治下的中国，同盟会的建立和它的纲领，还是富有战斗意义的。它团结了过去分散活动的各革命团体，建立了统一的革命组织，提出了资产阶级民主革命纲领。这些表明：它已具有资产阶级政党性质和职能，从而推进了资产阶级民主革命的发展。

卷十　中华民国

　　中华民国，简称民国，是从清朝灭亡至中华人民共和国成立期间的国家名称和年号，是中国历史上大动荡大转折的时期，半殖民地半封建社会的终结阶段。

　　中华民国诞生以前，中国有五千年悠久的历史，地大物博，文化灿烂，人口众多，是世界上最优秀的民族之一。可是在政治上，则都是帝王专制，人民没有自主的权利。中华民国的创立不同于此前中国的君主王朝，它是通过资产阶级民主革命斗争而建立的共和国家。

　　1911 年（宣统三年）武昌起义后，宣布独立的各省于1912 年 1 月 1 日在南京建立临时政府。孙中山就任临时大总统，结束了中国两千多年的封建君主专制制度，建立了资产阶级的政权，定国号为中华民国，亚洲第一个民主共和国——中华民国正式成立。以 1912 年为中华民国元年，以五色旗为国旗。南京临时政府颁布了一系列有利于推行民主政治和发展资本主义的政策和法令。如：命令各省官厅焚毁刑具，废止刑讯；取消清朝律令中各类"贱民"条令；保护华侨；禁止买卖人口；废除主奴身份；通令剪辫子；禁止赌博、缠足、吸食鸦片。鼓励兴办工商业，振兴农垦业，奖励华侨在国内投资。提倡普及教育，删除旧教科书中的封建内容。这些政策法令，移风易俗，革故鼎新，促进了民族资本主义的发展和民主观念的传播。

在孙中山的主持下，1912年3月11日，临时参议院颁布《中华民国临时约法》，按照西方资产阶级的民主制度和立法、行政、司法"三权分立"的原则，在中国建立一个实行议会制和责任内阁制的资产阶级共和国。由于南京临时政府和各省都督府中立宪派、旧官僚、政客的篡权，以及一些革命党人的妥协退让，致使南京临时政府权力被袁世凯所篡夺。1912年孙中山辞职，临时参议院推举袁世凯任临时大总统，首都迁至北京；此后至1928年间称为"北洋时期"，该时期的中华民国政府也称为"北洋政府"。1916年袁世凯称帝失败后，黎元洪、冯国璋、徐世昌、曹锟相继为总统，在北洋政府统治期间，帝国主义列强对中国加紧侵略，军阀连年混战，使中国陷入极端混乱的局面。

1919年5月爆发了"五四"学生爱国运动，五四运动是中国新民主主义革命的开端，中国无产阶级登上政治舞台。1921年，中国各地共产主义小组在上海举行第一次全国代表大会，中国共产党诞生了。1924年，孙中山改组国民党，实行联俄、联共、扶助农工三大政策，进行北伐战争，推翻了北洋军阀的统治。

1927年4月12日，蒋介石发动了"四·一二"反革命政变后，在南京建立代表封建主义、帝国主义和官僚资本主义利益的反动政权国民政府。第一次国共合作公开破裂。7月15日，汪精卫为屠杀共产党人和革命群众而提出"宁可枉杀千人，不可使一人落网"的口号，大肆屠杀共产党和革命群众。从此内战代替了团结，独裁代替了民主，轰轰烈烈的国民革命失败了。1937年7月7日，卢沟桥事变爆发，日本全面侵华，中华民族持续八年的抗日战争开始，抗战期间，国民政府以重庆为陪都。

1945年，美国在日本广岛和长崎先后投下原子弹，日本天皇于8月15日宣布无条件投降。1946年，蒋介石撕毁停战协定和政协协议，发动全面内战。毛泽东指挥解放区军民进行自卫反击。1949年4月21日，中国人民革命军事委员会主席毛泽东和中国人民解放军总司令朱德发布向全国进军令。百万雄师强渡长江，摧毁了国民党军的防线，于23日解放南京。中国人民在中国共产党和毛泽东的领导下，推翻了南京国民政府。1949年10月1日，成立了中华人民共和国。

武昌起义

在全国革命浪潮的推动下，资产阶级革命党人领导的武昌起义，在 1911 年 10 月 10 日爆发了。

武昌起义是由文学社、共进会直接发动的。文学社是由日知会发展而来的革命团体，共进会是同盟会在两湖地区的一个分支机构。它们都接受同盟会的领导。革命党人在湖北新军士兵中做了长期的宣传工作，建立了比较严密的组织。1911 年 9 月，湖北、四川、湖南、广东等省保路风潮空前高涨。在同盟会的影响下，文学社和共进会举行联席会议，决定在武昌建立起义领导机构。会上推举文学社负责人蒋翊武为起义军总指挥，共进会负责人孙武为参谋长，刘复基、彭楚藩为军事筹备员，并拟定在中秋节起义。后来因起义计划泄露，起义日期提前。

10 月 9 日，孙武等在俄租界的秘密机关赶制炸弹，不小心引起爆炸，孙武头部受伤。俄国巡捕闻声赶来，把全部革命文件、名册等查抄一空。接着，武昌总指挥部和许多秘密机关又连遭破坏。彭楚藩、刘复基、杨洪胜惨遭杀害，蒋翊武逃走。湖广总督瑞澂下令全城戒严，封锁新军各营，继续按名册搜捕革命党人。

新军中革命分子的反抗情绪本来就很高。瑞澂大肆搜捕革命党人，他们随时都有被捕的危险。于是，新军中的革命分子决定立即起义。

1911年10月10日晚7点，驻在武昌城内的新军工程第八营后队的革命党人熊秉坤、金兆龙首先起事，打死反动排长陶启胜。枪声一响，全队士兵齐声响应。熊秉坤马上召集四十多名起义士兵迅速奔赴楚望台军械库。当夜在楚望台防守的工程队左队士兵也纷纷响应起义。由于革命党人的深入工作，武昌起义前，在湖北新军1.5万人中，已经有革命党人五千余名。所以，起义一爆发，城内、城外，步兵、炮兵和辎重营，纷纷响应。各路义军都赶到楚望台集合，随即猛攻总督衙门。总督瑞澂吓得魂飞胆落，挖开后墙，向停泊在长江的兵舰上逃命。防守总督衙门的清兵败走，其他清朝官员也纷纷逃跑。11日上午，武昌城全部被起义军占领。11日晚和12日晨，驻守汉阳、汉口的新军起义，武汉三镇全部光复。接着，起义军又攻占武汉外围的天门、监利、潜江等县。革命首先在武汉地区夺取了胜利。

1911年是农历辛亥年，历史上称这次革命为辛亥革命。武昌起义成功后，革命党人和立宪派分子在前谘议局开会，讨论建立湖北军政府问题。参加会议的有革命党人，还有湖北省立宪派头子、前谘议局长汤化龙等。当时革命党人在政治上还不成熟，觉得革命政权要由有"资望"的人掌握才行。

同时他们还错误地认为革命派和立宪派的长期争论主要是实行政治改革的手段不同，革命胜利后，这种分歧就不存在了。因而放松了对立宪派的警惕。立宪派分子本来十分仇视革命，武昌起义胜利后，他们摇身一变竟然附和革命，进行政治投机。他们利用革命党人缺乏政治斗争经验的弱点，力图控制政权。由于立宪派分子都是当地有"资望"的绅士，革命党人又被他们的"资望"所俘虏，就在立宪派推举下，请原清军混成协协统黎元洪任湖北军政府都督，汤化龙就任民政部长。

黎元洪当上都督后，还迟迟不肯剪掉头上的辫子，幻想清军再打过来时继续为清王朝效命。汤化龙当面表示愿为革命"尽死效命"，背地里却阴谋篡夺革命果实。武昌起义后建立的湖北军政府，既然被封建官僚和立宪派分子所把持，就预伏下失败的危机。

武昌起义胜利的消息传遍全国，各地革命党人闻风响应。大江南北，长城内外，到处燃起了反抗帝国主义的革命烈火。各省纷纷树起义旗，宣告独立。

1911 年 12 月，宣布独立的各省，派代表到南京集会，商讨组建临时中央政府的问题。12 月底，孙中山由海外回国，被推举为中华民国临时大总统。1912 年 1 月 1 日，孙中山在南京宣誓就职，并宣告中华民国临时政府正式成立。从此，结束了统治中国两千多年的封建君主专制制度。

武昌起义爆发，清政府不得不起用袁世凯。袁世凯为了捞取政治资本，进一步施展反革命手段，一面在长江北岸用大炮轰击武昌，攻而不占；一面请帝国主义出面调停，搞假"和谈"，以此向清政府讨价还价；强迫革命党人妥协退让。软弱的资产阶级被迫答应，只要袁世凯宣布赞成共和，迫使清朝皇帝退位，就可以把政权让给他。袁世凯得到让权的保证，立即利用革命的声势，逼迫清朝末代皇帝溥仪退位。辛亥革命的成果被袁世凯窃取了。1912年3月，袁世凯就任中华民国临时大总统，在北京建立了北洋军阀政府，开始了独裁卖国的反动统治。

二次革命

在中华民国建立的最初年代里，政治舞台的斗争是十分复杂的。一方面是北洋派日益扩大政治权势，加强独裁统治；另一方面是资产阶级革命派继续维护辛亥革命成果，反对袁世凯的窃国独裁；而资产阶级立宪派则动摇于革命派与北洋派之间，更多是依附于袁世凯，帮助北洋派绞杀革命派。

袁世凯为了扩大政治势力，逐步实现独裁阴谋，首先摧毁了同情革命派的唐绍仪内阁，把大权集中于总统府，使"责任内阁"名存实亡。接着，袁世凯对南方各省掌握在革命党人手里的军队进行了裁减。他以减少军费开支为理由，削弱革命派的军事力量，而北洋军不仅没有减少，反而乘机扩充。有些革命党人识破了袁世凯裁军的阴谋，质问他："北方日日添兵，南方何得独裁？"部分南方革命党人采取了抵制的态度。为了打击南方革命势力，袁世凯在裁军同时，又推行所谓"军民分治"措施，削弱各省都督的权力，另由北京政府派民政长治理民事。湖北首先实行，而江西、广东、安徽、福建、江苏等九省都督强烈反对"军民分治"。袁世凯不顾九省都督反对，强行派出北洋派官僚去担任民政长。

袁世凯为了对付革命党的领袖人物，采用了狡猾的政治手腕。1912 年 8 月，他邀请孙中山入京，商议国家大事。袁世凯以接待总统的仪礼，迎接孙中山到外交部的迎宾馆。9 月，黄兴到北京，受到同样"热情的欢迎"。袁世凯对孙中山、黄兴装出十分虔诚的样子，表示要坚决实行民主共和。孙、黄二人受了袁世凯的蒙骗，当时误认为，"大总统非袁莫属"，还劝袁世凯加入国民党。孙中山表示一切国事袁世凯都能办好，自己愿意专心从事实业，要在十年内修筑 20 万里铁路。袁世凯立刻颁布命令："特授孙文以筹划全国铁路全权"，每月薪金 3 万元，表示支持孙中山的伟大抱负。黄兴要求"解甲归田"。袁世凯任命黄兴为汉粤川铁路督办。黄兴勉强接受了。

在革命党领袖中，宋教仁当时还是比较清醒的政治家。他极力主张实行责任内阁制，准备用资产阶级的民主政治来限制袁世凯的权力。他风尘仆仆，走遍南北，到处发表演说，抨击现政府的种种失策，宣传内阁必须由政党组织。

1913 年 2 月，第一届国会选举揭晓，国民党以压倒其他党派的多数议席获胜。宋教仁极为兴奋，因为他是国民党的代理理事长，出任内阁总理指日可待了。

对于国民党组阁，袁世凯是决不甘心的。于是，他就对宋教仁下毒手了。袁世凯密令心腹赵秉钧布置特务应桂馨，收买兵痞武士英，在上海车站暗杀了宋教仁。这就是 1913 年 3 月 20 日发生的轰动全国的"宋案"。

宋教仁被刺后，袁世凯演了一出贼喊捉贼的丑剧。他立即电令江苏都督程德全查清真相，按法严办。调查结果，大量密电函件证实，刺宋主谋是袁世凯。袁世凯又杀人灭口，武士英突然在狱中死掉，应桂馨在去北京的火车上被人暗害，赵秉钧说了一句牢骚话："这样，以后谁还肯为总统办事呢？"不久也突然七窍流血而死。

宋教仁被刺，引起全国人民震惊，对袁世凯异常愤怒，也给革命党人敲了警钟。孙中山最先觉悟，他听到消息后，立即从日本回国。3月26日到达上海。当晚，在黄兴寓所召集紧急会议，主张武力讨袁，兴师问罪。袁世凯公开撕下了假面具，向革命势力大动干戈。4月，他同五国银行团签订了一项2500万英镑的"善后大借款"，用以"购军械，增军队，收买南方海陆军"，作为打仗的本钱。在外交上，他积极争取帝国主义的支持。5月，力将"共和党""民主党""统一党"联合成"进步党"，充当帮凶。他又起用段祺瑞代理国务总理，准备立即对南方用兵。6月，他以黄兴"迭经辞职"为借口，撤销了黄兴陆军上将衔。接着，先后发了三道命令，撤免拥有实力的江西都督李烈钧、安徽都督柏文蔚、广东都督胡汉民的职务，夺了国民党人的军权。

1913年7月，袁世凯命令军队进攻江西。7月12日，江西都督李烈钧被迫在江西湖口宣布独立，发布讨袁檄文，"二次革命"爆发了。7月15日，黄兴到南京促使江苏督都程德全宣布独立，组织讨袁军。7月17日，安徽都督柏文蔚宣布独立，自任讨袁军总司令。接着，陈其美在上海、陈炯明在广东、许崇智在福建、谭延闿在湖南、熊克武在四川纷纷宣布独立，一时间讨袁之声四起。

袁世凯知道，除了江西、南京外，其他地方力量较弱。因此，他命令第一军进攻江西，第二军进攻南京，史称"赣宁之役"。

以孙中山为首的国民党人，坚持斗争达两个月之久，战争波及南方 7 省。面临袁军压境，湖口、徐州、南京等地讨袁军孤军作战。8 月，江西、江苏反袁军相继溃散，其他独立省份也就烟消云散了。到 9 月 12 日，熊克武放弃重庆，"二次革命"终止了。

　　孙中山、黄兴、李烈钧、胡汉民等人逃亡日本。由于国民党人脱离群众，单纯依靠军事行动，二次革命最后失败了。这是辛亥革命的最后一战。

张勋复辟

1917 年是中国农历丁巳年。这一年发生了以张勋为首的封建势力拥戴被推翻的清朝末代皇帝溥仪复辟的事件，历史上称作"丁巳复辟"，或"张勋复辟"。

张勋复辟是乘北洋政府的"府院之争"而发生的。当时，以大总统黎元洪为代表的"总统府"势力和以国务总理段祺瑞为首的"国务院"势力勾心斗角，互相争权夺利。黎元洪以美国为后台，段祺瑞以日本为后台，在是否参加第一次世界大战问题上，争得不可开交。段祺瑞利用在北京开会的各省督军，组成所谓的"督军团"，对国会施加压力，迫使黎元洪同意参战。在国会开会的时候，他派三千多名便衣军警，打着"请愿团"的旗帜，包围了会场，殴打议员，扬言非将"参战案"通过不可。许多国会议员非常气愤，宣布休会，表示抗议。不少内阁成员纷纷辞职。段祺瑞又指使"督军团"出来迫使黎元洪下令解散国会。

黎元洪却下令免除段祺瑞国务总理的职务。段祺瑞发出通电，唆使督军团反对黎元洪，并企图在天津组织临时政府。

黎元洪请徐世昌、梁启超等人出面调解，遭到拒绝，只得求军阀张勋入京调停。张勋却乘机演了一出复辟丑剧。

张勋原在清朝垮台前夕充任江南提督。武昌起义发生后，他镇守南京，与革命军激战于雨花台。中华民国成立后，他的部队改称定武军，表示效忠清室，禁止剪发，被人们称为"辫子军"，张勋称为"辫帅"。袁世凯死后，张勋成为复辟势力的中心人物。他结成十三省同盟，和清室王公贵族、新旧遗老密谋复辟清朝。他们常以"酒会"形式集党结社，又和外国侵略者暗中勾结，等待时机。

这个机会终于到来了。1917 年 6 月，张勋以调解"府院之争"的名义，从徐州带兵六千入京，包围了黎元洪的总统府，逼迫他"奉还大政"，黎元洪逃入外国公使馆。7 月 1 日，张勋和康有为等人把清朝末代皇帝溥仪又推上了宝座，发布了复辟上谕，封前大总统黎元洪为一等公爵，任命前副总统冯国璋为两江总督兼南洋大臣，张勋自封为议政大臣直隶总督兼北洋大臣。一时间，清朝的封建僵尸似乎又复活了。

溥仪在《我的前半生》一书中写道："据老北京人回忆，当时北京街上的情形：那天早晨，警察忽然叫各户悬挂龙旗，居民们没办法，只好用纸糊的旗子来应付；接着，几年没看见的清朝袍褂在街上出现了，一个一个好像从棺材里面跑出来的人物；报馆出了复辟消息的号外，售价比日报还贵。""这时前门外有些铺子的生意也大为兴隆。一种是成衣铺，赶制龙旗发卖，一种是估衣铺（卖穿用过的服装），清朝袍褂成了遗老们争购的畅销货；另一种是做戏装道具的，纷纷有人去央求用马尾给做假发辫。"

这仅仅是当时社会情景的一个侧面。另一方面，一些坚持正义的人们拒绝挂龙旗，有的把龙旗撕碎，扔在大街上。许多报纸自动停刊，表示抗议。上海、天津及其他地方报纸连续发表通电和文章，揭露和抗议张勋复辟罪行。一些省份的群众自动集会，愤怒谴责张勋，要求"护法讨贼"。全国出现了"普天同愤"的局面。

张勋带兵入京是和段祺瑞在天津会谈过的。段祺瑞表示，只要张勋驱逐黎元洪、解散国会，他就不反对复辟。张勋认为段祺瑞一定会遵守在天津会谈时的诺言，实际上他落入了段祺瑞的圈套。段祺瑞是借用张勋驱赶了黎元洪，然后向日本借了一百万元军费，组织了"讨逆军"。7月2日，在天津马厂誓师。各地的督军们也改变态度，由拥护复辟，变为"保卫共和"。7月12日，段军打进北京，驱逐张勋。张勋的"辫子军"不堪一击，狼狈逃窜。当时，北京街上到处可以捡到"定武军"扔掉的辫子。张勋自己逃入荷兰使馆，参加复辟的遗老遗少们也作鸟兽散。溥仪再次宣布退位。

张勋复辟前后只有 12 天。7 月 14 日，段祺瑞重新回到北京城，仍旧充当国务总理。黎元洪通电下野，冯国璋继任大总统。

　　段祺瑞以"再造民国"的英雄自命，气焰十分嚣张，从1917年到1918年间，把持北京政权，放手卖国。也以编练"参战军"为名，勾结日本帝国主义，大借外债，卖国求荣，给中华民族招来深重的灾难。

五四爱国运动

　　五四运动，是中国人民反对帝国主义和封建主义的伟大革命运动。这次爱国运动，发生在第一次世界大战结束以后。1919 年 1 月，一些国家的代表在法国首都巴黎，召开所谓"和平会议"。参加会议的有二十七个战胜国，实际上会议由美、英、法、日、意等五大强国在那里操纵着。这是一次帝国主义分赃会议。它们的目的是重新瓜分世界，反对日益高涨的无产阶级革命运动和被压迫民族的解放运动。由于中国北洋政府参加了对德作战，因而也以战胜国的资格出席"巴黎和会"。在全国人民舆论压力下，中国代表提出废除帝国主义在中国的一切特权的陈述书，要求取消日本帝国主义同袁世凯订立的"二十一条"，收回在大战期间被日本乘机夺去的德国在山东的权益。由于美、英、法和日本相互勾结，狼狈为奸，在巴黎和会上根本不理睬中国政府提出的正当要求，反而无理地把德国在山东的各种特权，全部让给日本。对"二十一条"问题借口不在会议讨论范围之内，蛮横地拒绝废除。

　　这个消息传到国内，全国群情激昂。中国人民的愤怒情绪再也无法抑制，就像火山爆发一样，立即掀起一场声势浩大的爱国运动。5月4日下午1时，北京大学等校三千多名学生纷纷到天安门广场集会，举行示威游行。他们高呼："中国是中国人民的中国""废除二十一条""收回山东权利""拒绝在和约上签字""外争国权，内除国贼"等口号，一致要求严惩亲日派卖国贼曹汝霖、陆宗舆、章宗祥。队伍游行到东交民巷，遭到军警的阻止。示威群众便一起拥到赵家楼，包围了曹汝霖的住宅，没有发现曹汝霖。正在曹宅的章宗祥躲闪不及，被学生狠狠揍了一顿。学生们捣毁了曹宅的所有家具，还是不解心头之恨，就放火烧了卖国贼曹汝霖的住宅。不久，北洋军阀政府的军警气势汹汹地赶来，逮捕三十多名学生。北京学生立即总罢课，并通电全国表示坚决抗议。天津、上海、长沙、广州等地学生纷纷走上街头，游行示威，声援北京学生。

从6月3日开始，北洋军阀政府出动大批军警，进行更大规模的镇压，两天内逮捕爱国学生近两千人。这种高压政策激起广大群众的愤慨，爱国运动迅速扩展到全国。运动的中心由北京移到上海，运动的主力也由学生变为工人。上海和各地工人相继罢工，举行示威游行。这是中国工人阶级第一次作为独立的政治力量登上政治舞台。由于工人运动的推动和学生运动的影响，全国各重要城市的商人和市民，都先后罢市。这样，五四运动发展成有无产阶级、小资产阶级和资产阶级参加的全国范围的革命运动。这场规模空前的反帝爱国运动的不断高涨，迫使北洋军阀政府不得不在6月7日释放所有被逮捕的爱国学生。6月10日又下令撤消卖国贼曹汝霖、陆宗舆、章宗祥三人的职务。

此后，全国各地人民群众的斗争并没有终止。工人罢工、学生罢课、商人罢市事件仍不断发生。6月17日，北洋军阀政府电令出席"巴黎和会"的代表在和约上签字。这时全国各地拒绝"和约"的运动更为高涨。6月28日是"巴黎和约"签字的日期，在巴黎的华侨工人和留法学生包围了出席"巴黎和会"的中国代表住地，反对在"和约"上签字。在群众的压力下，中国代表不得不拒绝在"巴黎和约"上签字。至此，五四爱国运动取得了重大的胜利。

五四运动是中国近代史上一次彻底的不妥协的反帝反封建的革命运动。革命的知识分子充当爱国运动的先锋。中国工人阶级第一次以独立的力量登上政治舞台，显示革命的主力军作用。中国民主革命进入新阶段。五四运动标志着中国新民主主义革命的开端，是新旧民主革命的分界线。五四运动推动了马克思主义在中国的广泛传播，促进了革命知识分子与劳动群众相结合，提高了中国人民的觉悟，造就了一批革命人才，为中国共产党的创立做了思想准备和干部准备。五四运动揭开了中国革命史上新的一章。

中国共产党成立

　　中国共产党第一次全国代表大会，是在 1921 年 7 月 23 日至 31 日举行的。后来将 7 月 1 日，作为中国共产党成立的纪念日，参加大会的代表有十三人。李达、李汉俊是上海的代表；李大钊因公务繁忙不能脱身，推选张国焘、刘仁静作为北京的代表参加大会；毛泽东、何叔衡是长沙小组的代表；董必武、陈潭秋是武汉小组的代表；王尽美、邓恩铭是济南小组的代表；陈公博是广州的代表；周佛海是旅日小组的代表。此外，在广州的陈独秀因为工作繁忙，无法分身，委派包惠僧作为自己私人代表参加了代表大会。他们代表全国五十多个党员来到上海，在法租界贝勒路树德里 3 号（现为兴业路 76 号）李汉俊的哥哥李书城的住宅开会。共产国际的代表马林和尼可尔斯基也参加了大会。会议制定了党的纲领，选举党的领导机构，讨论党的工作计划。

　　党的"一大"的召开具有伟大的历史意义，它宣告了中国共产党的诞生，这是开天辟地的大事变。它的诞生给灾难深重的中国人民带来光明和希望。毛泽东为建立中国共产党进行了一系列准备工作，做出重大的贡献。

　　毛泽东（1893—1976）字润之，湖南湘潭韶山冲人。1913 年，他在长沙的湖南第一师范学校读书。青年时期毛泽东就开始革命活动，接受马克思主义，创办《湘江评论》，建立新民学会，以"改造中国与世界"为宗旨。这是十月革命后，中国出现的最早的革命团体。从 1918 年到 1920 年，毛泽东先后两次从长沙到北京、上海，为建党积极进行革命活动。1920 年 7 月，他在长沙创办"文化书社"，传播《马克思资本论入门》《社会主义史》等进步书刊。9 月，他组织了马克思主义研究会，建立"共产主义小组"，10 月，成立社会主义青年团。在蔡和森从法国写给毛泽东的信中，可以知道当时新民学会会员与共产主义小组成员讨论建党问题，认为"唯物史观是吾党的哲学根据"，非常重视马克思主义理论的指导作用。1921 年 6 月底，毛泽东与何叔衡去上海参加中国共产党的第一次全国代表大会。毛泽东坚持列宁的建党原则，以俄国布尔什维克党为榜样，要有严格的组织纪律，实行民主集中制，用暴力夺取国家政权。

　　7 月 25、26 日，代表大会休会两天，由董必武、李达、张国焘负责起草文件。7 月 27 日继续开会，讨论党的纲领和决议。7 月 30 日晚，突然有个陌生人闯进会场，装作找人走错地方。共产国际代表马林感到此人可疑，建议休会，代表分散离开会场。果然不出所料，十余分钟后，法国巡捕包围并搜查了会场，结果一无所获。

　　7月31日，代表们分别乘车来到嘉兴南湖，在一只游船上继续开会。会上通过了党纲，讨论了党的实际工作计划，并通过了决议。明确规定党成立后的中心任务是组织工人阶级，领导工人运动，开办工人补习学校，大力发展工会组织，开展宣传工作推动工人运动。会议还讨论了《中国共产党成立宣言》。最后成立中央局，选举陈独秀、李达、张国焘三人组成中央局，陈独秀为书记，张国焘为组织主任，李达为宣传主任。全国各地党支部为中央局领导下的基层机构。这一天，嘉兴南湖细雨淋淋，游客稀疏，代表们在这一天顺利地完成了具有划时代意义的任务。李达的夫人是浙江嘉兴人，为代表们安排食宿，对党的创立也做了贡献。

　　参加第一次党的代表大会的人员，后来发生了巨大变化。有的坚持革命，成为伟大的无产阶级革命家，如毛泽东，董必武；有的在革命斗争中为人民牺牲，如李汉俊、邓恩铭、何叔衡、陈潭秋，王尽美病逝；有的叛变革命充当汉奸和特务，如陈公博、周佛海、张国焘、刘仁静；有的脱离共产党，如包惠僧。李达在新中国成立后长期任大学校长，从事哲学研究，为宣传马克思主义理论和毛泽东的哲学思想做出卓越贡献。

　　中国共产党的成立是马克思主义与中国工人运动相结合的产物。她从诞生那天起就是一个完全新型的、以共产主义为奋斗目标的、以马列主义为行动指南的、统一的工人阶级政党。自从有了中国共产党，中国革命的面貌就焕然一新，中国工人阶级以前所未有的姿态，投身到反帝反封建的斗争中去。中国共产党成为革命力量的领导核心。

国共合作

中国共产党为了实现推翻帝国主义和封建军阀的压迫、建立民主独立国家的目标，确定了工人阶级与资产阶级革命派建立统一战线的政策。1922年9月，在中国共产党第二次全国代表大会上，通过了《关于"民主的联合战线"的决议案》。1923年6月，中国共产党召开了第三次全国代表大会，着重讨论了共产党同国民党合作的问题。大会通过了《关于国民运动及国民党问题的决议案》，正确地分析了中国革命的性质是反帝反封建的资产阶级民主革命，充分估计孙中山的革命民主主义立场，以及改造国民党的可能性，决定允许共产党员以个人身份加入国民党，仍然保持共产党在思想上、政治上和组织上的独立性。中国共产党第三次全国代表大会确立的实行国共合作的正确战略决策，促进了革命统一战线的形成，推动了人民大革命高潮的到来，加速了中国革命的进程。

孙中山在绝望中遇到了中国共产党。"二次革命"和"护法运动"的失败，尤其是广东省省长兼粤军总司令陈炯明的叛变，对孙中山是个沉重的打击。1922年8月，孙中山避居上海，陷入彷徨与苦闷之中。他回顾以往的斗争历程，"革命主义未行，革命目的未达，仅有民国之名，而无民国之实。"孙中山认为国民党的组织钻进许多敌人，"反对革命之人，均变成赞成革命之人。"他主张把混进国民党内的军阀、地主、买办官僚和资产阶级右翼分子等等"最卑鄙"的人清洗出去。孙中山说："国民党里有中国最优秀的人，也有最卑鄙的人。最优秀的人为了党的理想与目的而参加党，最卑鄙的人把党当作升官的踏脚石而加入我们这一边。假如我们不能清除这些寄生虫，国民党又有什么用处呢？"孙中山开始寻找新的革命道路与新的革命力量。

正当孙中山处于困难的时刻，中国共产党人向他伸出友谊之手。1922 年 8 月下旬，李大钊到上海给予孙中山真诚地帮助，"畅谈不厌，几乎忘食"。李大钊第一个加入国民党。不久，有一批共产党员以个人身份陆续加入国民党，如陈独秀、蔡和森、张太雷、张国焘等，帮助孙中山，促进统一战线的建立。

孙中山接受中国共产党人和共产国际的帮助，决心与共产党合作，改组国民党。1924 年 1 月 20 日，在广州召开中国国民党第一次代表大会。孙中山以总理的身份担任大会主席，到会的代表一百六十五人。共产党人李大钊、谭平山、陈独秀、毛泽东、瞿秋白、王尽美、林祖涵（林伯渠）、张国焘、李维汉、李立三、于树德、夏曦等参加了大会。孙中山在开幕词中说："此次国民党改组，有两件事：第一件是改组国民党，第二件就是用政党的力量去改造国家。"孙中山在会议期间，作了《中国之现状及国民党改组问题》的报告，还作过《主义胜过武力》《民生主义问题》等多次讲演。他认真地总结了辛亥革命中的教训和经验，提出了"联俄""联共""扶助农工"三大政策，认为"今天的革命非学俄国不可"。他坚决主张中国要"以俄为师"。孙中山所以提出联共，是因为他认为"共产主义与民生主义毫无冲突，不过范围有大小"。他坚决主张接收共产党人和工农分子加入国民党。在经济上，孙中山提出对缺乏田地沦为佃户的农民，"国家当给以土地，资其耕作"；对失业工人，"国家当为之谋救济之道"，并且"制定劳工法，以改良工人之生活"。他认识到革命的力量在于民众，"故国民革命之运动，必恃全国农夫、工人之参加，然后可以决胜，盖无可疑者"。他还指出，国民革命的任务是反抗帝国主义和军阀，"以谋农夫、工人之解放"。孙中山根据三大政策的精神，重新解释了三民主义。他明确了对外反对帝国主义，对内实行各民族一律平等；主张国民普遍平等的民权主义；在"平均地权""节制资本"同时，实现"耕者有其田"，废除地主土地所有制。孙中山把旧三民主义发展到新三民主义，是一个很大的进步。新三民主义的各项主张，同中国共产党的新民主主义革命纲领相吻合。这是中国共产党与孙中山的国民党合作的政治基础。孙中山改组国民党的这次代表大会，标志着第一次国共两党合作正式建立。从此，中国民主革命出现崭新的局面。

万里长征

1927年6月18日，中国共产党在莫斯科召开第六次全国代表大会，有正式代表84人，候补代表34人参加会议。由瞿秋白、周恩来等分别作政治、组织、军事、农民、土地工运等方面的报告，并通过相应的决议，大会正确地分析了大革命失败后中国的社会性质和革命性质，认为中国仍然是半殖民地半封建社会；革命性质仍然是资产阶级民主革命；革命形势是处于两个高潮之间的低潮。大会提出了党在民主革命中的十大政治纲领；制定了党的策略方针是争取群众，准备武装暴动。大会选举了新的中央委员会。苏兆征、项英、周恩来、向忠发、瞿秋白、蔡和森、张国焘等七人被选为政治局正式委员，关向应、李立三等为候补委员。向忠发为中央政治局主席兼中央常委会主席。第二年，李立三增补为中央政治局正式委员和政治局正式常委。

党的"六大"以后，中国工农红军和革命根据地有了很大发展。1930年，全国红军已经发展到十余万人，建立了十五块革命根据地。党的工作重心转入乡村，在根据地发动群众，打土豪，斗恶霸，进行土地革命。

但是，在中共中央担负实际领导工作的李立三，继瞿秋白之后，又犯了"左"倾错误，提出冒险主义主张，号召在中心城市首先发动武装起义，不承认革命的长期性，幻想立即实现"革命在一省或数省首先胜利"的计划，使革命力量遭到很大损失。

1930年10月，以蒋介石为首的国民党反动派，调动兵力开始大举进攻红军，连续向中央革命根据地发动三次军事"围剿"。中央革命根据地红军四万人左右，在毛泽东、朱德领导下，采取集中兵力，诱敌深入，各个击破的方针，以少胜多，以弱胜强，共歼灭敌人十几万人，缴枪近十万支，取得人民战争的成功经验，形成中国革命战争的战略战术思想。在各革命根据地先后取得反"围剿"的胜利。中国革命重新走向高潮。

1931年，中国共产党六届四中全会后，王明掌握了党中央的领导权，推行新的"左"倾路线，主张在全国范围内进攻敌人，要求红军去占领城市，混淆两个革命阶段的界限。在党内实行宗派主义、惩办主义，由于王明"左"倾错误路线全面的推行，使红军未能击破蒋介石发动的第五次"围剿"，被迫撤离根据地，进行了艰苦卓绝的二万五千里长征。

1934年7月，中共中央派出先遣队北上。方志敏率红十军团转战浙皖边界，在怀玉山为敌军包围。方志敏因叛徒告密被捕，英勇就义。10月，中央红军主力八万六千人，从江西瑞金、福建长汀等地出发，向西转移，留下项英、陈毅等三万余人，在根据地坚持游击战。蒋介石派出几十万军队前后夹击主力红军。

红军冲过四道封锁线，损失过半，只剩三万多人。12月，根据毛泽东的主张，红军进入敌人兵力薄弱的贵州。

1935年1月，红军强渡乌江，攻占遵义。1月15日至17日，中共中央在遵义召开了政治局扩大会议，结束了王明"左"倾错误路线的统治，推选毛泽东为政治局常委；成立了由毛泽东、周恩来、王稼祥组成的三人军事指挥小组。遵义会议实际上确立了毛泽东为代表的新的党中央的正确领导地位，使党中央的路线转到马克思列宁主义正确轨道上来，挽救了红军，挽救了党，挽救了中国革命。

遵义会议后，中央红军胜利进军，四渡赤水，巧渡金沙江，摆脱几十万敌人的追击，顺利地通过凉山彝族地区，强渡大渡河，飞夺泸定桥，翻越终年积雪的夹金山，于1935年6月红一方面军与红四方面军在川西懋功会师。

张国焘反对中共中央和毛泽东北上抗日的正确方针，妄图向川康边境退却。党中央与张国焘右倾分裂主义作了坚决斗争。张国焘阴谋武力截击党中央。叶剑英向党中央报告消息。毛泽东、周恩来率领红一方面军经过六昼夜艰苦行军，走过荒无人烟的草地。接着突破天险腊子口，翻越六盘山，于1935年10月19日到达陕北保安县吴起镇，与刘志丹领导的红十五军团会合。1936年10月10日，红军一、二、四方面军三大主力红军在甘肃会宁会师。

　　长征的红军在一年间走过十一个省，进行三百八十多次战斗，攻占六十二座县城，完成举世闻名的伟大壮举。红军长征是宣言书，向全世界宣告红军是英雄好汉，宣告了帝国主义和国民党反动派追击堵截的破产。长征是宣传队，向中国人民宣布，只有红军的道路，才是解放的道路。长征又是播种机，在红军所过地区，播撒了许多革命的种子。长征以红军的胜利，敌人的失败而结束。中国工农红军在共产党领导下，投入抗日救国的洪流。

勿忘国耻"九·一八"

　　伫立在残历碑立交桥头，放眼沈阳市东北郊区，视线恰恰对着北大营街和柳条湖街，这就是震惊中外的"九·一八"事变发生地。柳条湖是个村名，当年这里多为柳林丛生的沼泽地，散乱地分布着二十来户人家。"九·一八"事变就是从柳条沟事件发端的。当年参与策划这个事件的日本军人在《文献昭和史》中描述："18日夜，月近半圆，高粱地黑沉沉的一片；疏星点点，长空欲坠。岛本大队川岛中队的河本末守中尉，以巡查铁路为名，带领数名部下向柳条沟走去。一面从旁边观察北大营的兵营，一面选了个离兵营约八百米往南去的地点，河本亲自把骑兵用的小型炸药安装在铁轨下，并点了火。轰的一声炸响，铁轨和枕木都炸飞了。"第二次世界大战后，《远东国际军事法庭判决书》明确认定：柳条湖事件"是日本人有计划实行的"。日本人自己制造爆炸事件，却把罪名强加给中国军队。柳条湖的爆炸声响起五分钟后，日军发射的一颗大炮弹落到中国东北军驻地北大营里爆炸，响声震天动地。紧接着，第二发大炮弹落在北大营墙北小桥子，第三发大炮弹落在城里张学良司令行辕附近。不一会儿，黑压压的日本兵冲进北大营，和张学良的军队交起火来。北大营战火把天照得通红。当时，中国东北军在关外驻守的有十六万五千人，日本关东军才一万多人，但由于东北军执行了蒋介石绝对不抵抗，并撤至山海关内的命令，撤离了战场。就在柳条湖事件发生的这一夜之间，日军占领了当时东北的政治、经济、文化中心奉天，即沈阳。第二天早晨8点多钟，日本兵硬逼着柳条湖村民到铁路爆炸地点。翻译对他们说：日本军队为什么要打北大营？因为东北军扒日本人的铁道。日本军官又指着几个身着东北军军服的中国人尸体说，这都是东北军干的。

日军栽赃陷害的目的是要侵占整个东北。随后，日军入侵长春、吉林等战略要地，轻而易举地侵占了东北二十多座城市。至1932年1月2日，日军侵占锦州，在四个多月时间内，辽宁、吉林、黑龙江三省全部沦陷。比日军多十几倍兵力的东北军不战自退，成为中华民族历史上的奇耻大辱。

在日军的侵华战争中，东北三省三千万同胞所遭受的兽性摧残开始最早，时间最长。其间，关东军不断进行军事讨伐，动辄把数百人、数千人集中起来实施大屠杀。1932年9月16日，日军在抚顺市制造了震惊中外的平顶山惨案。他们以抗联军队路过此地为由，将这个村的村民三千多人不管男女老幼斩尽杀绝，并烧毁全村四百多户农民的民房。接着，日军又制造了老黑沟惨案、清源镇惨案、白家堡子惨案、四合村惨案、长胜屯惨案等。一时间，富饶的黑土地出现了许多凄凉的无人区。日军在东北建立的两个细菌战秘密部队，公然对中国军民实施活人细菌实验和细菌战，吞噬了成千上万中国人的生命。日军还掳掠劳工，对东北丰富的资源进行疯狂的掠夺。他们像对待牲畜一样强制劳工干活，又不让吃饱饭，有病也不给看。据"伪满"交通大臣透露，在东北地区被日本侵略者残害致死的中国劳工不下二百万人。东北人民被推上了一个别无选择的境地，要么反抗，要么灭亡。

事变爆发后，国民党东北军部分爱国将领马占山、李杜、王德林等和一些具有强烈爱国精神的英雄好汉揭竿而起，组织救国军、自卫军奋起抗战；工人、农民、知识分子纷纷武装起来抗日，这些武装被统称为东北抗日义勇军。到1932年夏，义勇军进入全盛时期，达三十余万人。周保中、李延禄、王德泰等大批共产党人被派到义勇军，参加并领导抗日斗争。1931年11月，马占山率部在嫩江铁路桥与日军决一死战，打死日军两千多人，打伤四千多人，挫伤了日军的气焰。据日本官方公布的数字，日军平均每月讨伐义勇军一百五十次，七十三人被打死。到1932年末，日军在东北的兵力达八万余人，且装备精良，而义勇军武器简陋，两年苦战中受到极大损失，五万余人牺牲，八万余人负伤，六万人退入苏联和热河，还有四万人分散东北各地坚持抗日。义勇军失利后，中国共产党派一批干部来重整抗日队伍，先后在南满、东满、北满、吉东等地创立了十几支抗日游击队。1933年，东北人民革命军第一军独立师成立，杨靖宇任师长兼政委。到1935年，这支部队发展到六个军，正式成立东北抗日联军。1937 年 7 月前后，抗联发展到十一个军、三万余人。后又陆续实行合编，组成一、二、三路军，杨靖宇、周保中、李兆麟分任总指挥。1937 年秋后和 1938 年冬季，日军对抗联进行大规模军事讨伐，抗联被迫转移到冰天雪地的深山老林。杨靖宇将军率部转战长白山，出奇制胜，大小战斗五十多次，歼敌上千。日军视他为大敌，集中日伪军七万多人，在零下四十度的冬季实施包围扫荡。抗联官兵爬冰卧雪，打到最后一人。杨靖宇将军与敌血战，不幸殉国。日军剖其腹部，胃中仅见草根棉絮！赵尚志将军虽几经沉浮，抗日之志不灭，直至鲜血流尽，身首异处；二路军八名女兵被日军追击而弹尽粮绝，集体投入牡丹江支流乌斯浑河下游，慷慨就义，在抗联史上留下"八女投江"的悲壮画卷。

据记载，东北抗日军民在长达十四年的斗争中，共毙伤俘虏日军十七万人。东北的抗日斗争造就了许多可歌可泣的民族英雄，其中包括赵一曼、冷云等著名女英雄。牺牲在北国林海雪原里的抗日军民大多没有留下姓名，但他们的理想、信念在 1945 年 8 月那个抗日战争胜利的喜悦日子里终于化作了光照人间的彩虹。

"九·一八"事变给我们留下了沉痛的历史教训，抗日战争给我们留下了宝贵的历史经验，回顾往昔，启迪来者，勿忘国耻，振兴中华，这是我们光荣而艰巨的历史责任。

"一二·九" 运动

　　1931 年 9 月 18 日，日本发动侵略中国的战争，首先进攻沈阳，然后占领东北地区。1932 年 3 月 1 日，在日本侵略军的刺刀下，建立伪满洲国，拥爱新觉罗·溥仪登上"执政"的宝座。这就是伪满洲国的康德皇帝。从此，东北沦陷十四年。不甘屈服的中国人民，纷纷拿起武器，组织东北抗日义勇军，对日寇展开了英勇顽强的斗争。

　　日本侵略者妄图用武力直接威胁国民党南京政府，于1932 年 1 月 28 日，由上海租界向闸北一带进攻。驻守上海的第十九路军在全国人民抗日高潮推动下，爱国将领蔡廷锴、蒋光鼐率部英勇抗战，使敌人三易主帅，死伤逾万。中国共产党组织上海工人、学生和市民，援助十九路军。全国各地人民纷纷派出义勇军到上海前线，支援抗战。日本侵略者为了征服全中国，实现所谓"大陆政策"，把矛头指向华北的冀、察、绥、晋、鲁五省，策划华北五省所谓"自治运动"。国民党军事委员会华北分会代理委员长何应钦，与日本天津驻屯军司令官梅津美治郎签订《何梅协定》，从河北撤走中国军队，禁止一切反日活动。中华民族亡国灭种的危机迫在眉睫。"华北之大，已经安放不下一张平静的书桌了。"

1935 年 11 月，长征途中，中国共产党发表《抗日救国宣言》，提出抗战十大纲领，号召全国各界人士联合抗战。青年学生走在抗日民主运动的前列。北平清华大学等十校学生联名发表《为抗日救国争自由宣言》，揭露国民党政府迫害爱国青年的罪行，反对"攘外必先安内"的反动政策。12 月 9 日，北平学生举行大规模的游行，六千人汇集在新华门前广场，愤怒高呼"打倒日本帝国主义""反对华北防共自治""停止内战，一致对外""争取爱国自由"等口号。国民党政府派兵镇压手无寸铁的爱国学生，用木棍、水龙、大刀殴击他们。城内参加游行的青年学生愤怒地与反动军警搏斗，受伤一百余人，被捕三十多人。城外学生向城上军警挥泪讲演，向周围市民宣传。12 月 16 日，北平全市学生一万余人，市民二万余人，云集天桥广场，举行市民大会，反对日本帝国主义侵略中国，要求工农兵学商共同抗日，反对华北自治，组织了声势浩大的示威游行。

全国各地学生纷纷响应北平的学生和市民的爱国民主运动。在杭州、广州、武汉、南京、天津、南宁、上海、长沙、梧州、太原、保定、苏州、安庆、徐州、宁波、南通、桂林、重庆、西安、开封、南昌、宜昌、应城等地，青年学生先后举行示威游行，发表通电，要求"停止内战，一致抗日"。在许多城镇出现工人罢工、学生罢课、商人罢市的爱国运动，形成全国规模的抗日民主新高潮。

中国共产党及时指出：单纯的学生运动不能完成把日本帝国主义驱逐出中国的任务，必须把抗日救亡运动扩展到工人、农民和军队中去。因此，号召爱国青年"到工人中去，到农民中去，到商人中去，到军队中去"。北平、天津学生组织"南下扩大宣传团"，五百余名学生到河北农村，进行抗日救国的宣传。上海学生九十余人组织"救国宣传团"，深入农村，组织农民救国会，民众救国会。许多进步青年先后奔赴延安，参加八路军、新四军和抗日游击队，成为革命抗日的新生力量。

"一二·九"运动是抗战动员的运动，是准备思想和干部的运动，是动员全民族的运动。这次爱国运动，青年学生成为中华民族解放的先锋队，共产党起了骨干的作用。知识分子与广大工农群众相结合，促进全国人民民主运动的高涨。"一二·九"运动在中国历史上谱写了光辉的篇章。

西安事变

　　面临日本大举侵略中国的危局，中国共产党提出"停止内战，一致抗日"的主张，积极建立抗日民族统一战线，发动全国救亡运动。中共中央决定争取国民党军联合抗日。

　　1935年，张学良任"西北剿匪总司令部"副总司令。杨虎城任国民党西安绥靖主任、十七路军总指挥。他们指挥十余万东北军和西北军，向陕甘红军进攻，损兵折将，进退维谷。共产党认为有可能争取东北军和西北军共同抗日。1936年1月25日，毛泽东、周恩来、彭德怀等红军领导人发表《致东北军全体将士书》，表明停止内战，共同抗日的真诚态度。中共中央联络局局长李克农亲往洛川，与张学良会谈，双方达成初步停战协议。周恩来与张学良进行了秘密谈判，就联合抗日问题取得一致意见。红军代表团团长叶剑英常驻西安。抗日统一战线初步建立起来。

　　蒋介石闻讯恼火，亲自到西安督战问罪。张学良劝蒋介石联共抗日，受到斥责。蒋介石到洛阳调兵遣将，准备内战。

12月4日，蒋介石又回到西安，压制东北军和西北军，或者进剿红军，或者将部队调往福建和安徽。东北军和西北军面临被各个击破的危险。张学良、杨虎城走投无路，决定先到蒋介石住所华清池"苦谏"，不得已则"兵谏"。张学良声泪俱下，慷慨陈词，申明非抗日不足以救亡，非停止内战不足以抗日的大义。蒋介石拍着桌子说："现在你就是拿枪把我打死，我的剿共计划也不能改变。"张学良、杨虎城的"苦谏"无济于事，决定实行"兵谏"。

12月12日清晨5时，东北军包围华清池，解除蒋介石卫队的武装，软禁了蒋介石。西北军包围西京招待所，囚禁陈诚、卫立煌等国民党高级军政大员。张学良、杨虎城宣布成立抗日联军西北临时军事委员会，向全国通电，提出抗日救国八项主张：一、改组南京政府，容纳各党各派共同负责救国；二、停止一切内战；三、立即释放上海被捕之爱国领袖；四、释放一切政治犯；五、开放民众爱国运动；六、保障人民集会结社一切政治自由；七、确实遵行总理孙中山的遗嘱；八、立即召开救国会议。

"西安事变"震惊中外，时局紧张而复杂。国民党内部的亲日派首领何应钦，妄图借机发动大规模内战，主张炸平西安，电召汪精卫回国取代蒋介石。亲美派的宋子文、宋美龄极力主张用和平方法营救蒋介石，并请顾问端纳飞往西安调解。日本外相表示，绝不能与张学良妥协。英、美两国政府则支持和平解决西安事变。国内外都关注着"西安事变"的动向。

中国共产党召开了政治局会议，决定派周恩来、叶剑英、秦邦宪、李克农前往西安，推动抗日民族统一战线的建立。12月15日和19日，两次致电南京国民政府，劝告停止内战，召开和平会议。16日，周恩来等一行到达西安做调解工作。张学良、杨虎城接受中共关于和平解决西安事变的主张，迫使蒋介石接受六项条件：一、改组国民党与国民政府，驱逐亲日派，容纳抗日分子；二、释放上海爱国领袖，释放一切政治犯，保证人民的自由权利；三、停止"剿共"政策，联合红军抗日；四、召集各党各派各界各军的救国会议，决定抗日救亡方针；五、与同情中国抗日的国家建立合作关系；六、其他具体的救国办法。12月25日，张学良释放蒋介石，并亲自陪同蒋介石飞回南京。不料，蒋介石竟然将张学良软禁起来，对杨虎城以出国考察为名，解除兵权。对西北军和东北军以改编为名瓦解了队伍。杨虎城回国后，蒋介石下令将他长期监禁，1949年9月秘密杀害于重庆。1946年11月，张学良被押解台湾，2001年病逝夏威夷。张学良和杨虎城为民族大业付出了巨大的代价。

在当时，"西安事变"和平解决扭转了中国政局，成为结束十年内战、国共两党重新合作、建立抗日民族统一战线的历史转折点，推动中国社会进入各个党派和各个阶层一致抗日的新阶段。

抗日战争的伟大胜利

从 1944 年起，世界反法西斯战争突飞猛进，德、日、意帝国主义侵略者，陷于国际正义力量的包围之中。中国共产党领导的抗日武装队伍，在各个战场发动局部反攻，取得连续不断的胜利。1945 年发动春季攻势之后，又发动夏季攻势，解放区军民进入战略反攻阶段。

8 月 6 日，美国在日本广岛投下第一颗原子弹。8 月 9 日，美国在日本长崎投下第二颗原子弹。两颗原子弹炸死日本平民近三十万人，毁灭了两座工业城市。8 月 9 日，苏联对日宣战，分四路出兵中国东北地区，进攻日伪反动军队。第一路由满洲里，越过大兴安岭，进攻长春、沈阳、齐齐哈尔、旅顺、大连等地。第二路从海参崴，过乌苏里江，由绥芬河、虎林，进攻牡丹江、密山、吉林、哈尔滨等地。第三路由伯力过黑龙江，进攻抚远、同江、佳木斯、依兰、巴颜等地。第四路由海兰泡过黑龙江，攻占瑷珲、逊河、嫩江等地。美国的原子弹和苏联的出兵，对于加速日本帝国主义的覆亡起了重要作用。但是，日本侵略军的垮台，主要原是中国共产党领导中国人民经过八年浴血抗战的结果。

8月9日，毛泽东发出《对日寇的最后一战》的号召。八路军、新四军和一切人民抗日武装部队，在各个战场上全面出击敌人。八路军在晋绥根据地两线出动，北部占领归绥，南部攻占太原。在晋察冀根据地的部队向平绥路、平汉路和津浦路出击，攻克张家口、秦皇岛、山海关等重镇，包围北平、天津、保定等大城市。在晋冀鲁豫根据地的部队向平汉路、陇海路，黄河沿岸进军。在山东的部队向津浦路、胶济路进军，攻克临沂、曲阜、烟台、威海等一百多个城镇。在华中根据地的部队，沿着沪宁路、沪杭路、浙赣路、淮南路、津浦路、陇海路进军，逼近上海和南京。在华南根据地的抗日部队，开始进攻广九路、潮汕路的沿线城镇。八路军和新四军的一部分队伍日夜兼程，向东北地区挺进，收复失地。东北抗日联军在敌后积极行动，不断打击日伪军。

　　日本侵略者已经内外交困，走投无路，四面受敌，面临灭顶之灾。8月10日，日本天皇裕仁召开御前会议，决定接受中、美、英三国促令日本投降的《波茨坦公告》。8月15日，日本帝国主义被迫宣布无条件投降。但是，日本侵华军并未立即放下武器，准备顽抗到底。日本扶植的伪"满洲国"傀儡皇帝溥仪，在日本宪兵监护下，抛下了皇后婉容、福贵人李玉琴，仓惶离开长春，坐火车先逃往通化，又乘飞机抵达沈阳，计划飞往日本。当溥仪正在沈阳飞机场休息室里候机时，苏联军用飞机连续着陆。空降的红军手持冲锋枪，解除机场上日军的武装。伪"满洲国"的康德皇帝溥仪被苏联红军活捉。日本帝国主义扶持的傀儡政权彻底垮台了。

　　9月2日，日本政府外相重光葵和总参谋长梅津美治郎代表日本天皇裕仁签订了投降协定。9月3日，成为中国抗日战争取得伟大胜利的纪念日。中国人民经过八年艰苦卓绝的斗争，终于打垮了外来的敌人和内部的汉奸，迎来了黎明的曙光。

开国大典

1949 年 10 月 1 日，在首都北京，三十万人齐集天安门广场，举行了隆重的开国大典。毛泽东主席向全世界庄严地宣告："中华人民共和国中央人民政府今天成立了。"从此，我们的民族列入爱好和平自由的世界各民族的大家庭。我们的民族将再也不是一个被侮辱的民族了。中国人民站起来了。

中华人民共和国的诞生，开辟了中国历史的新纪元。中国人民在共产党的领导下，经过二十八年不屈不挠的斗争，彻底推翻了两千多年的封建势力，赶走了盘踞中国一百多年的外国侵略势力，结束了二十多年的官僚资本主义势力的反动统治。推倒了三座大山，中国劳动群众做了国家的真正主人。这是一个翻天覆地的划时代巨变。

根据 1949 年 9 月召开的中国人民政治协商会议第一届全体会议通过的《中国人民政治协商会议共同纲领》《中华人民共和国中央人民政府组织法》和《中国人民政治协商会议组织法》，中国社会建立了崭新的国家制度，进入了人民民主的新阶段。

《共同纲领》规定了中华人民共和国的性质，是工人阶级领导的，以工农联盟为基础的，团结各民主阶级和国内各民族的人民民主专政的国家。中华人民共和国的国家政权属于人民。人民行使国家政权的机关为各级人民代表大会和各级人民政府。各级人民代表大会由人民普选方法产生。各级人民代表大会选举各级人民政府。国家最高权力机关是全国人民代表大会。在全国人民代表大会闭会期间，中央人民政府是行使国家政权的最高机关。各级政权机关一律实行民主集中制。这既能最大限度地发扬民主，又集中人民的意志。人民通过各级政府管理国家、经济和社会文化事务。人民代表大会制度无比优越于资本主义的议会制度。

根据《中华人民共和国中央人民政府组织法》，选举产生了中国历史上第一个属于统一的人民的中央政府。毛泽东当选为中华人民共和国中央人民政府主席，朱德、刘少奇、宋庆龄、李济深、张澜、高岗六人为副主席，选出中央人民政府委员会委员五十六人。在中央人民政府委员会第一次会议上，推选林伯渠为中央人民政府委员会秘书长，任命周恩来为中央人民政府政务院总理兼外交部长，董必武、陈云、郭沫若、黄炎培为副总理。毛泽东为人民革命军事委员会主席，朱德为人民解放军总司令，沈钧儒为最高人民法院院长，罗荣桓为人民检察署检察长，并组成各中央政府机关。

中国人民政治协商会议第一届全体会议还通过了决议案，中华人民共和国的国都定于北平，并改名为北京；中华人民共和国采用公元纪年；以《义勇军进行曲》为中华人民共和国代国歌，中华人民共和国的国旗为五星红旗。

《中国人民政治协商会议组织法》规定了人民政协是全国人民民主统一战线的组织形式，其任务在于保障各社会阶层、各人民团体和各界爱国人士，都能在国家政治生活和社会生活中表达自己的意见和发挥作用。中国共产党是中华人民共和国的执政党，是全国人民的领导核心。此外，有中国国民党革命委员会、中国民主同盟、中国民主建国会、中国民主促进会、中国农工民主党、中国致公党、九三学社和台湾民主自治同盟等八个民主党派，还有无党派民主人士的代表。他们通过政治协商会议，对国家大政方针和社会生活的重大问题进行协商，并通过建议和批评发挥监督作用。政治协商制度对发扬民主起了重要作用，对于团结各民主阶级、各民族人民共同建立和巩固中华人民共和国，是必要的政治保障。

中华人民共和国的成立，标志着中国共产党领导新民主主义革命的伟大胜利，标志着社会主义新中国的伟大开端。中国人民开始以东方巨人的姿态，向独立、民主、富强的社会主义大道迈进。中国人民革命的胜利是马克思主义、列宁主义和毛泽东思想的伟大胜利。以毛泽东为代表的中国共产党人创造性地发展了马克思列宁主义，纠正了党内的"左"右倾机会主义的错误，把马克思主义普遍真理与中国革命实践结合起来，找到了通过乡村包围城市的武装斗争、夺取中国革命胜利的正确道路。

中国革命胜利积累了丰富的经验。一个有马克思列宁主义理论武装的，具有理论联系实际，密切联系群众，批评与自我批评三大作风的党；一支由共产党领导的革命军队；一个由共产党领导的广泛的革命统一战线。这是战胜敌人的三个主要的法宝。中国人民革命的成功，给全世界被压迫人民和被压迫民族的解放事业树立了光辉的典范。人民群众主宰自己的命运，谱写历史的新篇章。